전지적 부자시점

HOW TO BE

세계 최고의 부자 폴 게티가 직접 쓴 일·투자·부의 대원칙

전지적 부자시점

J. 폴 게티 지음 | 황선영 옮김

RICH

세종

폴 게티가 알려줄 수 없다면
누가 알려줄 수 있을까?

큰돈을 벌지도 못한 사람들이 돈을 버는 방법이라고 쓴 책은 많다.
하지만 〈포춘〉지가 '세상에서 가장 부유한 사람'으로 꼽은
폴 게티가 돈 버는 방법을 모르면 누가 알겠는가?
억만장자 사업가 게티는 바로 이 책에서 자신의 성공 비법을 공개한다.
자기 발자취를 따르려는 사람들을 위해서 성공으로 가는 길을 제시하며
돈을 버는 방법뿐 아니라 그 돈을 쓰는 방법도 알려준다.

"내용이 알차고, 실용적이고, 생생하고, 흥미롭다."

_〈퍼블리셔스 위클리〉

1960년에 〈플레이보이〉 지의 편집진은 나에게 이런 요청을 했다. '이 시대의 남자, 돈, 가치'라는 주제로 기사를 써 달라는 것이었다.

그 제안을 받고 기분이 좋았던 것은 사실이다. 누군들 안 그랬을까? 하지만 나는 내가 그런 일을 맡을 자격이 되는지 진지하게 고민해봤다. 나는 인생을 회사를 세우고 사업을 일구는 데 바쳤다. 그런 경험만 믿고 수백만 독자 앞에서 다양한 주제를 다룰 수는 없을 것 같았다.

게다가, 그때도 지금처럼 내가 활동적으로 일하던 시절이었다. 기사를 쓸 시간을 낼 수 있을지 알기 어려웠다. 그 잡지의 독자들이 내가 들려주고 싶은 이야기에 관심이 많을 것 같지도 않았다.

하지만 다음의 요인들 덕에 망설임에서 벗어나서 요청을 수락하게 되었다. 아래의 이유는 적어도 나에게는 타당하고 설득력 있어 보였다.

우선, 나는 미국 경제계와 사업가들, 자유기업체제가 통렬한 비판이나 비난을 받는 일이 많다는 것을 오랫동안 알고 있었다. 하지만 이에 대한 논리정연한 반론이 일반 대중에게 닿은 적은 별로 없었다.

그다음에는 나와 내 주변의 성공한 사업가들이 자주 관찰한 현상 때문이다. 요새 사업을 시작하는 젊은 사람들은 충분한 기초 지식이나 준비 없이 비즈니스에 뛰어든다. 전문적인 훈련이 부족하기보다는 큰 그림을 보고 멀리 내다보는 안목이 부족한 것이다. 그들은 어디에나 적용할 수 있는 기본 원칙, 근본적인 철학, 지속적인 영향, 무한한 책임을 이해하지 못하고 중시하지도 않는다. 오늘날과 같이 복잡한 시대에 비즈니스를 하려면 이런 것들을 꼭 알아야 한다.

또 한 가지 중요한 것은 현대 사회에서는 부자가 되는 일, 즉 부를 축적하는 과정이 지나치게 강조된다는 점이다. '어떻게 부자로 살 것인가?'라는 중요한 문제에는 관심을 보이는 사람이 거의 없다. 부가 안겨주는 특권과 특혜를 건설적으로 누리면서도 이로 인해서 생기는 책임을 어떻게 이행할 것인지 따져봐야 한다.

'부유하다'라는 개념은 돈과 관련이 있는 것만큼 그 사람의 성격, 철학, 인생관, 태도와도 관련이 있다. '부자가 되는 사고방식'이 오늘날 단순히 돈을 부지런히 모으는 것을 뜻할 수는 없다. 성공하려고 애쓰는 유능하고 야망 있는 사람이라면 '부유하다'라는 말이 수많은 것을 뜻한다는 점을 이해해야 한다. 부자는 자신의 존재와 부를 정당화하기 위해서 '부자로 사는 법'의 사실상 모든 긍정적인 의미를 알아야 한다.

이런 요인들과 다른 몇 가지 요인을 고려하여 나는 잡지 편집진의 요청을 수락하기로 했다.

더욱이 〈플레이보이〉의 편집자이자 발행인인 휴 헤프너 Hugh M. Hefner 와 편집국장인 스펙토르스키 A.C.Spectorsky는 내가 하고 싶은 말을 마음껏 할 자유를 허락했다. 내 의견이 사회의 관습이나 관행에서 벗어나고 논란의 여지가 있더라도 잡지에 그대로 실어주겠다고 약속한 것이다. 그들은 실제로 몇 년 동안 약속을 성실하게 지켰다.

"일단 첫 번째 글을 준비해보겠습니다. 그러고 나서 어떻게 되는지 보죠." 나는 이렇게 말했다. 사실 내가 너무 앞서간 면이 있었다. 결과는 대단히 놀라웠다. 내가 쓴 글이 일반적인 시각과 다르고 사람들이 신성하게 여기는 믿음을 무너뜨린 수준이었는데도 독자들의 반응은 매우 호의적이었다. 알고 보니 나와 의견이 비슷한 사람이 많았고, 널리 받아들여지는 원칙에 대해 의심과 불안감을 지니면서 누군가 반론을 제시하길 기다린 사람도 많았던 것이다.

내가 〈플레이보이〉에 보낸 기사가 호응을 얻자 만족감이 파도처럼 밀려왔다. 내가 쓴 글이 널리 인용되었고, 기사를 읽은 독자 수천 명이 호의적인 편지를 보내기도 했다. 기사는 언론과 일반 대중 모두의 호평을 받았으며 이 책은 그런 호평의 결과물이다.

첫 번째 기사가 공개되고 나서 그 후로 몇 년 동안 나는 다음의 세 가지 질문을 자주 받았다. 이 책에서 이 질문들에 대한 답을 최대한 간단하고 솔직하게 들려주려고 한다.

Q1. 많은 잡지 중 왜 〈플레이보이〉에 의견을 실었는가?

대답은 간단하다. 〈플레이보이〉는 젊은 임원과 대학생들이 즐겨 읽는 잡지이기 때문이다. 바로 이런 사람들이 미래의 사업가이자 비즈니스 리더가 될 사람들이며 내가 경험을 토대로 제시하는 정보를 가장 유용하게 쓸 수 있는 사람들이다. 그들은 새로운 생각에 자극받아야 한다. 내 생각을 받아들이느냐 마느냐는 중요하지 않다. 자극을 받아서 건설적으로 생각하게 된다는 것이 중요하다.

Q2. 왜 글을 쓰려고 마음먹었는가?

이 질문에 대한 답은 이미 했지만 좀 더 자세히 설명하는 것이 좋겠다. 앞에서 언급했듯이 경제계가 공개적으로 공격받는 일이 많다. 그런데 이를 공개적으로 옹호하는 사람은 찾아보기 어렵다. 사업가가 말할 기회는 주로 이사회나 주주총회, 상공회의소 등의 오찬 자리이며, 사업가의 글은 대체로 사내 출판물 등에 실린다. 사업가가 일반대중에게 전하고 싶은 메시지가 있더라도 그 기회가 자주 생기지도 않고 사업가가 그런 기회를 잘 잡지도 않는다. 간단히 말해 나는 내 의견을 〈플레이보이〉에 싣는 것이 다른 사업가들의 의견이 널리 알려지는 계기가 되길 원했다. 다른 성공한 사업가들이 일반 대중 앞에서 자신의 의견을 밝히는 데 내가 작은 도움이 되기를 바란다.

Q3. 잡지에 글을 연재하면서
궁극적으로 바라는 것들이 있다면?

나는 젊은 사업가들에게 성공을 위한 빠르고 쉬운 방법은 없다는 말을 들려주고 싶다. 누군가가 사업을 한다는 이유만으로 저절로 부자가 되는 것은 아니다.

하룻밤 사이에 사업가에게 성공을 안겨주는 주문이나 마법의 묘약 같은 것은 없다. 사업가가 성공해서 부자가 되려면 일도 열심히 해야 하고 여러 자질도 골고루 갖춰야 한다. 그것 말고도 무수히 많은 요소가 성공에 영향을 미친다. 이 책에서 주로 다루는 것은 성공에 꼭 필요하거나 유용하다고 생각하는 다양한 자질과 요소들이다.

나는 미국 경제계와 국민의 미래, 크게 보면 자유세계 전체의 미래가 앞을 내다볼 줄 아는 진보적인 사업가들의 손에 달렸다고 믿는다.
그런 사람들이 자유기업체제가 이어지도록 이끌 것이며, 이를 통해
우리 모두의 삶의 질이 개선된다면 사업가들은 보람을 느낄 것이다.
이 책을 통해서 이런 메시지를 몇 명에게라도 전달할 수 있다면 나는
보람을 느낄 것이며 만족감으로 가슴이 벅차오를 것이다.

J. Paul Getty

J. PAUL GETTY

BECOMING
A MILLIONAIRE

PART I

세계 최고의 부자

HOW TO BE
RICH

첫 10억 달러를
나는 이렇게 벌었다

HOW
I MADE
MY FIRST BILLION

이 책은 자서전은 아니지만, 여기 실린 견해는 온전히 내 것이며 내 인생 경험이 토대가 되었다. 그래서 내 경력을 간단하게 독자들에게 소개하고자 한다.

나에게 '비즈니스 철학'이라는 게 있다면 분명 석유 산업에서 생겼을 것이다. 나는 1916년에 오클라호마주에서 몇 달 동안 아무 성과 없이 석유를 탐사하다가 마침내 첫 시험 유정油井(원유를 퍼내는 샘)을 본격적으로 파기 시작했다. 유정은 머스코기 카운티의 작은 마을 스톤 블러프에서 멀지 않은 곳에 있었다. 그때가 1월 초였다.

2월 2일에는 베일러bailer(구멍의 돌을 제거하는 기계)를 동원해서 유사油砂를 많이 끌어올렸다. 이것은 우리가 마지막 단계에 가까워지고 있다는 뜻이며, 그 유정에 석유가 있을지 없을지 24시간 안에 알게 된다는 의미이기도 했다.

풋내기였던 나는 긴장되고 설레서 견딜 수 없을 지경이었고, 이는 시추 작업반에서 일하는 인부들에게 도움보다는 방해가 되었다. 그들을 그만 방해하고 긴장도 풀기 위해서 나는 가장 가까운 도시 털사Tulsa에서 결과를 기다리기로 했다. 나보다 나이가 한참 많고 훨씬 차분한 친구 J. 칼 스미스는 자진해서 나 대신 시추 현장의 작업을 감독해주겠다고 했다.

스톤 블러프와 털사를 이어주는 전화선은 연결되지 않을 때가 많았다. 그래서 칼은 그다음 날 열차를 타고 털사로 돌아와서 나에게 상황을 알려주기로 했다.

그다음 날 나는 털사 기차역에 예정보다 한 시간 이상 이르게 도착했다. 그러고는 바람이 심하게 부는 플랫폼 위를 초조하게 서성였다. 마침내 기차가 역으로 들어왔고 칼의 익숙한 모습이 눈에 띄었다. 표정을 보니 활짝 웃고 있었다. 나는 희망에 부풀었다.

"축하해, 폴!" 칼이 플랫폼에서 나를 발견하고 크게 외쳤다. "아까 낮에 유정을 뚫었어. 석유가 30배럴이나 쏟아지더라고!"

나는 그 말이 하루에 석유 30배럴이 나온다는 뜻인 줄 알았다. 기분이 순식간에 바닥을 쳤다. 하루에 30배럴은 그 당시에 다른 석유업자들이 쏟아내는 양과 비교하면 방울방울 떨어지는 수준이었다.

"진짜라니까!" 칼이 웃었다. "한 시간에 30배럴씩 쏟아지고 있어."

세상에! 시간당 30배럴이라니!

하루와 한 시간은 하늘과 땅 차이였다. 그 말은 유정이 매일 원유 720배럴을 생산한다는 말이었다. 내가 석유 산업에 붙어 있을 수 있다는 뜻이기도 했다.

오일 러시의 시대에 뛰어들다

나는 성공한 석유업자의 아들로 태어나서 어렸을 때부터 오일 러시oil rush의 바이러스에 노출되었다. 내가 부모님인 조지 게티George F. Getty와 세라 게티Sarah Getty와 함께 오클라호마를 처음 방문한 것은 10살인 1903년이었다. 잘나가는 변호사였던 아버지는 오클라호마에 계시는 동안 한창이던 오일 러시의 유혹을 뿌리치지 못하셨다. 그래서 '미니호마 석유회사Minnehoma Oil Company'를 차리고 석유 탐사를 시작하셨다.

아버지는 어린 시절에 극심한 빈곤에 시달리다가 자수성가하신 분이었다. 아버지가 힘든 일을 해내는 능력에 한계란 없었으며, 석유를 찾아내시는 능력도 초능력에 가까웠다. 아버지는 유정 43개의 시추(구멍을 파는 일) 작업을 직접 감독하셨는데 그중 42개에서 석유가 나왔다!

나는 1910년과 1911년에 힘들지만 값진 수습 기간을 거쳤다. 유전에서 잡역부이자 공구 담당자로 일하다가 1914년 11월에야 혼자 힘으로 석유 사업에 뛰어들었다. 영국의 옥스퍼드대학교에서 2년 동안 공부하다가 미국으로 막 돌아왔을 때였다. 원래 계획은 미국 외무성에 들어가는 것이었지만, 오클라호마에서 독립 석유업자로서 내 운을 시험해보려고 계획을 미뤄뒀다. 석유를 찾아 부지런히 시추할 생각이었다.

시기는 좋았다. 미국의 석유 산업이 폭풍 성장하던 시기여서 활기 차고 떠들썩한 개척자 정신이 유전을 지배하고 있었다. 오일 러시의 기세는 꺾일 기미를 보이지 않았고, 그해 유럽에서 벌어진 전쟁은 이를 더 부추겼다. 오클라호마 시골에는 원시적인 신흥 도시가 여기저기 흩어져 있었다. 이름을 대충 지은 것 같은 도시가 많았다. 예를 들면, '라이트Right'가 들어가는 이름은 서부 개척 시대 느낌이 났다. 드럼라이트Drumright, 올라이트Allright, 뎀라이트Damnright 같은 이름이 있었다.

도로는 포장되어 있지 않았다. 그래서 봄과 겨울에는 길에 흙탕물이 강물처럼 흘렀고, 여름에는 깊게 패인 바퀴 자국이 노란 먼지구름에 끊임없이 뒤덮였다. 잘나가는 회사 건물과 도박장 밖에 널빤지로 만든 보도가 그나마 도시가 개발되고 있다는 증거로 여겨졌다.

오일 러시 시대의 분위기는 역사학자들이 묘사한 골드 러시gold rush 시대의 분위기와 똑같았다. 1849년에 사람들이 캘리포니아주 금광에서 금을 찾느라 바빴던 것처럼 오클라호마에서는 사람들이 석유를 찾는 데 혈안이 되었다. 그것은 마치 전염병 같았다. 매일 떼돈을 버는 사람도 있었고 큰돈을 날리는 사람도 있었다. 무일푼인 사람이 더 투자할 현금 없이 최후의 수단으로 땅을 30m 더 팠다가 석유가 쏟아져 나와서 부자가 되는 일도 가끔 일어났다. 어느 날 오후에 몇 백 달러밖에 안 하던 땅의 임차권이 그다음 날 아침이면 100배 혹은 1,000배씩 뛰기도 했다.

반대로, 전 재산을 임차권과 시추 작업에 투자했다가 석유 한 방울 안 나는 구멍만 몇 개 뚫은 사람들도 있었다. 최고가에 산 임차권이 그다음 날 휴지 조각이 되기도 했다.

경매로 임차권을 얻다

모든 것은 엄청나게 많은 것이 걸린 스릴 넘치는 도박이었고, 나는 희망을 품고 그 소용돌이 속으로 뛰어들었다. 나에게는 자본이 없었다. 한 달에 쓸 수 있는 개인 예산이라고는 100달러*뿐이었다. 첫해에는 수익이 안 났다. 대량의 석유가 발견됐다는 소식이 정기적으로 들려왔고, 다른 사람들은 석유가 펑펑 나오는 구멍을 잘만 찾았다. 행운이 나만 피해 가는 것 같았다.

그러다가 1915년 늦가을에 상황이 달라졌다. 스톤 블러프 근처의 낸시 테일러Nancy Taylor 할당지에 속한 유정의 임차권이 공개 경매로

●   1914년에 미국 정규직 근로자들의 월급은 40~50달러 선이었다.

나온 것이다. 공동 소유권이기는 했지만, 나는 땅을 살펴보고 조짐이 매우 좋다고 생각했다. 다른 독립 석유업자들도 이 소유권을 노린다는 것을 알고 있어서 걱정스러웠다. 돈이 별로 없던 나에게는 기존의 석유업자들이 제시하는 가격과 경쟁할 방법이 없었다. **그래서 주거래 은행을 찾아가서 은행 대리인에게 나 대신 입찰에 응해 달라고 부탁했다.**

놀랍게도 의도가 뻔히 보이는 이 전략으로 나는 목적을 달성할 수 있었다. 경매는 머스코기 카운티의 중심부에서 열렸고 임차권을 따내려는 독립 석유업자들이 참석했다. 나를 대신해 잘 알려진 은행 임원이 나타나자 장내가 술렁였다. 그를 본 다른 석유업자들은 은행 간부가 경매에 나타났다는 것은 큰 석유회사가 그 땅에 관심이 있으며, 가장 높은 금액을 부르리라고 예상할 것이다. 독립 석유업자들은 은행 임원을 상대로 응찰해봤자 아무 소용도 없겠다는 결론을 내렸다. 그 덕택에 나는 고작 500달러에 임차권을 확보했다. 정말 헐값이었다!

얼마 후 그 땅에 있는 시험 유정의 시추 작업을 위한 회사가 설립되었다. 나는 자본이 없어서 회사 지분의 15%밖에 받지 못했다. 나는 훌륭한 작업반을 꾸렸고 인부들과 함께 나무로 유정탑을 세우고 실제 시추 작업을 하느라 애를 썼다. 그리고 시추 작업이 막바지에 이를 때까지 밤낮으로 현장을 지켰다. 그러다가 아까 말한 것처럼 긴장감을 견디지 못하고 털사로 도망쳤는데 친구 칼이 유정에서 석유가 난다는 소식을 갖고 돌아온 것이다.

2주 후 그 땅의 임차권은 한 석유회사에 팔렸고, 나는 내 몫으로 수익 1만 2,000달러를 받았다. 다른 석유업자들이 버는 액수와 비교하면 별 볼 일 없는 액수였다. 하지만 석유산업에 남아 있을 만하다고 나 자신을 설득하기에는 충분했다.

무엇이 차이를 만들어낼까

아버지와 나는 예전부터 동업 관계였다. 계약 조건에 따라 아버지는 내가 진행하는 탐사와 시추 작업에 자금을 대주시기로 되어 있었다. 그 대신 아버지가 수익의 70%를, 내가 남은 30%를 챙기는 조건이었다. 내가 처음 석유를 발견하고 나서 우리는 동업 관계를 주식회사로 발전시켰고, 1916년 5월에 '게티 석유회사 Getty Oil Company'가 탄생했다. 나는 그 회사의 주식 지분 30%를 받았다.

언론 보도와 달리 아버지는 내 사업 밑천을 마련해주지 않으셨다. 대놓고 현금을 주신 적은 한 번도 없었다. **아무리 성공한 아버지라도 아들이 스스로 밥벌이할 나이가 되면 오냐오냐 키우거나 돈을 줘서는 안 된다고 생각하셨기 때문이다.** 아버지가 내 초기 사업 몇 개에 자금을 대기는 하셨지만, 수익은 계약 조건대로 7:3으로 나뉘었다. 내가 스스로 임차권을 사거나 다른 작업을 할 때는 내가 알아서 자금을 댔다.

23

말이 나온 김에 많은 사람이 잘못 알고 있는 내용을 한 번 더 바로잡고 싶다. 아버지가 1930년에 돌아가셨을 때 나에게 거액의 유산을 남기셨다는 이야기다. 나는 아버지의 유서를 통해서 50만 달러를 받았다. 물론 50만 달러는 큰돈이지만 아버지가 모으신 재산을 생각하면 형식적으로 주신 것에 불과하다. 아버지는 내가 이미 수백만 달러를 스스로 벌었다는 사실을 잘 알고 계셨다. 그래서 재산 대부분을 어머니에게 남기셨다.

나는 1916년에 아버지와의 동업 관계를 주식회사로 변신시키고 곧바로 석유 탐사와 시추 작업을 이어갔다. 두 번째 유정에서는 석유가 나오지 않았지만 열정은 시들지 않았다. 그 무렵부터는 석유 시추가 내 천직이라고 생각해서 임차권을 계속 사고팔고 유정을 시추했다. 나는 (주로 혼자) 지질학자, 법률 고문, 시추 감독관, 폭발 전문가의 일을 해냈고 가끔은 석유 시추 인부와 잡역부로도 일했다. 그 후로 몇 달 동안은 일이 너무나도 잘 풀렸다. 임차권을 팔면서 거의 매번 수익을 냈고, 땅을 파면 석유가 나올 때가 안 나올 때보다 더 많았다.

성공 비결은 간단했다. 비법이나 신비로운 공식 같은 건 없었다. 나는 다른 석유 시추업자들과 비슷한 방식으로 일했다. 중요한 차이점은 한 가지뿐이었다. 그때는 '석유 지질학'이라는 학문이 유전에서 아직 널리 받아들여지기 전이었다. 석유업자들은 지질학자, 즉 '재수 없는 책벌레'가 석유를 찾는 데 도움을 준다는 생각에 공개적으로 코웃음을 쳤다. **대다수는 지질학이 실용적인 학문으로서 가치가**

있는지 의심했으며 지질학자들의 보고를 대수롭지 않게 여겼다. 나는 지질학의 유용성을 믿는 소수였다. 그래서 기회가 생길 때마다 지질학을 열심히 공부했고 배운 것을 실제 작업에 적용했다.

독립 석유업자는 어느 정도의 기본 지식과 기술이 있어야 했다. 탐사와 시추를 도울 믿음직하고 의리도 있는 경력자들도 필요했다. 하지만 나는 석유 시추업자의 성패를 가르는 가장 중요한 요인은 운이라고 생각한다. 유정에서 석유가 나올지 안 나올지는 순전히 운에 달렸다.

나와 생각이 다른 사람들도 있었다. 위대한 오클라호마 석유 개척자이자 억만장자인 반스달T. N. Barnsdall은 무엇이 차이를 만들어내는지에 관해 자신의 생각을 자주 설명했다.

"운이 아닙니다." 그는 단호하게 말했다. "냄새로 석유를 찾아내는 재주가 있는 사람이 있고 없는 사람이 있습니다. 재주가 있는 사람은 석유가 땅속 900m에 묻혔더라도 용케 찾아내겠죠!"

그럴지도 모른다. 하지만 나는 한 번도 코를 킁킁거려서 땅 밑에 있는 석유를 찾아낸 적이 없다. 시추 후보지를 돌아다니다가 계시를 받은 적도 없다. 나는 여전히 내가 초반에 석유를 여러 번 찾아낸 것은 운이 좋았을 뿐이라고 생각한다.

큰 조직을 상대로 견디는 법

그렇다고 해서 석유 시추업자들이 행운의 여신이 찾아오기를 손 놓고 기다렸다는 뜻은 아니다. 석유 사업은 결코 쉬운 일이 아니다. 항상 열심히 일해야 하고, 사업 초기에 찾아오는 무수히 많은 재정적인 위험도 감당해야 한다. 유정이 폭발하고 여파로 일어나는 화재를 진압하기 위해서 수익과 자본을 엄청난 속도로 투입해야 할 때도 있었다. 유정에서 석유가 나오지 않는 일, 결정적일 때 장비가 고장 나는 일, 임차권과 사유지 통행권을 둘러싼 소송에 휘말리는 일… 이런 것들은 독립 석유업자의 재원을 갉아먹는 수많은 문제 중 몇 가지에 불과했다.

게다가, 독립적으로 일하는 석유업자들은 거대 석유회사와 경쟁하거나 방해를 받는 일이 잦았다. 그중에는 법적으로나 재정적으로 난투를 벌일 때 기본적인 싸움의 규칙조차 지키지 않는 회사도 있었다. 너무 빨리 성장하는 독립 석유업자를 저지하려는 속셈이었다.

우리는 석유 산업의 거물들을 상대로 견디고 성과를 낼 수 있게 다양한 특성과 요령을 개발했다. **독립 석유업자들은 유연성, 적응력, 융통성을 길렀고 임기응변과 혁신에 능하게 되었다. 그래야만 살아남을 수 있었다.** 예를 들면, 대기업은 전문가와 컨설턴트, 행정 인력, 사무직 직원을 대거 고용해 넓고 비싼 사무실에서 일하게 했다. 한편, 우리 독립 석유업자들은 산전수전 다 겪은 베테랑 유전 노동자를 찾았다. 이런 사람들이 우리의 탐사 작업반과 시추 작업반에서 일했다. 우리는 행정 처리와 서류 작업도 직접, 최소한으로 하려고 애썼다. 사무실은 진흙 범벅이 된 자동차에 실려 시추 현장에서 다른 현장으로 옮겨 다닐 때가 많았다.

앞에서 말한 것처럼 나는 운이 좋았다. 끝내주게 좋았다. 수익성이 좋은 거래도 많았고, 낸시 테일러 할당지에서 처음 석유를 발견하고 나서 몇 달 동안은 여러 유정에서 석유가 나오기도 했다. 게티 석유회사는 번창했다. 나는 회사의 이사로 임명되었고 이사회 서기로도 뽑혔다. 그렇다고 해서 내가 작업복 대신 정장을 입게 된 것은 아니었다. **멋진 새 직함과 상관없이 나는 여전히 유전과 석유를 탐사하는 시추기 위에서 일했다.** 회사 일에 있어서 내 역할은 예전과 똑같았다. 유정 임차권을 사고팔고 석유를 탐사하고 시추하는 것이었다.

게티 석유회사의 자산이 늘어날수록 내가 갖고 있던 회사 지분의 30%에 해당하는 액수도 늘어났다. 나는 개인적으로 진행한 비즈니스 모험에서도 수익을 올렸다. 이런 일들로 나는 매우 바빴다. 내가 돈을 얼마나 벌고 있는지조차 모를 정도였다.

은퇴선언

그러던 어느 날 일을 멈추고 내 재정 상황을 자세히 살펴봤다. 그러고는 내가 1914년 9월에 세웠던 목표에 매우 가까워졌다는 것을 깨달았다. 미국 석유 산업에서 내 사업을 일굴 수 있는 기반을 마련한 것이다. 24살이 채 안 됐는데도 나는 독립 석유업자로서 성공을 거두고 첫 100만 달러●를 벌었다. 나는 부자였다!

그전까지 내 인생은 성장하고, 교육받고, 회사를 세우는 데 초점이 맞춰져 있었다. 하지만 나는 그때 가까운 장래에 필요한 돈을 충분히 벌었다고 생각했다. 그래서 일에 관한 모든 것을 잊어버리고 앞으로는 놀고 즐기겠다고 성급하게 결정하고 말았다.

유럽에서 맹렬하게 이어지는 전쟁이 내 결정에 부분적으로나마 영향을 끼쳤다. 미국이 아직 제1차 세계대전에 뛰어들기 전이었지만, 나는 미국이 결국 참전할 수밖에 없으리라고 확신했다. 나는 미국이 선전포고를 하면 공군이나 야전 포병대에서 복무할 수 있게 공식 지원서도 제출한 상태였다. 군대에 갈 날이 머지않았으니 소집 영장이 도착하기 전에 신나게 놀고 싶었다.

"돈은 벌 만큼 벌었으니 은퇴하겠습니다." 나는 깜짝 놀라시는 부

●   소비자물가지수에 기초하여 대략적으로 추정하면 오늘날에는 약 2700만 달러, 한화로 340억 원 정도에 해당한다.

모님께 무미건조하게 말씀드렸다.

두 분 다 내 결정을 탐탁지 않아 하셨다. 부모님은 젊은 시절에 매우 열심히 일한 분들이셨다. 어머니는 결혼 후에도 교사로 일하시며 아버지가 로스쿨을 졸업하실 때까지 돈을 보탠 분이시다. 부모님은 누구나 자신의 존재를 정당화하기 위해서 일해야 한다고 생각하셨다. 아버지는 사업가의 돈은 투자해야 하는 자본이라는 점을 나에게 가르치려고 하셨다.

"회사를 세우고, 운영하고, 키우는 데 돈을 써야 해. 네 재산은 다른 사람에게는 잠재적인 일자리야. 그 돈은 너 말고 다른 사람들에게도 더 나은 삶을 안겨줄 수 있어."

안타깝게도 그때는 아버지 말씀이 귀에 들어오지 않았다. 나중에는 그 말씀에 담긴 진실을 깨달았지만, 일단은 내 방식대로 살아야 했다. 나에게는 최신 캐딜락 로드스터와 좋은 옷과 다 쓰지도 못할 돈이 있었다. 놀기로 마음먹은 나는 이 세 가지 덕에 아무 문제 없이 할리우드에 있는 유희의 소용돌이 속으로 뛰어들 수 있었다. 내 예상대로 미국이 참전했지만, 소집은 처음에는 지연됐다가 나중에는 관료주의적인 혼란 때문에 연기됐다. 그러다 결국 "복무할 필요 없음" 통지를 받았다. 그래서 나는 제1차 세계대전 동안 실컷 놀고 즐겼다.

내가 세월을 낭비하고 있다는 사실을 깨닫기까지는 시간이 걸렸다. 1918년 말부터 노는 것도 지겨워져서, 1919년 초에 석유 사업으로 돌아왔다. 24살의 은퇴 선언을 26살에 번복했을 때 아버지의 미소가 꼭 '내 그럴 줄 알았지.'라는 뜻인 것 같아서 상당히 멋쩍었다.

현장에서, 현장의 언어로

1919년에 석유업자들의 관심은 오클라호마에서 캘리포니아 남부로 옮겨가고 있었다. 새로운 오일 러시 시대가 열리기 직전이었고, 나는 처음부터 거기 끼고 싶었던 사람 중 한 명이었다. 내가 캘리포니아 남부에서 처음 했던 석유 탐사 작업은 대실패로 끝났다. 처음 시추한 유정은 푸엔테Puente 근처 디디에 농장에 있었는데, 석유가 한 방울도 나오지 않았다.

행운은 잠깐 휴가를 떠났지만 나를 완전히 버리지는 않았다. 그 후에 시도했던 탐사 작업은 훨씬 성공적이었다. 나는 산타페 스프링스, 토런스, 롱 비치를 비롯한 캘리포니아 남부의 여러 지역에 있는 유정을 팠다. 거의 모든 유정에서 석유가 나왔고, 석유가 펑펑 쏟아지는 유정도 있었다.

나는 현장에 있는 시간 대부분을 인부들과 함께 시추기 위에서 보냈다. 이런 습관은 예상외로 큰 도움이 되었다. 인부들은 경영자가 현장에 나타나서 직접 일한다는 점을 높이 평가했다. 자신이 단순히 회사에 고용된 직원이 아니라 경영자와 함께 노력하는 동업자라고 느낀 것이다. 나를 볼 때 그들은 한 번도 만나지 못하고 시추기 플랫폼에 평생 발 디딘 적 없었을 임원들을 위해서 일하는 것보다 기분이 나은 것 같았다. 결과적으로 인부들의 사기도 올라갔고 생산성도 높아졌다.

이것은 중요한 일이었다. 캘리포니아 남부의 새로운 유정 수백 개에서 시추 작업이 이루어지고 있어서 경험 많은 유전 노동자가 부족했기 때문이다. 거의 모든 대기업의 인사 담당자들이 시추 작업에 필요한 인력을 구하느라 바삐 뛰어다녔다. 그들은 인력 시장에서 서로 치열하게 경쟁했고 석유 시추기에서 조금이라도 일해본 사람을 데려가려고 특별한 혜택을 제시하기 바빴다. 그러나 이 바닥에서 오래 일한 노동자 대다수는 하루 일하는 대가로 뇌물을 받는 상황을 못마땅하게 여겼다. 그들은 대단한 보너스를 주지는 않더라도 자신들의 언어를 이해하고 시추 현장에서 함께 일할 수 있는 석유업자들과 계약하는 편을 선호했다.

나는 한 커다란 석유회사가 유정을 파는 현장과 멀지 않은 곳에서 시추했던 때를 잊지 못한다. 그 회사는 노동자 고용 프로그램에 말도 안 될 정도로 돈을 쏟아부어 화려한 시추기를 설계했다. 회사 홍보 담당자들이 자랑스럽게 '끝판왕 시추기'이라고 부를 정도였다. 그 시추기는 전부 증기로 작동했고, 현장까지는 깔끔하게 정돈된 자갈길이 깔려 있었다. 인부들을 위해서 뜨거운 물이 나오는 샤워 시설과 작업복을 빨아줄 세탁실도 마련되어 있었다.

어느 날 이른 오후에 머리가 희끗희끗한 인부 한 명이 우리 현장에 나타났다. 내가 유정을 본격적으로 파기 시작한 지 얼마 안 됐을 때였다. 그가 책임자를 만나고 싶다고 하자 사람들이 나를 가리켰다. 그는 나에게 오더니 곧바로 일자리를 달라고 했다.

"지금 일하고 계십니까?" 내가 물었다.

"그렇소." 그는 뚱하게 대답했다.

"어디서요?"

"저기요." 인부가 호화로운 시추기 쪽으로 고갯짓을 했다. 우리 측 인부들은 그처럼 안락한 편의시설은 누리지 못했다. 나는 그 사실을 알려주며 그가 왜 그런 편한 곳을 두고 여기로 오려는지 이해할 수 없다고 덧붙였다.

"나는 저 시추기 위에서 넉 달 동안 일했소." 인부가 불만스럽게 덧붙였다. "그런데도 1,200m밖에 못 팠다고!" 나는 웃음이 났다. 그 유전의 토양 구조를 생각하면 이는 굼벵이가 산책하는 수준이었다.

"저희가 그만큼 파려면 얼마나 걸릴 것 같습니까?" 내가 물었다.

"뭐, 그쪽 차림새를 보니까 열흘 정도면 되겠네요!" 인부는 씩 웃으면서 대답했다. "그래서 나는 여기서 일하고 싶은 거지."

그 인부는 일자리를 얻었고 몇 년 동안 나와 함께 일했다. 뒷이야기를 하자면 우리 인부들이 기록적인 속도로 판 그 유전에서는 석유가 많이 나왔지만, '끝판왕'이 파 내려간 유정에서는 석유가 한 방울도 나지 않았고 그 시추기는 결국 버려지고 말았다.

해결 불가능한 문제와 마주했을 때

경영자와 작업반의 팀워크는 성과를 만든다. 그 예로 나는 한 유정 임차권을 둘러싼 '해결 불가능한' 문제를 인부들과 해결한 적이 있다.

그 임차권은 유정이 모여 있는 캘리포니아의 실 비치 Seal Beach 한복판에 있는 작은 땅에 관한 것이었다. 운 좋게도 거기서 작업하던 석유회사들이 그 임차권을 챙기는 것을 깜박했고, 내가 상당한 지분을 갖고 있던 다른 회사가 그것을 사들였다.

하지만 이내 회사의 모든 구성원은 임차권을 포기하는 데 동의했다. 일단 땅의 크기가 작은 집의 방바닥 수준으로 너무 작았다. 그 땅까지 이어진 길도 문제였다. 거기서 도로에 접근하는 유일한 방법은 폭이 1.2m밖에 안 되는 땅 100m를 통과하는 것이었다. 트럭에 비품과 장비를 싣고 그 좁은 길을 지나가기는 불가능했다. 설령 가능하더라도 땅이 너무 좁아서 유정탑과 시추기를 이용할 수 없었다. 인근 땅의 임차권을 갖고 있던 회사들은 우리가 자신들의 현장을 통과할 수 있도록 허락하지 않았다. 만일 그곳에서 석유가 발견되면 같은 석유층에 의지하는 자신들의 유정에서 석유가 덜 생산될 가능성이 있었기 때문이다.

"그 임차권은 잊어버려." 내 동료들은 충고했다. "거기 있는 유정은 못 파. 100만 년이 지나도 힘들걸."

나는 분명히 방법이 있으리라고 생각했다. 그래서 내가 가

장 신뢰하는 시추 작업반 인부들에게 이 문제를 의논했다. 그들은 이야기를 듣자 나와 똑같은 반응을 보였다. 그 문제를 거부할 수 없는 도전으로 받아들인 것이다.

"일단 가서 한번 봅시다, 대표님." 노련한 인부 한 명이 제안했다. "저희가 방법을 찾을 테니까 걱정하지 마십쇼." 그래서 나는 인부들을 데리고 상황을 직접 살피러 갔다. 가서 보니까 정말 가망이 없어 보이기는 했다.

"소형 시추기가 있으면 유정을 팔 수 있을 것 같군요." 가 보자고 제안한 인부가 골똘히 생각하더니 방법을 내놓았다. "작은 시추기를 설계하고 만들면 저희가 설치할 수 있을 것 같습니다. 그런데 필요한 장비를 도로에서부터 어떻게 끌고 와야 할지 모르겠군요."

좁은 길 때문에 생긴 문제는 해결하기 어려워 보였다. 그러다 나는 인부의 작은 시추기 이야기에서 힌트를 얻었다. '작은 시추기로 유정을 팔 수 있다면 작은 철도로 운송도 가능하지 않을까?' 그것은 완벽한 해결책이었다. 선로와 열차 한두 대만 있으면 작은 유정탑, 비품, 장비를 분해한 채로 도로에서 시추 현장까지 실어 나를 수 있을 것 같았다.

나는 모두가 불가능하다고 생각한 일을 우리가 해낼 수 있다고 보여주고 싶었던 것일까? 그랬을지도 모른다. 어쨌든 작은 크기의 시추기와 철로가 완성되었다. 우리는 그 시추기를 분해해서 작은 철로로 운반한 다음 그 조그마한 땅에서 재조립했다. 마침내 유정을 파기 시작하자 석유가 나왔다. 작은 것들로 이루어진 작업이었지만, 수익은 컸다.

1920년대에 했던 시추 작업 중에는 기억에 남는 다른 작업도 많다. 그중에서도 LA 남쪽 교외 '아테네 현장Athens Field'이라고 불리던 곳의 작업이 떠오른다. 나는 그 땅을 1만 2,000달러 넘게 주고 사들였다. 나는 그 작업에 혼자 돈을 대면서, 첫 번째 유정을 다 파기 전에 투입할 현금이 바닥나리라는 것을 알고 있었다. 그래서 인건비를 줄이기 위해 시추 작업을 직접 감독했다. 그때 고용한 인부 중에는 업계에서 가장 뛰어난 기술자가 셋 있었는데, 나는 아직도 그들의 이름을 기억한다. 우리는 첫 번째 유정에서는 땅을 1,300m까지 파서 매일 석유 1,500배럴을 생산했다. 그러다가 얼마 후 같은 현장에 있던 두 번째 유정에서도 석유가 나왔다. 거기서는 매일 석유 2,000배럴을 생산했다. 그 후로 9년 동안 이 두 유정 덕택에 모든 비용을 빼고도 40만 달러가 넘는 수익을 얻었다.

흑자 도산의 위기에서

더 놀라운 이야기도 있다. 바로 알라미토스 하이츠Alamitos Heights에 있는 클리버Cleaver 유정의 임차권 이야기다. 나는 1926년 10월에 자비로 그 임차권에 8,000달러를 지불했다. 나에게 임차권을 판 남자는 불과 며칠 전에 그것을 4,000달러에 샀다가 수익을 내려고 팔았던 것이다.

나는 1927년 2월 21일에 1호 유정을 본격적으로 파기 시작했다. 그러고 나서 같은 땅에 있던 유정을 세 개 더 팠다. 전부 석유가 평평나는 유정으로 1일 생산량이 총 1만 7,000배럴이 넘었다. 1927년과 1939년 사이에 벌어들인 돈이 거의 80만 달러에 육박했고 투자했던 금액을 생각하면 수익율이 1만%였다. 하지만 첫 번째 유정에서 석유를 발견하고 몇 주 안 지났을 때 나는 임차권을 잃을 위기에 놓였다.

이 명백한 역설 뒤에는 두 가지 이야기가 숨어 있다. 하나는 평범한 독립업자가 대기업에 덤비면 어떻게 되는지를, 다른 하나는 소규모 사업자를 대하는 대기업들의 행동에 얼마나 차이가 있었는지를 보여준다.

나는 1호 클리버 유정에서 석유를 발견하자마자 매일 5,100배럴씩 쏟아지는 원유를 살 구매자를 찾아 나섰다. 하지만 실망스럽게도 내가 접근한 회사들은 거래할 마음이 없었다. 며칠 뒤 이 명백한 보이콧 뒤에 감춰진 의도가 분명해졌다. 임차권을 턱없이 낮은 가격에 사겠다며 여러 브로커가 나에게 전화한 것이다. 그들은 누구를 대신해서 전화했는지 밝히기를 거부했다.

그 당시에 나는 석유 산업에서 고참으로 통했다. 그래서 그것이 정교하게 계획된 담합임을 한눈에 알아봤다. 내가 그들이 후려친 가격에 원유를 팔지 않으면 시장이 없어질 판이었다.

원유를 팔 수 없게 되자 나는 그것을 저장할 방법을 찾아야 했다. LA의 유일한 석유 저장 시설은 폐업한 정유 공장의 저장 탱크 두 대로 총 15만 5,000배럴을 저장할 수 있었다. 나는 그 시설을 곧바로 임대했다. 내가 1호 유정에서 매일 쏟아져 나오는 원유 5,100배럴을 사줄 구매자를 찾아 헤매는 동안 2호 유정에서도 석유가 나왔다. 얼마 후에 뚫은 3호 유정에서도 원유가 매일 5,100배럴씩 쏟아졌고, 규모가 가장 작은 4호 유정까지 2,100배럴을 생산하게 되었다. 실시간으로 저장 탱크가 채워지는데 나는 방법을 못 찾은 상태였다. 이대로 가다가는 조만간 작업을 완전히 중지할 수밖에 없다는 것을 알고 있었다.

당시 내 유동 현금은 굴착 비용에 상당 부분 사용되었고, 탱크 임대료와 원유 운반비까지 더해져서 더 빠른 속도로 줄어들고 있었다. 흑자 도산을 눈앞에 둔 나는 가장 큰 회사 중 하나인 쉘 석유Shell Oil를 정면 돌파하기로 마음먹었다. 그 당시에 쉘 석유회사의 사장인 조지 레그 존스George Legh-Jones 경이 LA를 방문했는데, 나는 절박한 나머지 목표를 한껏 올려잡았다. 그분과 따로 면담할 기회를 달라고 요청한 것이다. 그랬더니 그분이 나를 만날 의향이 있다는 답변이 왔다.

조지 경은 따뜻하고 친근한 분이셨고 내 이야기를 찬찬히 들어주셨다. 내가 말하는 동안 그분의 얼굴이 점점 더 찌푸려졌다. 쉘은 보이콧에 동참한 회사가 아니라는 증거였다. 그분은 그런 계략을 매우 못마땅하게 생각하시는 눈치였다. 내 이야기가 끝나자 그분은 나를 안심시키는 미소를 지으셨다.

"걱정하지 마세요." 그분이 웃으셨다. "저희가 돕겠습니다."

그는 내 유정들에서 생산되는 원유 175만 배럴을 살 것이며, 내 유정들을 쉘 석유회사의 송유관 네트워크와 연결하겠다고 했다. 건설 작업은 바로 다음 날 시작하기로 예정되었다.

조지 경과 쉘 석유는 약속을 지켰다. 그다음 날 쉘의 작업반이 아침 일찍 우리 클리버 현장에 나타나서 송유관을 건설하기 시작한 것이다. 담합은 흐지부지됐고, 나는 임차권을 지키게 되었다.

경제 대공황이 닥치다

1920년대가 끝나가자 미국 석유 산업은 근본적인 변화를 겪기 시작했다. 산업이 빠른 속도로 복잡해지며 석유를 찾아내고 생산하는 데 드는 비용도 커졌다. 석유 벨트oil belt에 있는 석유층 중에서 지표면에 가까이 있는 것은 대부분 위치가 파악된 상태였다. 이제는 석유를 찾으려면 더 멀리 더 깊이 내려갈 수밖에 없었다.

합병하는 석유회사가 많아졌고, 낙오되는 독립 석유업자들이 생겼다. 미국 경제에 전반적으로 이상하고 불길한 기류가 흘렀다. 증권거래소는 주식을 상당히 고가에 상장시켰지만, 나에게는 경제적 어려움이 찾아오리라는 경고 신호가 보였기에 불길한 예감이 들었다.

그때는 모든 석유업자에게 중요한 시기였고, 특히 나에게는 힘든 시기였다. 나는 급격하게 늘어난 임차권, 유정, 회사들을 관리해야 했다. 나는 몇 년 동안 아버지가 운영하시는 여러 회사의 주식을 대규모로 사들였다. 아버지의 건강이 나빠지기 시작해서 그 회사들의 경영에도 적극적으로 참여할 필요를 느꼈기 때문이다.

1929년 10월에 주식 시장이 붕괴했다.● 그다음 해에 아버지께서 뇌졸중으로 쓰러지셨다. 당시 75세가 넘으신 아버지는 몇 주 동안 용감하게 사투를 벌이셨지만 1930년 5월 31일에 끝내 패하고 마셨다. 어머니와 나는 오래 슬퍼할 시간도 없었다. 우리는 아버지의 사업을 계속해야 했다. 연방 정부는 유산에 대한 상속세를 얼른 내라고 요구했다. 나는 이 문제 말고도 여러 가지 일을 처리해야 했는데, 갈수록 심해지는 공황 때문에 모든 일이 복잡해졌다. 많은 사람이 나에게 그냥 다 팔아버리라는 조언을 했다. 돌아가신 아버지의 재산, 내 회사와 주식도 포함해서였다.

"비즈니스 환경은 더 나빠질 수밖에 없습니다." 그들은 이렇게 전망했다. "경제는 완전히 붕괴하고 말 거예요!"

하지만 나는 전혀 그렇게 생각하지 않았다. 나는 미국 경제가 근본적으로 탄탄하다고 확신했다. 앞으로 잠깐은 경기가 더 나빠질지 몰라도 결국에는 건강한 모습으로 회생하리라고 생각했다. 나는 지금

● 　미국 역사상 가장 길었던 경제 대공황을 뜻한다.

이 팔 때가 아니라 살 때라고 판단했다.

여러 석유회사의 주식이 역대 최저가에 팔리고 있었다. 나는 자급 자족이 가능한, 모든 기능이 통합된 석유회사를 운영하고 싶었다. 내가 그때까지 집중했던 석유 탐사와 생산뿐 아니라 운송, 정유, 소매 활동까지 전부 직접 할 수 있는 회사를 꿈꿨다.

정계와 마찬가지로 비즈니스에서도 다수의 믿음과 반대로 행동하기란 결코 쉬운 일이 아니다. 업계의 지배적인 의견과 다른 길을 걷는 사업가는 다른 사람들의 방해, 조롱, 저주를 견뎌야 한다.

나는 1930년대 미국 경제가 깊은 슬럼프에 빠졌을 때 주식을 대규모로 사들여 이를 발판으로 자급자족하는 석유회사를 세우기로 마음 먹었다. 경쟁자들은 물론이고 친구와 지인들도 내가 치명적인 실수를 저지른다고 생각했다. 그러다가 내가 캘리포니아의 7대 석유회사 중 한 개를 사겠다고 선언하자, 나를 지지했던 사람들마저 내가 정신을 놓았다고 생각하는 것 같았다.

나는 역행한다

커다란 석유회사들은 독립 석유업자들이 운영하는 회사를 매수했지만, 독립 석유업자가 큰 석유회사를 사는 것은 이단이나 마찬가지였다. 기존의 질서를 역행하는 일이었다. **그래도 나는 굴하지 않고 일을 추진했다. 미래를 내다보고 있었기 때문이다.** 내가 경영하거나 지분을 가진 석유회사들은 석유를 찾아 땅 위로 끌어올리는 일에만 매달렸다. 나는 석유 시장을 확보하고 앞으로 뚫을 새 유정에서도 석유를 생산해야 했다. 그러려면 정유와 판매 시설이 있는 회사에 투자하는 편이 현명할 것 같았다. 캘리포니아에 그런 회사는 7개뿐이었고 전부 대기업이었다.

명단의 맨 위에 있는 회사는 캘리포니아 스탠더드 석유회사Standard Oil Company of California였는데 독립 석유업자가 노리기에는 규모가 너무 컸다. 쉘 석유도 마찬가지였다. 그다음 회사는 유니언 석유회사Union Oil Company였지만 이미 원유를 자체적으로 공급하고 있었다. 제너럴 석유회사General Petroleum Company도 마찬가지이며 사실상 비공개 회사여서 주식을 살 수도 없었다.

그렇게 회사가 세 개 남았다. 법정관리 중인 리치필드 석유Richfield Oil, 자체적으로 원유를 공급하는 텍사스 석유회사Texas Oil Company, 그리고 타이드워터 연합 석유회사Tide Water Associated Oil Company 였다. 마지막 회사를 선택하는 것이 논리적일 것 같았다. 이 회사는 정유 시설에 필요한 원유 공급량을 절반밖에 충족하지 못해 나머지는 다른 생산자들한테 사서 썼다. 판매 조직이 훌륭했고, 제품은 소비자에게 좋은 평가를 받고 있었다. 타이드워터와 힘을 합치면 좋은 점이 많을 것 같았다. 그 회사의 주주 3만 4,668명과 제품을 사는 소비자를 포함해서 말이다.

나는 1932년 3월에 타이드워터 매입 작전을 개시했다. 처음에는 주당 2.5달러에 보통주 1,200주를 사들였다. 6주 뒤에는 그 주식이 4만 1,000주로 늘어났다. 내가 그 회사를 확실하게 장악하기까지는 거의 20년이 걸렸다. 그 기간에 나와 내가 운영하는 석유회사들은 타이드워터의 보통주를 수백만 주씩 사들였다. 내가 1932년의 폭락장에 주식을 사기 시작한 것은 좋은 판단이었다. 타이드워터 보통주의 가격은 5년 뒤에 16달러가 넘었고, 나중에는 그 몇 배로 뛰었다.

지분 전쟁

타이드워터의 지배권을 얻기는 쉽지 않았다. 위험 요소도 많았고 사람들의 반대도 심했다. 대리권을 두고 법정 투쟁도 불사했으며, 위험한 상황도 너무 많이 벌어져서 결과가 어떻게 될지 알 수 없을 때가 많았다.

내가 타이드워터의 경영진 사이에서 발언권을 얻으려고 처음 시도한 것은 1932년 5월이었다. 나는 내 소유의 주식 4만 1,000주와 12만 6,000주의 대리권으로 무장해 연례 주주총회에 참석했다. 하지만 막판에 대리권이 취소되며 내 노력은 물거품이 되었다. 나는 주식을 더 샀고 타이드워터 경영진이 내 아이디어를 받아들이게 하려고 애썼다. 하지만 그들은 나와 생각이 달랐다.

왜 그랬을까? 여러 이유가 있었을 것이다. 우선, 나는 외부인이었다. 이사회실의 의기양양한 분위기를 경험한 적이 거의 없었다.

"폴 게티는 시추기 위에서 작업이나 하는 게 좋을 텐데요." 내가 타이드워터의 주식을 사고 있다는 소식을 듣고 한 이사가 그렇게 코웃음을 쳤다고 한다. 안타깝게도 이사회에는 그 사람보다 내 야망을 더 안 좋게 본 사람들도 있었다.

나는 타이드워터의 조직과 사업을 신중하게 연구했다. 그러고는 그 회사가 무엇을 바꾸고 어디서 돈을 아끼면 좋을지 의견을 냈다. 하지만 경영진은 급진적인 내 의견을 달가워하지 않았고, 그것은 큰 반감으로 이어졌다.

나는 타이드워터의 정유 공장에 관해서도 할 말이 있었다. 공장에서 쓰는 기계가 대부분 구식이고 곧 쓸모없어지리라는 것이었다. 나는 그 회사가 현대화와 기계 교체를 준비해야 한다고 생각했다. 하지만 경영진은 비즈니스가 어려운 시기에 자본을 투입하기를 꺼렸다. 그들은 그것을 '신중함'이라고 불렀지만, 나는 그것이 근시안적인 전략이라고 생각했다.

1933년에 타이드워터의 주식 중 거의 26만 주가 게티 측 지분이 되었다. 무시할 수 없는 양이었다. 나는 그 회사의 이사로 뽑혔지만, 의미 없는 승리였다. 나머지 이사들은 내 제안에 여전히 만장일치로 반대하고 있었다. 나는 타이드워터의 주식을 계속 사들였다. 대리권을 둘러싼 싸움과 고소, 맞고소가 이어졌다. 법원의 강제 명령, 접근 금지 명령, 영장도 쇄도했다.

1937년 말 게티 측은 타이드워터 경영진 사이에서 목소리를 낼 수 있을 만큼의 주식을 보유했고, 3년 뒤에는 의결권 주식의 4분의 1이 넘는 173만 4,577주를 가지게 되었다. 덕분에 내가 제안한 다양한 변화가 현실로 일어났다. 1951년이 되자 나는 타이드워터를 장악하는 데 밀리지 않을 충분한 주식을 갖고 있었다. 2년 뒤에는 이사 중 한 명만 제외하고 전부 우리 측 사람으로 교체되며, 내 작전은 드디어 성공석으로 막을 내렸다. 오늘날 타이드워터의 자산은 8억 달러가 넘는다.

2차 세계대전 속에서

1938년에 나는 석유 산업을 잠시 떠났다. 그러고는 뉴욕에 있는 피에르 호텔Hotel Pierre •을 235만 달러에 매입했다. 원래 가격 (1929~1930년 기준)의 4분의 1도 안 되는 가격이었다. 그 후에는 멕시코 아카풀코의 땅 수백 에이커를 사들여 레볼카데로 비치Revolcadero

---

• 현재도 영업을 하고 있으며 코코 샤넬, 입생 로랑이 살았던 곳으로도 유명하다.

Beach에 피에르 마르케스 호텔Pierre Marques Hotel••을 건설했다. 내가 호텔을 여러 개 소유하고 있다는 보도도 있지만, 사실 이 두 호텔만 내 것이다.

1937년에 타이드워터 매입 작전의 일부로 나는 미션 주식회사Mission Corporation의 지배권을 얻었다. 미션은 스켈리 석유회사Skelly Oil의 지분 57%를 소유하고 있었다. 스켈리 석유회사는 1937년에 순이익이 640만 달러였고, 현재는 자산이 3억 3,000만 달러가 넘는 대기업이다. 이런 회사의 지배 지분을 얻게 된 것은 뜻밖의 횡재였다.

하지만 이것이 이야기 전부는 아니다. 스켈리 석유회사의 자회사 중에는 스파르탄 항공기 회사Spartan Aircraft Corporation도 있었다. 그 회사는 1928년부터 항공기를 제조하고 조종사와 항법사를 훈련했다. 나는 1939년 12월에 스파르탄 공장을 처음 둘러봤다. 항공기 제조 시설은 규모가 작았고 노동자는 60명이 조금 넘었다. 훨씬 활동적으로 보인 조종사 훈련소는 사실 미국에서 가장 큰 사설 비행 학교였다.

나는 이미 전쟁 중이던 유럽에서 막 돌아온 참이었다. 미국도 결국에는 제2차 세계대전에 뛰어들 수밖에 없으리라고 확신했다. 그래서 스파르탄 항공기 회사가 미국의 방위 계획에서 더 큰 역할을 할 것으로 생각했다. 하지만 그 당시만 하더라도 그 회사가 실제로 얼마나 중요해질지 감도 못 잡았을 때였다.

•• 현재는 '피에르 문도 임페리얼'이라는 이름으로 영업하고 있다.

내가 스파르탄을 처음 찾아간 지 2년이 지났을 때 일본이 진주만을 공격했고 미국이 참전했다. 그달에 어머니가 돌아가시기도 했다. 견디기 어려운 슬픔이 엄습했다. 50살이 다 된 나이였지만, 어린아이처럼 커다란 상실감이 느껴졌다.

전쟁에 관한 소식이 신문을 가득 채웠다. 나는 제1차 세계대전 때 복무할 기회를 얻지 못했기 때문에 이번에는 기회가 오기를 바랐다. 나는 천문 항법을 공부했고 요트를 세 척 갖고 있었다. 가장 큰 것은 길이가 79m, 무게가 1,500t이었고 승무원도 45명이나 있었다. 이를 토대로 나는 미국 해군에 지원했지만, '중년의 사업가가 할 만한 일은 없다'는 정중하고 단호한 답이 돌아왔다. 나는 다양한 방법을 시도한 끝에 해군 장관 프랭크 녹스Frank Knox와 면담할 기회를 얻었다. 나는 그에게 해군 장교로 임관되어 바다에서 복무하고 싶다고 밝혔다.

"행정 장교나 보급 장교로 임관될 자격은 있으십니다." 장관은 말했다. "하지만 바다에서 복무하실 수는 없습니다." 그는 말을 멈추고 나를 찬찬히 뜯어보고는 덧붙였다. "스파르탄 항공기 회사의 지분을 많이 갖고 계신다고 들었습니다만." 나는 그렇다고 대답했다.

"군대를 위해서는 모든 항공기 공장이 최대한 빨리 항공기를 생산할 준비를 해야 합니다. 지금 전쟁에서 해주실 수 있는 가장 중요한 일은 다른 사업을 제쳐두고 스파르탄을 직접 경영하시는 겁니다."

그래서 나는 1942년 2월에 스파르탄의 사장 자격으로 털사에 도착했다. 해야 할 일은 산더미처럼 많았고, 시간은 너무나도 부족했다.

공장 대지를 포함한 제조 시설을 확장하고 기계와 도구를 새로 샀다. 엔지니어와 기술자도 영입하고 노동자도 수천 명씩 고용해서 훈련시켰다. 우여곡절이 많았지만, 결국 18개월 안에 공장의 최대 생산량을 달성할 수 있었다.

나는 제2차 세계대전이 벌어지는 내내 스파르탄을 적극적으로 관리했다. 전쟁이 끝나기 전 비행 학교에서는 한 번에 비행사를 최대 1,700명씩 훈련했고, 공장은 대일對日 전승 기념일이 될 때까지 다양한 항공기 부품을 제조했다. 5,500명이 넘는 공장 노동자가 생산한 품목은 B-24 폭격기의 승강타·보조 날개 및 방향타, P-47 전투기의 엔진 마운트, 커티스 급강하 폭격기의 엔진 덮개, 더글러스 급강하 폭격기의 조종면, 그루먼 와일드캣 전투기 날개 등이며, 원청 계약을 통해서 N-1 초등 훈련기도 제조했다.

스파르탄의 생산 기록은 군의 찬사를 받았다. 승리를 도운 노동자들의 능력과 충성심을 높이 평가한 것이다. 나는 1948년까지 스파르탄이 항공기에서 이동 주택 생산으로 산업을 전환하는 것을 도운 뒤 내가 가장 좋아하는 석유 산업으로 돌아갔다.

중동에서 석유 찾기

내 석유회사들은 그 어느 때보다 규모도 컸고 활동적이었다. 하지만 사업을 더 확장할 때가 되었다. 전쟁 때문에 미국의 석유 비축량에 대한 수요가 커졌고, 전쟁이 끝나서는 전 세계적으로 석유 소비량이 급격하게 늘어나고 있었다. 석유 탐사업자들은 새로운 석유층을 찾아서 캐나다, 중남미, 아프리카, 중동으로 흩어졌다.

나는 중동이 석유를 탐사하기에 최적의 장소라는 생각이 들었다. 그것이 직감, 예감, 운 중 무엇이었는지는 모르겠다. 나는 1930년대에 중동의 석유 채굴권을 거의 얻을 뻔하다 놓친 적이 있었다. 이제 그 기회를 되살려보기로 마음먹었다. 그래서 1949년 2월에 '중립지대'라고 불리는 사막 지역에서 60년 동안 작업할 수 있는 채굴권의 절반을 얻었다. 그곳은 페르시아만의 사우디아라비아와 쿠웨이트 사이에 있었다. 땅은 매우 건조했고, 사실상 아무도 살지 않았으며, 탐사도 거의 이루어지지 않았다.

채굴권은 사우디아라비아의 국왕 폐하 이븐 사우드Ibn Saud의 승인을 받았다. 사우디아라비아 정부는 중립지대에서 석유를 탐사하고 땅을 팔 권리를 내주고 1,250만 달러를 얻었다. 엄청난 위험을 감수하는 일이었다. 석유 산업계의 여러 사람이 공개적으로 내가 재산뿐아니라 회사의 자산까지 말아먹을 것이라고 예측했다.

중립지대에 있는 유정에서 처음으로 석유가 나오기까지 4년이라는 시간과 1,800만 달러라는 비용이 들었다. 하지만 1954년이 되자 나는 내 파멸을 예언한 사람들을 실컷 비웃을 수 있었다. 중립지대는 세상에서 가장 가치 있는 석유 지대 중 하나로 밝혀졌다. 유정을 뚫을 때마다 석유가 나왔고, 지질학자들은 그 지역에 매장된 석유가 130억 배럴이 넘으리라 예측했다!

이 막대한 석유 비축량과 다른 여러 유정 덕택에 사업을 다른 방향으로 더 확장할 필요가 있었다. 석유회사들은 어마어마한 원유 생산량을 감당하기 위해서 정유 공장을 추가로 건설하고 매입해야 했다. 송유관, 저장 시설, 노동자들을 위한 주택, 다른 수많은 설비와 시설이 지어졌거나 건설 중이었다.

2억 달러가 들어간 타이드워터 석유회사의 정유 공장은 델라웨어 주 윌밍턴에 세워져 1957년에 완성되었다. 샌프란시스코 근처 타이드워터의 정유 공장은 6,000만 달러를 들여서 현대화했다. 이탈리아 가에타에는 정유를 매일 4만 배럴 생산하는 새 정유 공장이, 덴마크에는 매일 2만 배럴 생산하는 정유 공장이 있다.

나는 1954년과 1955년에 초대형 유조선 선단에 속하는 첫 선박들을 건조하기 시작했다. 그중 여러 척이 완성되어 현재 쓰이고 있다. 해상에 있는 선박과 건조 중인 선박의 무게를 합치면 100만 t이 넘는다. 그중에는 배수량이 7만 t이 넘는 초대형 유조선들도 있다.

최근 캘리포니아 LA, 오클라호마 털사, 뉴욕시에 4,000만 달러를 들여 새 사무실을 지었다. 게티 측이 소유한 공장과 회사들은 서서히 확장될 예정이다. 경영진은 생산량을 늘릴 방법과 수단을 끊임없이 찾고 있으며 새 제품을 개발하고 기존 제품의 새 용도와 응용법을 찾는 대규모 프로젝트들도 진행 중이다. 회사가 적극적으로 추진하는 석유와 광물 탐사 사업은 대륙 네 곳에서 활발하게 이루어지고 있다.

세계 최고의 부자가 되어

이것이 바로 내가 성공으로 가는 길을 어떻게 선택했는지에 관한 이야기다. 독자들은 이제 내가 오클라호마 유전에서 석유업자로 시작해 사업을 일구고 돈을 번 이야기를 알게 되었다. 여기에 간단한 보충 설명을 덧붙이려고 한다. 개인적이고 약간은 우울한 이야기다.

나는 몇 년 동안 유명해지지 않는 데 어느 정도 성공했다. 엄밀히 말하면, 내가 유명세를 좇지 않아서 언론의 관심이 나를 피해갔다고 말하는 것이 더 정확하다. 하지만 이런 평화로운 상황은 1957년 10월에 갑자기, 또 영원히 끝나버렸다. 〈포춘〉지에 미국에서 가장 부유한 사람들에 관한 기사가 실렸고, 내 이름이 그 명단의 맨 위에 자리 잡은 것이다. 그 기사에서는 나를 '억만장자이자 미국 최고의 부자'라고 불렀으며, 나중에 다른 기사는 한술 더 떠서 나를 '세계 최고의 부자'라고 불렀다.

그때부터 나는 돈이 정확히 얼마나 있는지 밝혀달라는 요구에 시달렸다. 모른다고 솔직하게 털어놓아도 믿어주는 사람이 거의 없다. 내 재산 대부분은 내가 소유하거나 지배하는 회사에 투자한 상태다. 나는 재산이 얼마라고 말하고 다니지 않으며, 내가 얼마나 부자인지에 신경 쓰지도 않는다.

오늘날 내 회사들은 번창하고 있으며 사업을 확장하기 위한 계획도 진행되고 있다. 나의 주된 관심사는 이 회사들이 계속 무사히 성장하는 것이다. 그래야 일자리도 더 창출하고 상품과 서비스도 더 생산할 수 있다. 나와 동료들은 전반적인 경제 추세가 나아지고 있다고 생각한다. 온갖 경고와 우려로 얼룩진 이 시대에도 세상은 역사상 그 어느 때보다도 번영을 누리게 될 것이다.

누구에게나
기회는 있다

YOU CAN
MAKE
A MILLION TODAY

미국 백만장자 클럽의 문은 잠겨 있지 않다. 요즘 사람들의 생각과 달리 성공한 사람이 100만 달러 이상을 버는 것은 아직 가능한 일이다. **에너지와 창의력이 있는 사람에게는 언제나 기회가 찾아온다. 그런 사람은 새로운 아이디어를 성공적인 새 상품과 서비스로 만들어 낼 수 있다.**

성공한 사람은 누구나 만나는 사람들에게서 같은 질문을 자주 받는다. "저도 성공하고 싶은데 어떻게 하면 될까요?"

나는 그런 질문을 받으면 40년 전에 석유업자로 일하면서 사업의 기반을 다진 이야기를 들려준다. 그러면 이런 반응이 돌아온다.

"하지만 사장님은 운이 좋으셨잖아요. 돈을 수백만 달러씩 버는 게

가능한 시기에 사업을 시작하셨잖아요. 요즘은 그렇게 못합니다. 아무도 못 해요."

똑똑하다는 사람들의 이런 부정적인 태도는 나를 항상 충격에 빠뜨린다. 나는 이런 의견에 동의하지 않는다. 지금은 상상력이 풍부하고 수완 좋은 젊은이들이 역사상 그 어느 때보다 부와 성공을 쟁취할 기회가 많은 시대다. 최근에 기민하고 공격적인 수많은 사업가가 다양한 분야에서 거액을 벌면서 내 주장이 사실임을 증명했다.

내가 아는 한 남자는 소득이 높지 않은 회사 간부였다. 그는 1953년에 새로운 플라스틱이 개발되고 있다는 소식을 들었다. 더 단단하고 다양한 용도로 쓸 수 있는 플라스틱이었다. 그는 그 플라스틱이 비싼 건축 자재 일부를 대신할 경제적인 대용품이 되리라고 생각했다. 그는 저축에 대출까지 포함해 새 플라스틱의 제조 면허를 사서 생산하고 유통하는 사업을 직접 꾸리게 되었다. 1960년이 되자 그의 재산은 100만 달러가 한참 넘은 상태였다.

존 라킨스John S. Larkins라는 젊은 엔지니어는 1951년에 소규모 전자 장비 제조사인 일록스 주식회사Elox Corporation를 인수했다. 라킨스는 전자 제어 장치의 수요가 점점 증가하는 것을 보고 제품 개발에 주력했다. 6년 만에 회사의 총매출액은 19만 4,000달러에서 220만 달러 이상으로 크게 늘었다.

1942년에 찰스 블러돈Charles Bluhdorn은 16살 소년이었다. 그의 첫 일은 매주 15달러를 버는 면화 중개였다. 1950년에 그는 이미 혼자 힘으로 첫 100만 달러를 벌었다. 주로 브라질에서 커피를 수입해서 번 돈이었다. 오늘날 블러돈은 다양한 분야에서 활동하는 회사 걸프 앤드 웨스턴Gulf & Western Industries의 리더다. 이 회사의 연간 매출액은 10억 달러가 훌쩍 넘는다.

요즘에도 이런 성공 신화는 셀 수 없이 많다. 그중에서 내가 직접 목격한 것은 고인이 된 멜빌 잭 포레스터Melville Jack Forrester의 이야기다. 이처럼 내 주장을 확실하게 증명해주는 사례도 없다.

잭 포레스터는 제2차 세계대전 때 유럽에서 전략 정보국OSS 요원으로 복무하면서 공을 세웠지만, 전쟁 후에는 일도 없고 돈도 없는 처지가 되었다. 그가 마침내 구한 일은 중개인으로 큰 투자사 월드 커머스 코퍼레이션World Commerce Corporation에서 남의 고객을 가로채는 업무였다. 포레스터는 유럽, 중동, 아시아를 돌면서 회사가 돈을 투자할 장래성 있는 프로젝트와 사업을 찾아다녔다. 그는 상황 판단이 빠르고 영리했으며, 실적이 워낙 좋아서 몇 년 뒤에 월드 커머스의 프랑스 자회사인 프랑스 월드 커머스 코퍼레이션의 사장이 되었다.

나는 전부터 잭을 알고 지냈다. 그러다가 1949년에 파리에서 그를 다시 만났다. 잭은 종전 이후로 무엇을 했는지 나에게 알려줬다.

"저와 함께 일해보시는 건 어떻습니까?" 나는 그에게 물었다.

"전 석유 사업에 대해서는 잘 모릅니다." 그가 웃으면서 대답했다. "하지만 금방 배울 수 있을 것 같네요."

잭은 실제로 금방 또 잘 배웠다. 1949년 이후에 그는 내가 소유한 여러 회사를 위한 미묘하고 중요한 협상을 여러 번 성공시켰다. 귀중한 석유 채굴권을 얻는 데 결정적인 역할을 했고, 다양한 사업과 거래를 꼼꼼하게 준비하고 길을 닦기도 했다. 그중에는 정유 공장과 송유관의 건설에 관한 거래도 있었다.

1945년에 잭 포레스터는 전직 요원이자 빈털터리 실업자였고 비슷한 형편의 수백만 남자 중 한 명이었다. 그러나 1964년에 세상을 떠나기 전 그는 눈에 띄게 성공한 사업가였고 백만장자였다.

오늘날에도 젊은 사람들이 지금 시작해서 비즈니스로 성공하는 것이 충분히 가능하다. 백만장자의 반열에 오르는 것도 실제로 실현 가능한 목표다. 그것을 입증하는 사례도 많다.

파멸론자들에게 고함

나는 스스로를 예언자나 학자라고 생각하지 않는다. 나는 그저 실용적인 지식이 있는 사업가일 뿐이다. 하지만 나는 미국과 전 세계의 사업 환경과 트렌드를 꾸준하게 연구하고 평가한다. 이 일은 내가 운영하는 회사들에 대한 나의 가장 중요한 임무이자 책임이다. 수년 동안 모은 정보를 바탕으로 나는 재난이 발생하지 않는다는 가정하에, 사업 전망이 좋다는 결론을 내렸다. 시간이 흐를수록 더 좋아질 것이라는 생각도 든다. **사업가는 멀리 내다볼 줄 알고 혁신적이어**

야 한다. **가장 중요한 것은 편협한 태도를 보이지 않는 것이다.** 이런 조건을 갖춘 사업가라면 초보든 베테랑이든 앞으로 몇 년 내지는 몇십 년 동안 수익을 올리리라고 기대할 수 있다.

요새 미국 경제계에서는 기회가 부족하다고, 한탄하는 것이 유행이다. 하지만 나는 정반대 주장을 펼치고 있다. 파멸론자들은 미국의 자유기업체제가 붕괴하기 직전이라고 주장한다. 그들은 그 원인으로 '불합리한 세금', '과중한 인건비', '불공평한 대외 경쟁', '떠오르는 사회주의'를 꼽는다. 나는 이런 주장이 터무니없는 소리라고 생각한다. 이런 불평은 상상력이 빈약하고 무능력하고 근시안적이고 편협하고 게으른 사람의 핑계에 불과하다.

세금을 너무 많이 내는 것은 사실이다. 세금의 종류도 너무 다양하다. 언젠가 조세 제도를 위에서부터 아래까지 싹 뜯어고치고 논리적이고 공평한 조세 제도를 도입해야 할 것이다. 하지만 그전까지는 사업가들이 현재 상황을 받아들일 수밖에 없다. 소득세는 가장 악명 높은 세금이라는 오해를 받지만, 벌어들인 수익에 대해서만 부과되는 세금이다. 미국에는 현재 그 어느 때보다도 부유한 사업가가 많다. 나는 세금 부담 때문에 문을 닫았다는 미국 회사에 대해서는 한 번도 들어본 적이 없다.

인건비도 비싼 것은 맞다. 하지만 나는 인건비가 비싸다고 불평하는 사업가가 수백만 소비자에게 제품을 팔기 위해 홍보와 판촉에 거액을 쏟아붓는 일을 많이 봤다. 소비자의 대부분을 차지하는 노동자들이 월급을 많이 받지 않으면 어떻게 사업가가 판매하는 도자기, 정원용 가구, 청소 도구를 살 수 있을까? 일한 사람은 정당한 돈을 받아야 한다. 부를 생산하는 데 도움이 된 만큼의 몫을 챙길 권리가 있다. 근로자가 돈이 없으면 상인이나 제조업자를 위한 대규모 시장이나 대량 판매도 있을 수 없다. 그러면 그 누구에게서든 번영이라는 개념도 찾아보기 어려워질 것이다. 물론 노동자가 생산성과 노동을 높은 수준으로 유지할 때만 높은 임금을 받는 것이 정당화될 수 있다. 이야기가 나온 김에 말하자면, 나는 자본가와 노동자 둘 다 이런 소모적인 논쟁을 그만둘 때라고 생각한다. 좋든 싫든 현재로서는 공생할 수밖에 없다. 양측 다 기존의 시스템 대신 전체주의적 시스템을 택할 것 같지도 않다.

대외 경쟁의 경우 경험을 토대로 이야기하자면, 상상력과 에너지가 부족한 사업가는 손해를 보기 시작하면 그것이 어떤 경쟁이든 '불공평'이라는 꼬리표를 붙인다. 경쟁자가 내국인이든 외국인이든 경쟁은 꼭 필요하며 승자가 있어야 한다. 경쟁은 치열하고 격렬할수록 좋다. 경쟁이 바로 자유기업체제의 토대이자 자극제다. 경쟁이 없다면 산업이 침체하고 말 것이다. 연방 정부가 '불공평한' 외국과의 경쟁에 관해서 무엇인가 해주길 요구하는 개인과 압력단체들은 이런 사실을 무시해버린다. 그들은 연방 정부가 관세 장벽을 하늘에 닿을 만큼 높이 끌어올리길 바란다. 그러면 다른 국가들은 우리와 아예 무역하지 못할 것이다. 놀랍도록 근시안적인 정책이다.

서서히 다가온다는 사회주의에 대해서도 한마디 하려고 한다. 이 불평도 근거 없는 거짓으로 밝혀졌다. 10~20년 전보다 자유기업체제에서 활동하는 미국 사업가가 훨씬 많아졌다는 사실이 바로 그 증거이다.

한마디로, 나는 비관론자와 패배주의자들이 내세우는 주장이 타당하다고 생각하지 않는다. 불길한 소리만 하는 사람들은 항상 있다. 사기를 떨어뜨리는 음울한 이야기만 골라서 하는 사람들이다.

정상에는 아직 자리가 충분하다

내가 매입한 피에르 호텔은 맨해튼의 호화로운 5번가와 61번 스트리트가 만나는 지점에 있다. 내가 235만 달러에 샀을 때 그 호텔은 뉴욕에서 가장 현대적인 호텔이었다. 누가 수정 구슬을 들여다보고 이야기해주지 않았어도 그 호텔을 산 것은 정말 잘한 일이었다. 미국에서 대공황의 그림자가 빠른 속도로 물러나고 있었고, 비즈니스 환경이 꾸준히 좋아지고 있었다. 출장이나 여행을 가는 사람도 많이 늘어날 예정이었다. 몇 년 동안 뉴욕에 새로 생긴 호텔이 거의 없었고, 근시일에 새로 지어질 호텔도 없었다. 피에르 호텔은 저렴하게 나온 매물이었고 잠재력이 컸다. 하지만 비관적인 사람들은 경기가 더 어려워질 것이라는 전망에 빠져 이런 보물을 눈앞에 두고도 그 진가를 알아차리지 못했다.

나는 1938년 10월에 피에르 호텔을 매입하려고 협상을 시작했다. 그러고는 그다음 해 5월에 호텔을 손에 넣었다. 만일 오늘날 뉴욕시에 이런 호텔을 지으려면 땅값과 건설 비용으로 2,500만~3,500만 달러나 필요할 것이다.

나는 자랑하려는 것이 아니다. 그저 좋은 기회를 알아보고 놓치지 않으면 사업가가 돈을 많이 벌 수 있다는 사실을 보여주려는 것이다. 일을 하려면 파멸의 예언자를 자처하는 사람들의 이야기는 무시해야 한다.

현재의 사업 환경은 1938년, 1932년, 1915년과는 매우 다르다. 그렇더라도 불평, 평계, 패배주의 철학은 필요 없다. **필요한 것은 산업을 활동적으로 이끌고 그에 따른 책임을 짊어질 뜻과 능력이 있는 사업가다. 이런 사람은 갈수록 많이 필요하며 이들이 받을 보상은 사실상 무한하다. 정상에는 자리가 충분히 남아 있다.** 상징적인 백만장자 클럽에는 회원명단에 빈자리가 무제한으로 있다. 명단이 더 빠른 속도로 채워지지 않는 것은 안타깝게도 능력이 뛰어난데도 시작해보기도 전에 포기하는 젊은 지원자가 많기 때문이라고 생각한다. 그들은 주변에 있는 기회에 눈을 뜨는 대신 패배주의자들의 경고에 귀를 기울인다. 이미 거액을 벌었거나 지금 거액을 벌고 있는 사람들의 선례는 보지 못한다.

앞에서 말한 것처럼 나는 소규모 석유 산업으로 첫발을 내딛었다. 나는 요새 그토록 많은 젊은이가 석유업자에게 기회가 오던 시대는 끝났다고 생각한다는 점이 당황스럽다. 이는 사실이 아니다.

석유는 참 재미있는 자원이다. 가장 의외라고 여겨지는 곳에서 석유가 나올 때가 많다. 미국에는 아직 석유를 찾을 가능성이 큰 지역이 많다. 이미 알려진 석유 벨트는 대부분 위치가 파악되어 굴착되고 있는 것이 사실이다. 하지만 인근에 석유 탐사업자들이 신경을 거의 또는 아예 못 쓴 지역도 존재한다.

석유 지질학은 1914년에는 새롭고 불확실한 학문이었다. 하지만 그 후로 눈에 띄게 발전했다. 현대의 지질학자는 석유가 나올 지점을 상당히 정확하게 예측할 수 있는 지식, 경험, 장비를 갖추고 있다. 지표면에 가까이 있는 석유는 위치가 거의 파악되었으므로 20세기 초보다 유정을 훨씬 깊게 파야 하는 것도 맞다. 그 대신 현대적인 장비 덕에 내가 1916년에 760m 팠을 때보다 오늘날의 석유업자가 1,800m를 팔 때 시간과 비용이 덜 든다. 그 당시에는 1달러의 가치가 지금보다 훨씬 컸다.

물론 석유 산업이 오늘날 초보 사업가에게 황금 같은 기회를 주는 유일한 산업은 아니다. 비즈니스 활동과 번영이 전례 없는 수준으로 폭발할 수 있는 잠재력이 여기저기 있다. 사고가 편협하지 않고 상상력이 있는 사람은 기회를 알아볼 수 있을 것이다. 국내외 인구가 급격하게 늘어나고 있으며, 전 세계적으로 생활 환경과 삶의 질을 개선하고 싶은 사람도 많다. 이런 점을 생각하면 앞으로 다가올 몇 년 동안 온갖 종류의 상품과 서비스를 위한 시장이 계속 확대되리라고 예측할 수 있다. 매일같이 급속도로 발전하는 과학 기술 덕택에 이런 상품과 서비스가 더 나은 가격, 품질, 규모로 생산되고 유통될 수 있다.

세계로 눈을 돌려라

국내 시장에서도 훌륭한 상품과 서비스에 대한 수요가 여전히 많다. 일할 수 있는 모든 시민이 풀타임으로 안정적으로 일할 때까지, 모든 가정이 의식주를 해결하고 불안감 없이 안락하게 살 때까지 아무도 산업계가 책무를 다했다고 말할 수 없다. 나는 이 글을 읽고 있는 젊은이 중에는 국내 시장에서 일하면서 국내 수요를 충족시키게 될 사람이 많으리라고 생각한다. 하지만 비즈니스는 미국 밖에서, 즉 국제 무역에서 가장 밝게 빛나리라고 믿는다.

전 세계적으로 미국의 불경기와 실업률 증가에 관한 기사를 다룬 신문이 많다. 미국의 무역 수지 적자로 인한 달러 유출에 관한 기사도 많다. 이런 상황을 바로잡기 위해서 제시되는 해결책 중에는 원자재와 제품의 수입을 줄이거나 중단한다는 '비상' 대책도 있다.

"미국은 수입을 최소한으로 줄여야 합니다." 한 미국 사업가가 얼마 전에 나에게 이렇게 말했다. "그게 미국 산업계가 살아남을 유일한 방법입니다."

나는 그런 정책은 경제적인 자살 행위나 마찬가지라고 생각한다고 말했다. 그는 내 이야기를 듣고는 깜짝 놀랐다. 나는 미국의 경제 문제에 대한 장기적인 해결책은 외국과의 무역을 줄이는 것이 아니라 늘리는 데 있다고 생각한다. 길게 봤을 때 산업계는 앞을 멀리 내다보는 대규모 국제 무역 계획에 착수해야 할 것이다. 외국에서 새로운 시장을 개척하고 확장해야 한다.

현시대에 고립주의적 비즈니스 철학을 위한 자리는 없다. 세상은 너무나 작아졌다. 혼자만의 힘으로는 살 수 없으며 외국과의 무역을 개발하고 확대해야 한다. 우리 제품을 다른 국가에 팔려면 우리도 다른 국가로부터 무엇인가를 사야 한다. 간단한 이치다. **나는 낡은 선입견을 버리고 시대의 요구에 맞게 생각할 줄 아는 사업가는 어마어마한 보상을 누리리라고 확신한다.** 온갖 소문이나 보도와 달리 다른 국가들은 대체로 우리가 상품을 팔아주기를 바라기 때문이다.

나는 다섯 대륙에서 사업을 하고 있다. 그런데 'Made in U.S.A.' 라벨이 붙은 제품에 대한 수요가 줄어들고 있다는 증거는 거의 본 적이 없다. 미국인의 생활 방식은 여전히 여기저기서 좋은 삶으로 통한다. 심지어 러시아 사람들도 이런 점을 인정한다. 최근에 미국의 정치적인 위상에 무슨 일이 생겼든 내가 미국산 제품의 '명성'이라고 부르는 것이 타격을 받지는 않았다.

이 모든 증거는 눈을 뜨고 열린 마음으로 외국에 살거나 여행을 가는 사람이라면 누구에게나 명확하게 보일 것이다. 철의 장막 너머에 사는 사람들은 대부분 미국산 콜라를 흡족하게 마시며 미국산 자동차는 여전히 외국에서 그 차를 소유한 사람들의 지위를 상징한다. 미국산 전자제품과 콜게이트 치약, 질레트 면도기 같은 수많은 미국 제품이 외국 소비자들이 선호하는 상품으로 자리 잡고 있다.

수요는 분명히 있다. 그 사실을 의심하지 마라. 외국 시장은 진취적인 사업가에게 활짝 열려 있다. 지난 10년 동안 외국에 사는 사람들의 부와 구매력이 몇 배로 늘어나서 지금이 그 어느 때보다도 좋은 기회다.

"하지만 우리가 외국 제조업자들과 경쟁할 수가 없습니다." 최근에 한 미국인 기업가가 나에게 이렇게 불평했다. "그들이 물건을 항상 우리보다 싸게 파니까요."

우선, 외국 제조업자들이 미국 생산자보다 물건을 '항상' 싸게 파는 것은 아니다. 무작위로 예를 두 개 들어보겠다. 미국 석탄은 임금을 많이 받는 미국인 광부들이 캐낸다. 그런데 석탄은 유럽의 여러 지역에서 영국 석탄보다 낮은 가격에 팔린다. 영국산 석탄은 미국 광부보다 임금을 훨씬 적게 받는 영국 광부들이 캐는데도 말이다.

외국 시장에서 경쟁하는 비결은 품질이 뛰어난 상품을 대량으로 생산하는 기술을 철저히 통달하는 데 있다. 아직 외국인 사업가 중에서는 박리다매 전략 뒤에 숨은 이론을 이해하지 못하는 사람이 많다. 그들은 판매 건수당 수익에 주목해 전체적인 매출이 상대적으로 적더라도 만족한다.

나는 진취적인 미국 사업가들이 미국 정부에 꼭 요청하길 바라는 것이 있다. 다른 국가에서 미국산 제품에 부과하는 수입세를 낮추거나 없애도록 정부가 가능한 모든 자원을 동원해달라고 요청하는 일이다. 우리의 관세 장벽을 높이는 대신 이런 방법을 쓰면 사업가 본인에게도 미국 대중에게도 도움이 되리라고 생각한다. 이런 방법은 불경기와 실업에 맞서는 방어벽으로도 작용할 것이다.

그와 동시에 품질을 엄격하게 유지하면서도 상품을 더 적은 비용으로 더 많이 생산할 방법과 기술을 개발하는 것은 사업가의 몫이다. 그 후에는 제품을 외국에서도 국내만큼이나 창의적이고 열정적으로 팔아야 한다.

무엇이든 더 나아질 방법을 찾아라

"임금뿐 아니라 원자재부터 기계까지 물가가 뛰는데 생산 비용을 줄이는 일이 어떻게 가능합니까?" 이런 질문을 나는 셀 수 없이 받았다. 생산량은 언제나 늘어날 수 있고 비용은 언제나 줄일 수 있다. 자기 사업을 잘 파악해서 어디서 낭비와 비효율이 발생하는지 찾아라. 제품의 품질을 낮추지 않고도 생산 비용을 아낄 방법은 언제나 있다.

우선, 생산량이 두 배로 늘어나면 생산 비용은 자동으로 20% 줄어든다는 것이 제조업계의 오래된 법칙이다. 여기에 대한 보충 설명은 필요 없을 것이다. 그다음에는 행정적인 간접비가 있다. 간접비는 거의 항상 비용을 잡아먹는다. 예를 들면, 부사장의 비서가 또 비서를 둘 필요는 거의 없다. 나는 수십 년 동안 회사를 운영하며 비서가 두 명 이상 필요하다고 느낀 적은 한 번도 없었다.

그리고 나는 대부분 회사가 접대비를 절반 이상 줄이더라도 매출에 타격을 전혀 안 받을 것이라고 장담한다. 나도 술을 한두 잔 마시기는 하지만, 마티니를 여섯 잔씩 마시는 3시간짜리 점심 미팅보다 커피 한 잔을 마시는 15분짜리 휴식 시간에 일을 많이 할 수 있다는 것을 안다.

모든 사업가와 임원이 어디로 출장을 가든 항상 비싼 비행기 좌석에 앉아야 한다는 법은 없다. 이코노미석에 앉아도 똑같은 속도로 목적지에 도착할 수 있다. 똑똑한 사업가는 다른 여러 분야에서도 비용을 절약할 방법을 찾아낼 것이다. 비즈니스에서 개선과 절약의 여지는 언제나 있다. 사무실이든 공장이든 마찬가지다.

그렇다고 비용을 무분별하게 줄이라는 말은 아니다. 하지만 치열하게 경쟁할 때는 낭비나 불필요한 비용에 대해서 변명할 여지가 없다. 시장을 점유하기 위한 전면전에서는 가능한 어디서든 비용을 절감해야 한다. 경기가 호황일 때 이런 법칙을 잊어버리는 사업가와 기업들이 있다.

오늘날 부자가 되고 싶은 젊은이들이 선택할 수 있는 사업 분야는 매우 다양하다. 물론 개인의 재능, 관심사, 배경, 전공, 경력에 따라서 선택이 달라질 것이다. 기민한 제조업자는 성능이 향상된 온갖 종류의 신상품에 대한 수요가 엄청나다는 사실을 안다. 판매에 일가견이 있는 사람은 도매나 소매의 커다란 잠재력을 알아볼 것이다. 산업 전반이나 대중에게 더 나은 새로운 서비스를 제공하면 큰돈을 벌 수 있음을 알아차리는 사람도 있을 것이다.

내가 하려는 말을 간단히 줄이면 바로 이렇다. 무엇이든 더 낮게, 더 빨리, 더 경제적으로 해내거나 생산할 방법을 찾아내는 사람은 부를 누리게 될 것이다. 그렇다고 내 말을 오해하지는 마라. 사업을 일구고 부자가 되기란 쉬운 일이 아니다. 성공하려면 노력을 어마어마하게 해야 한다. 회사 대표에게는 주 5일 근무나 정시퇴근 같은 것은 해당하지 않는다.

미국 전 대통령 해리 트루먼도 말한 바 있다. "저는 위대한 사람들의 삶을 연구했습니다. 그 결과 정상에 오른 남자와 여자들은 모든 에너지, 열의, 노력을 쏟아부어 자신이 맡은 일을 해내는 사람들이라는 점을 알게 됐습니다."

반짝이는 모든 것은 금이 될 수 있다

비즈니스로 성공하는 절대적이거나 확실한 공식은 없다. 그래도 나는 기본적인 규칙은 몇 가지 있다고 생각한다. 규칙을 잘 따르면 사업으로 성공할 확률이 매우 높아질 것이며 나 역시 규칙을 숙지하며 비즈니스에 임했다. 내가 알고 지낸 다른 사업가들도 마찬가지다. 독자 여러분에게도 이 규칙은 효과가 있을 것이다.

1. 비즈니스 세계에서 돈을 많이 벌 방법은 대부분 한 가지뿐이다. 자기 사업을 하는 것이다. 혼자 사업을 하려는 사람은 자기가 잘 아는 분야를 선택해야 한다. 물론 모든 것을 처음부터 알 수는 없지만 그 바닥이 어떻게 돌아가는지 아는 실용적인 지식이 생길 때까지는 사업을 함부로 시작하지 마라.

2. 사업가는 모든 사업의 핵심적인 목표를 절대로 잊어서는 안 된다. 그것은 바로 더 나은 상품이나 서비스를 더 낮은 비용으로 더 많은 사람에게 제공하는 것이다.

3. 비즈니스에서 성공하려면 절약 정신이 필수다. 가능한 어디서든 절약하는 습관을 들여라. 일상생활이든 사업이든 마찬가지다. 성공을 원하는 사람에게 해줄 수 있는 최고의 조언은 바로 이것이다. "일단 돈부터 벌고 나서 그 돈을 어떻게 쓸지 생각해라."

4. 사업을 확장할 좋은 기회를 간과해서는 안 된다. 하지만 사업을 무리하

게 확장하고 싶은 유혹에 넘어가지 않도록 조심해야 한다. 사업을 키울 때는 충분한 근거와 탄탄한 계획이 있어야 한다. 어떤 사업이든 억지로 몸집을 불리면 치명적인 결과로 이어질 수 있다.

5. 사업가는 자기 회사를 직접 운영해야 한다. 직원들이 자기처럼 생각하거나 행동할 것을 기대하지 마라. 그들이 그럴 수 있다면 그들은 직원이 아니다. 따라서 권한이나 책임을 위임할 때는 위임받은 직원들을 주의 깊게 꾸준히 감독해야 한다.

6. 언제나 자신의 상품과 서비스를 개선하고 생산량과 매출을 늘릴 새로운 방법이 없는지 찾아라. 사업이 잘될 때는 어떤 기술을 향상하고 어디서 비용을 줄일 수 있을지 알아내리. 경기가 호황일 때 절약할 생각이 들지 않는 것은 지극히 인간적인 일이지만, 사업가라면 바로 그때 차분하고 객관적으로 품질이나 효율성을 희생하지 않고도 절약할 방법을 찾아야 한다. 여러 사업가가 경기 침체가 찾아올 때까지 기다렸다가 이런 작업을 하지만, 당황한 나머지 잘못된 곳에서 비용을 삭감하게 된다.

7. 위험 부담을 감수하라. 적극적으로 알아보고 해볼 만하다는 판단이 서면 자기 자본, 신용, 빌린 돈을 잃을 위험을 전부 감수해야 한다. 빌린 돈은 언제나 빨리 갚는 것이 좋다. 신용이 나쁘다는 평판만큼 사업가를 쉽게 끌어내릴 수 있는 것도 없다.

8. 새로운 시장이나 충분히 개척되지 않은 시장을 찾아라. 앞에서도 언급했지만, 전 세계적으로 미국 제품을 사고 노하우를 배우려는 국가가 많다. 판단이 빠른 요즘 사업가라면 외국 시장을 공략할 것이다.

9. 서비스와 제품의 품질을 보증한다는 평판만큼 사업가의 자신감을 키우고 판매량을 늘려주는 것도 없다. 제품의 품질 보증서는 언제나 인정되

어야 하며, 의심스러운 경우에는 항상 소비자에게 유리하게 적용되야 한다. 고객 서비스도 항상 관대해야 한다. 소비자가 완전히 신뢰할 수 있다고 알려진 회사라면 주문이 적어서 고생하는 일은 없을 것이다.

10. 돈을 얼마나 많이 벌었든 사업가라면 자기 부를 이용해서 다른 사람들의 생활 환경을 개선해라. 자기 동료, 직원, 주주, 일반 대중에 대한 책임이 있다는 사실을 기억해야 한다.

부자가 되고 싶은가? 충분히 가능하다. 내 말을 믿어라. 주변의 무한한 기회와 잠재력을 알아보고, 소개한 규칙들을 토대로 열심히 일해라. 이 시대를 사는 영리하고 야심 차고 유능한 젊은이라면 반짝이는 모든 것을 금으로 변신시킬 수 있다.

부자가 되는
사고방식

THE
MILLIONAIRE
MENTALITY

운, 지식, 특히 엄청난 노력이 있어야만 부자가 될 수 있다. 하지만 가장 중요한 요소는 '부자의 사고방식'이라고 부를만한 정신이다. 이런 사고방식은 완전히 깨어 있는 정신 상태를 말한다. 부자가 되려면 일하고 목표를 달성하는 데 자신을 총동원해야 한다.

나는 LA 외곽에 소유한 석유 시설을 감독해줄 사람을 고용한 적이 있다. 편의상 그를 조지라고 부르자. 그는 일을 열심히 하는 정직한 사람이었고 석유 산업을 잘 안다. 직책이 높은 만큼 월급도 많이 받으며, 본인도 일이나 월급에 만족하는 것 같았다. 그런데 나는 그 시설을 방문해서 시추 현장, 시추기, 유정을 둘러볼 때마다 잘못되었거나 비효율적으로 진행되는 일들을 찾아낼 수 있었다.

직원은 너무 많았고, 비용 관리가 제대로 안 되고 있었다. 어떤 일은 너무 느리게 어떤 일은 너무 빨리 진행되었으며, 너무 남거나 부족한 장비도 있었다. 조지는 사무실에서 행정 업무를 하는 시간이 긴 대신 시추 현장에서 보내는 시간이 부족해 보였으며 그 결과, 자기가 책임지고 감독해야 하는 작업을 필요한 만큼 들여다보지 못했다.

이런 여러 요인 때문에 비용은 높고, 생산은 느리고, 수익은 아쉬운 수준이었다. 하지만 나는 조지를 좋아했고 그가 훌륭한 감독관이 될 자질을 갖췄다고 생각했다. 몇 주 후에 나는 조지와 단둘이 허심탄회하게 이야기를 나눴다. 나는 단도직입적으로 그가 일을 처리하는 방식에 개선의 여지가 많다고 말했다.

"현장에 한 시간만 있어도 우리가 더 낫게 할 수 있는 일이 여럿 보입니다. 더 저렴하게 처리할 일도 많고요. 그러면 생산과 수익도 늘어날 겁니다." 나는 그에게 말했다. "솔직히 말하면, 조지 씨에게는 이게 왜 안 보이는지 모르겠습니다."

"게티 씨는 사장님이시니까요." 조지가 대답했다. "일에 직접적인 이해관계가 있으니 돈을 아낄 방법과 더 벌 방법이 보이는 겁니다."

솔직히 말해서, 나는 이전까지 단 한 번도 그런 식으로 생각해본 적이 없었다. 나는 그 말을 며칠 동안 곱씹었다. 그러고 나서 실험을 해보기로 작정하고 조지와 다시 만났다.

"저와 협력하면 어떻겠습니까? 월급 대신 시설에서 나오는 수익의

1%를 드리겠습니다. 작업이 효율적일수록 수익이 늘어날 겁니다. 가져가실 수 있는 몫도 늘어나겠죠." 조지는 잠시 고민하더니 내 제안을 흔쾌히 수락했다.

변화는 곧바로 나타났다. 기적에 가까울 정도의 변화였다. 조지는 자기도 그 시설에 '직접적인 이해관계'가 있다는 사실을 깨닫자마자 일을 본격적으로 처리하기 시작했다. 그는 이제 월급을 받는 직원이 아니라 경영진과 수익을 나누는 감독관이었다. 그래서 비용 절감, 생산량 증대, 수익 증가에 관심을 두기 시작했다. 그는 현장에서 이루어지는 작업을 완전히 다른 시각으로 살펴봤다. 이전에는 발견하지 못했던 문제를 바로잡고, 불필요한 인력을 줄이고, 비용을 최소화하고, 일을 더 효율적으로 처리할 방법을 찾아냈다. 예전에는 LA 사무실에 매주 2~3일씩 있더니 이제는 매달 1~2회만 방문했다.

나는 협력을 제안하고 두 달이 지났을 때 석유 시설을 다시 점검했다. 전체적으로 살펴보았지만 아무런 문제를 찾지 못했다. 내가 직접 일했더라도 그 이상 개선이 가능할까 싶었다. 말할 필요도 없이 매우 짧은 기간에 우리는 조지가 직원일 때보다 돈을 훨씬 더 벌게 되었다.

사람들의 네 가지 유형

나는 그 사건 덕에 사람은 대체로 네 가지 유형 중 하나에 속한다는 사실을 알게 되었다.

첫 번째 유형은 자신을 위해 일할 때 최고의 성과를 내는 사람들이다. 자기 회사를 차리는 것이 맞는 사람들로 누군가에게 고용되길 바라지 않는다. 월급날에 느끼는 안정감에는 관심이 없는 대신 스스로 경제적 안정을 만들려고 미래를 창조하길 원한다. 한마디로, 누구의 명령도 받지 않고 책임을 받아들이며 위험 부담을 감수하는 사람들이다.

두 번째는 여러 이유로 사업을 직접 하고 싶지는 않은 사람들이다. 그런 사람들은 어딘가에 고용되어 사업의 수익을 나눠 가질 때 최고의 성과를 올린다. 여기 속하는 사람들은 매우 다양하다. 수수료를 원하는 최고의 영업사원부터 경영계의 잘나가는 임원들까지 포함된다. 자기 생산량에 비례해 돈을 벌길 원하며 수입의 최저선이나 최고액을 정해 두지 않는다. 조지는 여기 속하는 사람이었다.

지금은 고인이 된 찰스 윌슨Charles E. Wilson도 마찬가지다. '기관차 찰리'라는 별명으로 불린 윌슨은 매우 우수한 인재였다. 나는 찰스 윌슨이 회사를 세웠으면 대성공을 거뒀으리라고 확신하지만, 그는 다른 사람을 위해서 일하길 선호했다. 처음에는 웨스팅하우스 전기회사Westinghouse Electric Company를 위해서, 그다음에는 GM을 위해서 일했다. 윌슨이 시간당 18센트를 받다가 GM에서 사장으로 매년 60만 달러를 받게 된 일은 회사원들 사이에서는 전설적인 이야기다. 찰스 윌슨은 언제나 직원이었지만 자기가 다니는 회사의 주식을 소유해 수

73

백만 달러를 모았다. 회사가 수익을 올리도록 돕고 그것을 경영진과 나눠 가진 셈이다.

세 번째 부류는 월급 받는 직원으로만 일하고 싶은 사람들이다. 이들은 위험을 감수하기를 꺼리고 남에게 고용될 때 최고의 성과를 올린다. 선하고 믿을 수 있으며 성실한 노동자들로 정기적으로 월급을 받는 것에 만족한다. 월급이 가끔 오르기를 바라기는 하지만 인센티브가 제한적이더라도 불평하지 않는다. 그들에게는 앞의 두 그룹에 속한 사람들처럼 진취력이나 독립심은 없다. 어쩌면 자신감과 추진력도 부족할지도 모른다.

마지막 유형은 우체국 직원들이 체신부(미국 우정공사의 옛 이름 - 역자 주)에 고용된 것처럼 일하는 사람들이다. 나는 우체국 직원들을 비난하려는 것이 아니다. 그들은 자기 일을 해내는 사람들이지만 고용주를 위해 수익을 올릴 필요를 느끼지 않는다. 미국 우체국은 꾸준히 적자를 내며, 그 적자는 연방 정부에서 메워준다. 우체국 직원 열 명 중 한 명이나 체신부의 재정에 신경을 쓰고 있을까? 우체국에서는 자연스러운 일인지 모르겠지만, 자본주의 경쟁 체제 회사에서 직원들의 이런 태도는 사업에 치명적이다.

그런데 회사 경영진이나 경영진으로 올라가려는 사람 중에도 사실상 시야가 우체국 직원만큼 좁은 사람이 너무 많다. 그런 사람들은 월급만 꼬박꼬박 나오면 회사가 수익을 내든 말든 신경 쓰지 않는다.

비용을 의식하고 부자의 사고방식을 추구하라

나는 놀랍게도 대차대조표를 못 읽는 사람을 수없이 많이 봤다. 미국 최고의 경영학과를 졸업한 사람들이 '수익'이라는 용어를 제대로 정의하지 못하는 경우도 봤다. 높은 자리에 있어도 우체국 직원과 다를 바 없는 셈이다. 그들은 자기가 일하는 회사나 주주들에 대한 책임보다 자신의 복지에만 관심이 있다. 그중 몇 명은 머리도 좋고 경험도 풍부해 보인다. 하지만 IQ가 180이라고 좋은 사업가나 임원이 된다는 보장은 없다. 로저 포크Roger Falk가 《The Business of Management(경영진의 비즈니스)》에서 정확하게 지적했듯 경력이 10년이라고 자부하는 사람 중에는 1년짜리 경력을 10번 반복한 것처럼 알아야 할 것을 모르는 경우가 허다하다.

이런 사람들은 수년 또는 수십 년 동안 성공의 사다리를 올라가려 애쓴다. 그러면서도 그들이 왜 '높은 직책에 오르거나 부자가 되지 못하는지' 모른다.

그들이 실패하는 이유는 무엇일까? 바로 생각 때문이다.

좋든 싫든 '부자의 사고방식'이라고 부를 수 있는 것이 있다. 일에서 성공으로 가는 길을 걷게 하는 생각이 있다는 말이다. 자기 회사를 운영하든 고용되었든 마찬가지다. 한마디로 이것은 언제나 비용을 의식하고 수익에 신경 쓰는 것이다. 앞의 두 그룹에 속하는 사람들이 이렇게 생각할 확률이 높다.

세 번째 그룹에 속하는 사람들에게서는 이런 사고방식을 찾아보기 어렵다. 그들은 애초에 승진하려는 야망도 별로 없는 사람들이다. 네 번째 그룹에 속하는 사람들에게서는 아예 '부자의 사고방식'을 찾아볼 수 없다. 하지만 안타깝게도 그들이야말로 자기 가치를 과대평가하는 사람들이다. 일은 가장 적게 하면서 요구하는 것은 가장 많다. 회사는 직원들이 제대로 일하고 동료들과 함께 키워나가야 하는 곳이다. 하지만 그런 사람들은 회사가 자기에게 좋은 것을 퍼주는 곳이라고 착각한다.

나는 한때 그런 사람들의 결점을 이해하려 했었다. 그들이 인생을 살면서 나처럼 다양한 혜택을 누리지 못했으리라 생각했기 때문이다. 나만큼 정식 교육을 많이 받지 못했고, 세계를 널리 여행하지도 못했으며, 비즈니스 경험도 풍부하지 않다고 생각했다. 그러다가 그런 경제 무식자들도 자기 이익과 관련된 일에서는 갑자기 경제 전문가처럼 상황 판단이 빨라진다는 것을 알게 되었다.

나는 잠재력은 뛰어나지만, 매출은 매우 실망스러운 회사를 경영한 적이 있다. 그 회사의 문제점을 알아차리는 데는 시간이 오래 걸리지 않았다. 핵심 임원 중 세 명이 우체국 직원처럼 일한 것이다. 그들은 비용에 신경 쓰지 않았고 수익을 크게 추구하지도 않았다.

그 사람들이 받는 월급은 무려 네 자릿수였다. 나는 한번은 경리부에 미리 그들의 월급에서 5달러를 빼고 지급하라고 지시했다. 불평하는 사람이 있으면 나에게 곧바로 보내라는 말도 덧붙였다.

내가 어느 정도 예상했던 것처럼 임원 세 명 모두 내 사무실로 찾아왔다. 월급을 지급한 지 1시간 만이었다. 나는 그들에게 각각 쓴소리를 했다.

"회사 장부를 살펴보다 불필요하다고 생각되는 비용을 여러 건 찾아냈습니다. 작년에 이런 지출 때문에 회사의 주주들은 수만 달러씩 손해를 봤습니다. 하지만 여러분은 이 문제에 신경을 안 쓰시는 것 같더군요. 비용을 절감하거나 상황을 바로잡으려고 애쓴 증거를 찾지 못했습니다. 그런데 여러분의 월급은 5달러만 부족해도 금방 알아차리시는군요. 곧바로 바로잡으려고 행동도 하시고요." 두 임원은 내 말을 이해하고 달라진 모습을 보여주었다. 하지만 세 번째 임원은 그러지 않았고, 곧 다른 일자리를 알아보게 되었다.

회사가 수익을 내지 못 하면 살아남지 못하는 것은 당연하다. 따라서 경영진은 회사가 흑자를 보도록 비용을 줄이고 효율, 생산, 품질, 매출을 높일 방법을 꾸준히 찾아야 한다. 가장 기초적인 비즈니스 원칙인데도 여러 사업가와 회사 임원이 이를 제대로 이해하지 못한다.

최근에 한 젊은 임원과 이야기를 나누었는데, 그는 자기 부서의 예산이 2만 달러나 줄었다고 씩씩거렸다. 나는 그런 상황에 아주 익숙하다.

"예산이 줄어 부서 효율성이 떨어졌습니까? 아니면 생산적인 작업의 규모를 줄였나요?" 내가 물었다.

그 임원은 잠시 고민하더니 이렇게 대답했다. "생각해보니 그렇지는 않은 것 같습니다."

"그런데 왜 화를 내세요?" 내가 다시 물었다.

"그 돈을 쓸 만한 곳이 있을 것 아닙니까!" 이것이 그 임원의 대답이다. "돈을 벌려면 크게 생각하고 돈을 써야 하잖아요!"

나는 이 젊은이가 내 직원이 아니라는 사실에 안도했다. 그를 그 자리에서 해고하는 것으로 대화를 끝내고 싶지는 않았기 때문이다.

작게 생각하고 주의를 기울여라

나는 사업을 시작할 때부터 '돈을 벌려면 크게 생각하고 돈을 써야 한다You have to think big and spend money to make money'는 소리를 여러 번 들었다. 하지만 이 개념은 잘못 해석될 때가 많다. 비즈니스에서 성공과 부를 누리길 원한다면 앞을 내다볼 줄 알아야 한다는 데는 동의한다. 돈을 쓰고 거기에 따르는 위험을 감수할 수 있어야 한다. 다만, 비용은 필요한 것에 제대로 쓰여야 하며 위험 요소는 신중하게 따져봐야 한다.

'부자의 사고방식'을 지니고 싶다면 일단 작게 생각할 줄 알아야 한다. 그래야 작은 일에도 주의를 기울이고 비용을 절감하게 된다. 자기 회사를 경영할 때나 남을 위해서 일할 때나 마찬가지다. 나는 얼마 전에 대학을 갓 졸업한 하급 임원 지원자에게 이 이야기를 했다.

"성공하려면 일단 아껴야 한다는 말씀입니까?" 그는 매우 궁금해했다. 나는 구두쇠 같은 행동도 다른 시각에서는 크게 절약하는 것처럼 보일 수 있다고 대답했다. 그러고는 한 대기업이 최근 사무실 휴지통을 살펴본 사례를 언급했다.

일주일 동안 일꾼 한 팀이 휴지통을 비우고 직원들이 버린 사무용품 중 쓸 만한 것들을 분류해냈다. 클립, 고무줄, 필기구처럼 사소한 물품 값을 계산한 뒤 52주를 곱했다. 그리고 회사는 매년 3만 달러 이상 쓸 만한 사무용품이 버려진다는 사실을 알아냈다.

내가 소유한 회사 중 한 군데에서는 총명한 한 직원이 밤새 연구한 끝에 생산 작업을 간소화하는 방법을 찾아냈다. 제품 한 개에 0.5센트도 안 되는 비용이었지만 전체적으로는 연간 2만 5,000달러 이상 절약하게 되었으며, 그것은 그 직원 연봉의 두 배가 넘었다. 그는 작년에는 자기 부서의 전체적인 비용을 20% 줄이고 생산량을 12% 늘렸다. 이 젊은이야말로 내가 '부자의 사고방식'이라고 부르는 것을 갖추고 있다. 나는 그가 기록적인 속도로 정상에 오르고 수백만 달러를 벌 것이라 확신한다.

오늘날에는 모든 회사가 점점 커지는 비용과 계속 맞서 싸워야 한다. 역사상 그 어느 때보다 비용 절감과 생산량 증대가 강조되는 시기다. 이제 우체국 직원처럼 생각하는 임원이 설 자리는 없다. 하지만 '부자의 사고방식'을 갖춘 임원은 갈수록 많이 필요하다. 비용 상승과

이윤 감소에 맞서서 회사들은 우체국 직원 같은 임원들은 솎아내고 부자처럼 생각하는 임원들에게는 더 많은 자유와 기회를 주기 시작했다.

내가 소유한 여러 회사에서는 조기 퇴직 제도를 도입하고 있다. 몇 년 동안 월급만 챙긴 인력을 내보내기 위해서다. 그 결과, 임원과 직원 수백 명이 일반적인 정년보다 한참 일찍 퇴직하게 되었다. 내가 조기 퇴직자를 선별한 기준은 그들의 실질적인 가치였다. 간단히 말해서, 나는 업무 사례를 통해 그들이 비용을 의식하고 수익을 추구하는 생산적인 직원인지 따져봤다.

이런 사람들을 퇴직시키려면 비용이 든다. 원래 줘야 할 때보다 일찍 거액의 퇴직금을 주어야 한다. 하지만 우리는 그 돈이 그들을 회사에 남겨둘 때 드는 비용보다 훨씬 적다는 것을 알아냈다. 그들은 회사에 도움이 되기보다는 방해가 될 때가 더 많기 때문이다.

'부자의 사고방식'이 있는 사람은 구두쇠도 아니고 돈을 악착같이 긁어모으는 사람도 아니다. 비용을 관찰하고 절감할 방법을 찾는 사람이며, 생산량과 매출을 늘려서 수익이 커지도록 힘쓰는 사람이다. 이런 사람들은 회사가 건강할수록 수익도 많이 나고 주주와 직원들이 더 많은 것을 누릴 수 있다는 사실을 안다.

수익은 회사가 비즈니스를 계속할 수 있을 만큼, 또 사업을 확장할 기회를 노릴 만큼 나야 한다. **이런 점을 알고 행동하는 직원이야말로 '부자의 사고방식'을 갖춘 사람이다.**

J. PAUL GETTY

HOW TO SUCCEED IN BUSINESS BY REALLY TRYING

PART II

성공하기 위해서는
어떻게 일해야 하는가

HOW TO BE
RICH

무엇이 경영자를
만드는가?

What
Makes
an
Executive?

최근에 한 대학교에서 신입생 수백 명을 대상으로 설문 조사를 했다. 경영 이론과 현장에 관한 지식수준을 알아보기 위해서였다. 설문 조사의 질문은 이것이었다.

"당신이 대기업을 소유하고 있다고 가정했을 때, 회사의 임원들이 어떤 자질, 특성, 자격을 갖추기를 바라십니까?"

무작위로 고른 답변이지만, 여러 학생이 이렇게 대답했다.

"임원들이 옷을 잘 입고 성격이 좋았으면 좋겠습니다."

"중요한 고객을 접대할 줄 알아야 합니다."

"저라면 제품 가격은 높게, 임금은 낮게 유지할 수 있는 임원들만 고용할 것 같습니다."

"직원들이 더 열심히, 더 빨리 일하게 하는 임원들을 뽑아야 합니다."

순진해 보이는 답변이지만, 신입생들이 회사가 어떻게 돌아가는지 잘 모르는 것을 비난할 수는 없다. 안타깝게도 나이가 훨씬 많고 현명해야 할 사람 중에도 대학 신입생만큼이나 비즈니스에 관해 무지한 사람이 많다. 특히 그중에서도 경영진 선발 원칙을 잘못 아는 경우가 많은데, 회사를 오랫동안 운영한 사람들조차 그럴 때가 있다.

예를 들면, 최근에 한 파티에서 나에게 작정하고 일자리를 얻으려 다가온 사람이 있었다. 그는 자기가 일했던 유명한 대기업에서 승진할 기회를 두 번이나 놓쳤다며 불평을 늘어놓았다.

"저는 사내 정치의 피해자입니다." 그는 이렇게 말했다. 자기 말을 정말 믿는 눈치였다. "달리 설명할 방법이 없습니다. 저는 항상 임원의 의무를 다했다고요!"

"임원의 의무가 뭡니까?" 나는 이렇게 물었다. 그가 어떤 이론을 들려줄지 너무 궁금한 나머지 실수한 것이다.

"저는 제 부서에서 일하는 직원들을 제대로 다룹니다. 저나 회사를 속이도록 절대 내버려 두지 않습니다. 그런 직원들은 바로 짐을 싸야죠!" 그는 의기양양한 태도로 말했다. "저는 위에서 내려온 명령에 질문하지 않고 곧바로 따릅니다."

이쯤에서 나는 오랫동안 못 본 지인을 발견한 척하고 빠르게 도망쳤다. 그 정도면 내가 듣고 싶은 만큼, 또 감당할 수 있는 만큼 들었다고 생각했다.

나는 소위 임원이었던 이 사람이 왜 승진하지 못했는지 이해할 수 있었다. 이해할 수 없었던 것은 왜 그가 일찌감치 해고되지 않았는지다. 그가 내 밑에 있었다면 우리 회사에서 5분도 일하지 못했을 것이다. 그는 책임자로서 최악의 두 가지 자질을 갖춘 살아있는 예다. 부하 직원은 노예 부리듯 하고 상사 앞에서는 상식을 배제한 채 아첨하기 바쁘다.

이렇게 생각해보자. **경영이란 '회사가 목표를 달성하도록 인간 활동을 지휘하는 기술'이라고 정의할 수 있다. 일반 경영이든 전문 분야(예를 들어 인사, 구매, 생산, 판매) 모든 경영의 핵심은 '인간 활동을 지휘하는 것'이다.**

내가 파티에서 만난 임원 같은 사람은 어떤 활동에서든 사람들을 '지휘하지' 못한다. 운 없이 자신의 밑에 온 부하직원들을 들들 볶을 뿐이다. 그 임원이 사람을 다루는 방법에 직원들이 호의적으로 반응할 리 없다.

게다가 그 끔찍한 임원의 단점은 거기서 끝나지 않는다. 위에서 내려오는 명령에 질문하지 않고 곧바로 따른다는 말은 임원으로서 회사에 느껴야 할 책임감이 없다는 것을 보여주기도 한다.

나의 인재 선발 원칙

상사의 명령을 성실하고 충실하게 수행해야 하는 것은 맞다. 그렇다고 기계처럼 맹목적으로 따라야 한다는 뜻은 아니다. 훌륭한 임원은 명령의 '결과'에도 주의를 기울인다.

직책이 높은 사람도 완벽하지는 않다. 이사회 회장도 사람이라 충분히 실수할 수 있다. 만일 직원이 위에서 내려온 명령에 실수나 문제가 있는 것을 발견하고도 상사에게 보고하지 않는다면 그저 책임을 회피하는 것일 뿐이다. 노련한 고위 임원이라면 자기 실수가 나중에 회사의 손익 계산서에서 뼈아프게 드러나는 것보다 부하 직원이 실수를 일찍 지적해주는 편을 택할 것이다.

나는 몇 년 전에 내 회사 중 하나와 관련해 큰 결정을 내려야 했다. 그때 나는 유럽에 있었고 필요한 정보를 다 얻었다고 생각했다. 회사의 경영진이 나에게 편지, 메모, 보고서를 보내줬기 때문이다. 하지만 나는 마지막 순간에 중요한 통계 보고서가 우편 사고로 분실되었다는 것을 알지 못했다. 그 보고서는 미국에서 그 전에 보낸 모든 내용을 완전히 뒤집는 것이었다. 나는 결국 불완전한 정보를 바탕으로 잘못된 계획을 세우고 말았다.

나는 결정을 마치고 미국에 있는 회사의 사무실로 지시 사항을 적은 편지를 보냈다. 그러고 나서 며칠 뒤에 한 임원에게서 긴급한 국제전화 한 통을 받았다. 그는 내가 중요한 사실 몇 가지를 간과했다고 정중하고 단호하게 지적했다. 그러고는 내가 계획한 프로그램을 시행하면 회사가 큰 손실을 볼 것이라고 경고했다.

몇 분 동안 동문서답을 주고받은 우리는 내가 오래된 통계 정보를 바탕으로 중요한 계산을 했다는 사실을 알아차렸다. 결국 회사에서 새 보고서를 보내주었고 나는 계산, 결정, 지시 사항을 수정할 수 있었다.

내가 최종적으로 계획한 프로그램은 제법 성공을 거두었는데, 이는 그 임원이 상황 판단을 잘한 덕택이었다. 그 회사의 임원이 전부 명령에 이의를 제기하지 않고 '곧바로 따르는' 사람들이었으면 결과가 어땠을지 생각하고 싶지도 않다!

다른 경영인들과 마찬가지로 나도 인재 선발에 관심이 매우 많다. 나는 회사 임원의 잠재적인 가치를 가늠해볼 수 있는 보편적인 기준이 어느 정도 있다고 생각한다. 내 기준이 성공을 보장하는 것은 아니지만 다른 성공적인 사업가들이 이용하는 기준과 유사하며, 나는 이를 통해 제법 좋은 성과를 올렸다. 내 회사들이 성공할 수 있었던 것은 이렇게 선별하고 승진시킨 직원들 덕분이다.

그렇다면 나는 누군가가 훌륭한 임원이 될 것이라고 어떻게 판단할까? 내가 맨 처음에 보는 것은 스스로 생각하고 행동하는 능력이다. 훌륭한 임원은 똑똑하고 유능해야 한다. 아이디어를 내고, 계획을 세우고, 실행하고, 문제를 해결하고, 상사에게 끊임없이 조언을 구하지 않고 자신이 상황을 바로잡을 수 있어야 한다.

이런 일을 해내지 못하는 사람은 임원이 될 자격이 없다. 회사에서 과대평가된 심부름꾼이나 마찬가지다.

나는 잘나가는 한 기업가에게 자신이 생각하는 완벽한 경영진은 어떤 모습인지 물은 적이 있다. 그는 정말이지 꿈만 같은 이야기를 들려줬다.

"그 경영진들은 1월 1일 아침 9시에 제 사무실로 불러서 이렇게 말해도 이해해주는 사람들입니다. '여러분, 우리는 이때까지 소시지를 만들었습니다. 작년에 수익이 100만 달러였고요. 올해는 소시지를 그만 만들고 너트와 볼트를 만들기로 합시다.'

그 말을 들은 임원들은 고개를 끄덕이며 사무실을 빠져나가죠. 저는 12월 31일 오후 5시 전까지 그들을 볼 일이 없어요. 그리고 임원들이 제 사무실로 와서 우리가 세계 최고의 너트와 볼트를 경쟁사의 절반 가격에 생산하고 있으며 수익은 작년보다 3배 늘었다고 말하는 겁니다."

물론 이것은 그 기업가의 공상에 불과하지만 내가 하려는 말을 잘 보여준다. 훌륭한 임원은 독립적으로 생각하고 행동할 줄 아는 사람이다. 최소한의 지시만 듣고도 자기 일을 할 줄 알아야 한다.

임원의 주요 임무는 자기 밑에 있는 사람들의 활동, 즉 일을 지휘하는 것이다. 지휘라는 말은 리더십과 같은 뜻이며, 훌륭한 임원은 반드시 리더처럼 생각하고 행동해야 한다.

안타깝게도 타고난 리더는 극소수에 불과하다. 처칠 같은 인물은 한 세대에 한 명뿐이다. 하지만 똑똑하고 일을 잘하려는 사람들은 비즈니스에서 필요한 리더의 특징과 자질을 배울 수 있다.

회사의 임원이 되는 사람들은 리더십 교육을 대학에서 받거나 일하면서 배우게 된다. 회사에서 제공하는 경영자 훈련 코스를 밟는 사람들도 있다. 열심히 가르쳐도 영영 배우지 못하는 사람도 있지만, 그런 사람은 제법 적으며 높은 직책까지 잘 올라가지도 못한다.

리더십에 관해서 어디서 배우든 임원은 기본적인 규칙을 알게 될 것이다. 이는 놀랍게도 회사와 전쟁터에 똑같이 적용되며 누구든 그 규칙을 잘 지키면 리더의 자격을 갖추게 된다. 나는 그중에서도 특히 이 다섯 가지 규칙을 중요하게 생각한다.

1. 앞장서라. 이는 다른 사람들을 가르치거나 영감을 주는 가장 좋은 방법이다. 말로 지시하는 것을 넘어 행동으로 보여주는 사람이 부하들에게서 가장 많은 것을 얻을 수 있다.

2. 부하들의 행동에 완전히 책임을 진다. 자기 부서나 사무실에서 잘못한 일로 비난받더라도 혼자 감당한다. 일이 그렇게 된 것은 감독을 제대로 하지 않은 자기 잘못이기 때문이다.

3. 스스로 못 하거나 하기 싫은 일은 절대로 부하 직원에게 시키지 않는다.

4. 사람들을 대할 때는 공정하고 단호해야 한다. 그들이 필요한 것에 관심을 보이고 합리적인 요구를 들어주려 최선을 다하라. 그들을 이해하고,

존중하고, 지지해야 하지만 멋대로 행동하게 두면 안 된다. 책임자와의 사이가 너무 좋은 부하들은 그를 무시할 수도 있다.

5. 칭찬은 공개적으로, 질책은 아무도 없을 때 하라. 동료들 앞에서 직원을 칭찬하면 모두의 사기가 올라간다. 사람들 앞에서 잘못한 직원을 망신 주면 정반대 결과가 생긴다.

유전에서 배운 리더십

나는 유전에서 리더십을 배웠다. 그곳은 허튼짓을 용납하지 않는 엄격한 학교였다. 당시 나를 포함한 모든 석유업자들은 탐사팀과 굴착팀의 인부들이 하는 일을 알고 있었다. **우리는 우리가 하지 않거나 할 수 없는 일을 인부에게 시킨 적이 없다. 어떤 일을 어떻게 하기를 원하는지 인부들에게 직접 보여주기도 했다.**

"최고의 상사는 저보다 그 분야를 더 잘 아는데도 저를 믿어주는 사람이죠. 자신이 상사라는 점을 제가 절대로 잊어버리지 못하게 하더라도요." 경험이 풍부한 한 정비사가 나에게 한 말이다. "그런 사람을 위해서는 정말 열심히 일할 겁니다."

나는 근본적으로 모든 직원이 이 정비사와 비슷하게 느끼리라고 생각한다. 요즈음에는 현장에 나가서 인부들과 함께 땀을 흘리는 임원은 별로 없다. 하지만 시행착오를 거치며 만들어진 규칙들은 여전히 건재하다. 나는 가장 성공한 임원들은 그 규칙을 절대적으로 따르는 사람들이라고 생각한다.

내가 경영진에게서 원하는 또 다른 자질은 의사소통 능력이다. 비즈니스에서 시간은 돈이다. 요구, 보고, 지시 사항을 잘못 이해하면 비용이 많이 든다. 그래서 **훌륭한 임원은 신속하고 명확하게 여러 가지를 설명하고 사람들이 무엇을 해야 하는지 알려줄 수 있어야 한다.**

관심과 열의도 갖춰야 한다. 관심 없는 일을 제대로 할 수 있는 사람은 없다. 임원의 관심은 자기 부서나 사무실의 범위를 한참 넘어서야 한다. 회사의 정책과 전반적인 활동을 완전히 꿰뚫고 있어야 하고 다른 부서에서 일어나는 일도 알아야 한다. 그래야 자기 부서의 역할과 상대적인 효율성을 평가할 수 있고 다른 부서들의 일과 회사 전체와도 연관시킬 수 있다.

임원은 일하는 회사가 속한 분야나 산업 전체도 바라보아야 한다. 그 분야를 잘 알아야만 자기 회사의 강점, 약점, 문제를 이해할 수 있다. 이때는 관심만으로는 충분하지 않으며 강한 열의도 있어야 한다. 누군가를 응원할 때 필요한 열의를 말하는 것이 아니다. 나는 회의를 시작할 때 애사심을 담아 사가社歌를 부르는 관습을 한 번도 지지한 적이 없다. 내가 말하는 열의는 임원이 자기 일을 대단히 좋아할 때 생기는 열의다. 임원은 이렇게 자기 부서의 일부터 시작해서 회사의 효율성, 생산량, 판매량, 수익을 높일 방법을 적극적으로 찾아야 한다.

충성심 역시 임원이 갖춰야 할 중요한 자질이다. 충성심은 행동으로 드러나야 인정할 수 있다. 이때 충성심은 개인이 아니라 주주, 직원, 동료, 상사, 회사 전체에 대한 충성심을 말한다.

지금까지 내가 생각하는 회사 임원이 갖춰야 할 가장 중요한 특징들을 소개했다. 내가 성격, 교육, 기술적인 전문 지식 등을 제외해서 놀란 독자들도 있을 것이나. 하지만 이린 요소들은 내가 언급한 자질만큼 근본적이거나 중요하지는 않다.

성격은 물론 중요하지만, 임원이 할 일은 자기 부서를 운영하는 것이지 인기투표에서 1위 하는 것이 아니다. 교육은 그 단어를 어떻게 사용하는지에 따라 달라진다. 뛰어난 임원중에는 일에서 필요한 지식을 독학으로 터득한 사람이 많다. 훌륭한 임원이 알아야 할 지식은 많지만 그것을 꼭 학교에서 정식 교육으로 배울 필요는 없다.

전문 지식은 어떨까? 오늘날처럼 복잡한 산업 기술과 비즈니스 기술이 필요한 시대에 모든 임원이 전문 지식을 많이 보유해야 하는 것은 맞다. 하지만 어떤 종류의 지식이 얼마나 필요한지는 그가 어디서 어떤 일을 하는지에 따라 달라진다. 나는 임원의 자질이 없는 좋은 기술자를 임원으로 만드는 것보다는, 좋은 임원에게 전문 기술을 가르치는 법을 택한다.

비즈니스를 잘 모르는 사람들은 임원에게 필요한 자질로 정직, 근면, 상상력을 들지도 모른다. 나는 이를 포함한 다른 여러 자질은 너무나 당연하다고 생각했기에 언급하지 않았다. 정신이 멀쩡한 사업가라면 조금이라도 정직하지 않거나 게으르거나 상상력이 부족한 임원을 고용하지는 않을 것이다.

훌륭한 임원이 되는 데 필요한 비법은 없다. 내가 나열한 자질을 갖춘 사람이 열망을 가지고 일에 전념하면 훌륭한 임원이 될 수 있으리라고 생각한다. 그런 사람은 성공한 사업가들이 경영진을 선발할 때 내세우는 요구사항을 충족할 것이다. 대부분 산업의 대다수 회사에 어울릴 인물이다.

습관의 힘

THE
FORCE OF
HABIT

내가 흡연자였던 때의 이야기다. 당시 나는 휴가를 쓰고 자동차로 프랑스 일주를 하던 중이었다. 유달리 비가 많이 오던 그날 나는 오베른Auvergne이라는 마을의 작은 호텔에 묵었다. 힘든 장거리 운전에 지친 나머지 저녁을 먹고 방으로 바로 올라갔다. 옷을 벗고 침대로 들어가서 금세 잠이 들었다.

그런데 무슨 이유에선지 새벽 2시쯤에 깨고 말았다. 그러고는 담배가 생각나 잠들기 전 탁자에 둔 담뱃갑을 향해서 손을 뻗었다. 하지만 담뱃갑은 비어 있었다. 나는 짜증이 나 이불을 박차고 일어나서 외투의 주머니를 뒤졌다. 여분의 담배는 보이질 않았다. 혹시 여행 가방에 하나쯤 두었을까 뒤져봤지만 허사였다. 호텔 바와 레스토랑은 진작 문을 닫았으므로 야간 근무 직원을 불러봤자 소용없으리라는 것도 알았다. 담배를 구할 유일한 방법은 옷을 입고 여섯 블록 떨어진 철도역에 가는 것이었다.

그다지 즐거운 생각은 아니었다. 밖에는 비가 여전히 퍼붓고 있었고, 내 차는 호텔에서 멀리 떨어진 곳에 세워져 있었다. 주차장은 자정에 문을 닫고 새벽 6시에나 다시 연다고 했다. 택시를 잡을 확률은 0에 가까웠다.

결국, 그렇게 절박하게 원하던 담배를 피우려면 폭우를 뚫고 철도역까지 걸어가는 수밖에 없었다. 그런데도 욕망은 사그라지지 않았고, 담배를 구하기 어려울수록 더 피우고 싶어졌다. 그래서 잠옷을 벗고 외출복을 입기 시작했다. 나는 옷을 다 입고 우비를 챙기다가 갑자기 행동을 멈췄다. 나 자신이 우스워 웃음이 났다. 순간 내 행동이 너무나 비논리적이고 터무니없다는 생각이 든 것이다.

나는 내가 책임감 있고 성공한 사업가로서 다른 사람들을 이끌 만큼 분별력이 있다고 생각했다. 그런데도 한밤중에 편안한 호텔을 놔두고 폭우를 뚫고 여섯 블록이나 걸을 결심을 한 것이다. 오직 '담배를 피워야 한다'라는 생각이 뇌를 장악했기 때문이다.

그때 난생처음으로 나에게 무서운 습관이 생겼다는 사실을 인정했다. 그 습관은 너무나 강해서 생각을 넘고 불편조차 감수하게 했다. 나는 가끔 담배를 즐기는 것이 아니라, 나를 넘어서는 습관으로 만들어버렸다. 이런 습관은 나에게 해롭기만 할 뿐 득이 되는 것은 하나도 없었다. 나는 이런 사실을 인식하고 정신적으로 반기를 들었다. 지금 이곳이 나에게 아무런 도움도 되지 않는 습관을 없애버리기에 적당한 시간과 장소라고 생각했다.

그렇게 마음을 먹고 나는 탁자에 있던 빈 담뱃갑을 구겨서 휴지통에 던져버렸다. 그러고는 잠옷으로 다시 갈아입고 이불 속으로 들어갔다. 불을 끌 때쯤에는 승리감이 느껴졌다. 나는 눈을 감고 빗방울이 창문에 부딪히는 소리를 들으며 깊고 편안한 잠 속으로 빠져들었다. 나는 그날 밤 이후로 담배에 다시는 손대지 않았다.

흡연을 비난하려는 것은 아니다. 내가 이 이야기를 하는 이유는 내가 습관을 통제한 것이 아니라 습관이 나를 통제했다는 것을 보여주고 싶어서다.

같은 행동을 반복하면 습관이 된다. 그런 습관의 힘은 상당히 강력하다. 하지만 인간에게는 원하는 대로 행동할 수 있는 자유가 있다. 우리에게는 좋은 습관을 기르는 능력도 있고, 나쁜 습관을 끊어낼 능력도 있다.

비즈니스 세계만큼 습관의 힘이 잘 드러나는 곳도 없다. 사업가의 습관은 그의 성공과 실패를 가르는 가장 중요한 요인 중 하나다. 예를 들면, 낙관적이고 의욕이 넘치는 것은 도움이 되는 습관이다. 이런 습관이 있으면 일을 더 쉽게 하고 잘할 수 있다. 동료와 부하 직원들에게 용기와 영감을 줄 수도 있다. 하지만 이런 습관은 자기 과신으로 이어져서 위험한 상황을 만들기도 한다

나는 매우 유능하고 똑똑한 사업가의 사례를 기억한다. 편의상 그를 빌Bill이라고 부르자. 그는 낙관적인 태도로 여러 회사를 설립해 수익도 많이 올렸다. 하지만 안타깝게도 빌의 비즈니스 경험은 전부 호황기에 쌓은 것이었다. 그의 장밋빛 전망은 항상 경기가 꾸준하게 나아지는 시장에 맞춰져 있었다.

그런데 갑자기 가벼운 불경기가 찾아왔다. 경험이 많은 사업가들은 몸을 사리고, 비용을 줄이고, 신중하게 상황이 안정될 때까지 기다렸다. 빌은 익숙하지 않은 환경에 전혀 적응하지 못했다. 의욕이 최우선인 습관이 몸에 너무 깊게 배어버린 것이다. 그는 모든 일이 결국에는 잘될 것이라고 계속 최고 속도로 나아갔다. 본인이 감당할 수 있는 것보다 일을 더 크게 벌인 그는 결국 부채를 갚지 못하고 파산하고 말았다.

우리는 흔히 '좋은 습관을 개발한다', '나쁜 습관에 빠진다'라고 표현한다. 좋은 습관은 기르기 어렵고 나쁜 습관은 기르기 쉽다는 뜻이다. 이 말이 맞는 이유는 순전히 인간의 본성 때문이다.

성공하는 비즈니스 습관

예를 들면, 나는 다른 많은 사람과 마찬가지로 시간관념은 습관의 문제라고 생각한다. 누구나 시간을 잘 지키는 것이 자신에게 이롭다.

약속 시각에 맞출 때든 빚을 갚을 때든 의무를 다하거나 약속을 지킬 때든 마찬가지다. 초대에 습관적으로 늦는 손님은 주인과 그 행사에 초대받은 다른 사람들에게 폐를 끼친다. 그런 사람은 인기가 금세 떨어지고 머지않아 더는 초대받지 못할 것이다.

시간을 잘 지키는 습관은 특히 사업가에게 귀중한 자산이다. '시간이 금이다'라는 오래된 격언은 언제나 옳은 말이며 오늘날에는 그 어느 때보다도 더 옳다. 현대의 비즈니스는 워낙 빠르고 복잡하게 돌아가서 매시간, 매분이 귀하다. 사업가와 임원들은 빡빡한 일정에 맞춰서 일해야 한다

구성원들이 더 빨리 이동할 수 있도록 자가용 비행기를 도입하는 회사가 점점 늘어나고 있다. 목적지가 어디든 늦지 않게 도착하기 위해서다. 오늘날 미국에는 기업에서 소유하는 비행기가 3만 4,000대나 있다. 예를 들면, GM사는 비행기 22대를 보유하고 있다.

소매업 회사 몽고메리 워드Montgomery Ward는 자가용 비행기를 사용하는 것이 정기 항공편을 이용하는 것보다 비용이 3분의 1이 더 든다고 공개적으로 인정한 바 있다. 하지만 회사 비행기를 이용하면 이동에 소요되는 시간이 60% 줄어든다. 절약하는 시간이 추가 비용을 충분히 정당화하고도 남는다. 간단히 말해서, 제시간에 약속한 장소에 나타나는 사람은 남에게 좋은 인상을 남기고 결과적으로 자기나 회사를 위해서 돈을 벌 수 있다.

시간을 잘 지키는 습관은 비즈니스의 모든 측면에서 필요

한 일이다. 성공할 확률이 가장 높은 사업가와 회사는 제시간에 주문을 처리하고, 제품을 배달하고, 서비스를 제공하고, 비용을 내고, 어음을 결제하고, 여러 의무를 이행한다. 고객이 약속된 시간이 지나고서도 주문한 상품을 받지 못하면 다음에는 다른 곳에서 주문하지 않겠는가. 요금을 제시간에 내는 개인과 회사는 신용도가 높다. 반대로, 요금이 연체되면 어디서든 신용을 얻기가 어렵거나 불가능해진다.

시간을 잘 지키는 습관의 이득이 무수히 많은데도 지각하는 습관을 들인 사람들이 있다. 이런 습관은 심술궂고 게으르며 앞을 내다보는 능력이 부족할 때 생긴다.

절약도 하나의 습관이다. 절약하는 습관은 어떤 비즈니스든 성공으로 이끄는 결정적인 요소다. 비용을 합리적으로 아낄 수 있다면 어디서든 절약해라. 그것은 상식이다.

사업을 시작하는 단계에서부터 절약할 수 있으면 좋다. 사업을 시작한다고 생각해보자. 어떤 사업이든 약간의 자본은 있어야 하는데, 이를 확보할 방법은 대체로 세 가지뿐이다. 저축한 돈을 쓰거나 동업자를 구하거나 돈을 빌리는 것이다. 자기 돈으로 사업을 하면 그 사업은 자기 것이지만 동업자를 불러들여야 하면 사업 일부만 소유하고 수익을 나눠야 한다. 돈을 빌리면 이자까지 더해서 대출을 갚아야 하고, 당연히 수익이 줄어든다.

따라서 자연스럽게 절약하는 사람이 그런 자질이 부족한 사람보다 성공할 확률이 훨씬 높다. 절약하는 사람은 간접비와 생산 비용을 줄일 기회를 찾아낼 수 있다. 오늘날처럼 경쟁이 심한 시장에서는 한 푼이라도 줄이는 것이 흑자와 적자를 가르는 기준이 될 수 있다.

또한 넉넉한 보유 자금이 있으면 만일의 사태에 대비하고 어려운 시기를 견딜 수 있다. 남의 돈을 빌리지 않고도 사업을 확장하거나 업그레이드할 수도 있다. 영리한 사람은 시간을 지키고 절약하는 습관이 있으면 목표 달성이 훨씬 쉽다는 것을 알며, 따라서 그 습관을 제2의 천성으로 만들어 이득을 누린다.

사실 누군가를 성공의 사다리 맨 위로 끌어 올려주는 좋은 습관은 더 있다. 바로 결정을 내리기 전에 자신의 추론을 마지막으로 빠르게 최종 검토하는 습관이다. 최종 검토는 몇 분이나 몇 초밖에 안 걸리지만 큰 도움이 된다. 생각을 논리적인 순서로 정리할 마지막 기회를 제공하기 때문이다. 이를 통해 왜 그런 결정에 도달했는지 이유와 흐름을 한 번 더 살펴보게 된다.

이 간단한 절차를 따르면 반대 의견을 설득력 있게 반박하는 능력도 크게 향상된다. 세계적인 연극배우들의 습관과 비슷한 면도 있는데, 여러 배우들은 대사를 완벽하게 외웠더라도 무대에 오르기 전에 대본을 한번 빠르게 훑어본다.

내가 알고 지내는 최고의 영업사원은 거대한 회사에서 그 이름을 모르는 사람이 없을 정도로 성공했다. 그는 최종 검토 습관을 기른 덕분에 앞으로 나아갈 수 있었다고 말한다.

"저는 그런 습관을 기르려고 일종의 순서를 개발하기도 했습니다." 그는 나에게 말했다. "고객을 방문하기 전에는 항상 커피 한 잔을 마시고 구두를 닦습니다. 그러면서 제가 할 말을 마지막으로 점검하는 겁니다. 그런 방법은 큰 도움이 됐습니다. 물건을 훨씬 효과적으로 팔 수 있었고 고객의 질문이나 반대에 대처할 준비가 되어 주었거든요."

어떤 순서이든 결정을 내리기 전에 마지막으로 생각을 정리할 짬을 내는 습관은 대단히 유용하다. 이는 의심의 여지가 없다.

남들보다 빠르게 앞서나가려면 긴장하지 않는 습관도 기르는 것이 좋다. 방금 언급한 것보다 훨씬 간단한 습관이다. 성공한 사업가는 역경이 찾아와도 절대로 여유를 잃지 않는다. 마음을 열고 여러 가지를 선뜻 받아들이고 관심을 보인다는 뜻이다. 그들은 항상 새로운 문제를 이해하고 해결할 준비가 되어 있다. 계획에 없던 일이 생겨도 유연하게 대처하고 고집을 부리지 않는다. 이는 뛰어난 미식축구 선수와도 같다. 훌륭한 선수는 공이 예상치 못하게 들어왔다고 패닉에 빠지지 않는다. 공을 잡고 달리면서도 방향을 바꾸고 상대편 선수들을 피할 만큼 기민하고 여유가 있다.

스트레스를 많이 받아도 느긋한 태도를 보이는 능력을 타고난 사람이 있지만, 대다수는 수년간의 경험을 통해서 긴장하지 않는 습관을 기른다.

어느 베테랑 석유업자가 내가 사업을 막 시작했을 때 이렇게 조언했다. "위기에 처했을 때는 호수 한가운데에서 배를 타다가 물에 빠졌다고 생각해요. 정신만 똑바로 차리면 육지까지 헤엄치거나 누군가가 구해줄 때까지 물에 떠 있을 수 있습니다. 하지만 냉정함을 잃고 허우적거리면 그대로 끝나는 겁니다!" 이 비유를 항상 염두에 둬야 한다.

성공을 위한 좋은 습관과 나쁜 습관을 여기서 전부 나열할 수는 없다. 이는 개인과 그의 천성, 성격, 업종을 비롯한 다양한 요인에 달려 있기 때문이다. 하지만 어디서든 개인에게 이로운 습관과 해로운 습관을 알아낼 수는 있다. 우리의 일과 생활이 나아지도록, 또 목표를 달성하도록 돕는 좋은 습관을 기르도록 노력해야 한다. 반대로 우리를 방해하거나 해치는 습관은 없애는 것이 좋다. 그런 습관이 이미 생겼으면 최대한 빨리 끊어버려야 한다.

이를 위해서는 일하면서 습관이라고 부를 수 있을 만큼 자주 하는 행동들을 살펴봐야 한다. 그런 행동을 종이에 적어보면 도움이 된다. 스스로 나쁜 습관이라고 여겨지는 것은 솔직하게 인정하고 최대한 빨리 없애라. 그다음에는 '좋지도 나쁘지도 않은' 습관이나 '판단이 어려운' 습관을 처리해야 한다. 이때는 객관적인 태도로 접근해라.

예를 들면, 내가 아는 한 임원은 자기 부서의 직원들과 매주 회의를 여는 습관이 있었다. 이 아이디어 자체는 근본적으로 좋았지만, 몇 달 동안 회의를 해도 유용한 결과는 나오지 않았다.

그 임원은 직원회의를 관둘까 고민하다가 목록을 만들면서 회의가 왜 실패하는지 곰곰이 생각해봤다. 그는 마침내 답을 찾았다. 회의를 매주 금요일 오후 4시 15분에 연 것이다.

인간의 본성상 직원들은 매주 금요일 그 시간이 되면 주말을 맞아서 집에 가는 생각을 하기 바쁘다. 퇴근 시간이 45분밖에 안 남았는데 회사 일을 논할 의욕이 있겠는가. 그 임원이 요일과 시간을 바꾸자 매주 직원회의를 여는 일은 곧바로 좋은 습관이 되었다. 회의에서 생산적인 아이디어가 많이 나와서 생산량도 늘고 효율성도 좋아졌다.

일을 통해 정상에 오르고 싶다면 습관의 힘이 얼마나 강력한지 알아야 한다. 어떤 행동을 반복적으로 실천해야 습관이 든다는 점도 기억해 두어라.

실패의 덫
피하기

BUSINESS BLUNDERS
AND
BOOBY TRAPS

누구나 일하다 보면 실수를 저지른다. 중요한 것은 실수를 통해 교훈을 얻고 같은 실수를 되풀이하지 않는 것이다. 하지만 반복되는 상황과 절차 중에는 실수와 잘못된 판단을 유도하는 것처럼 보이는 것도 있다. 이런 '함정'은 능력껏 예측하고 평가해야 한다. 판단의 실수와 착오가 불가피하게 일어나더라도 '부자의 사고방식'이 있으면 그런 실수를 이겨내고 수익도 올릴 수 있다.

다른 사람들과 마찬가지로, 나도 지워버리고 싶은 실수가 많다. 당연히 도저히 잊을 수 없는 실수도 있는데, 그중 세 가지를 이야기해 보겠다.

첫 번째 실수는 오클라호마 유전에서 일하던 시절로 거슬러 올라간다. 나는 훗날 '예일 풀Yale Pool'이라고 알려지는 지역의 유정 임차권을 산 다음 지질학자를 고용해, 내가 그 땅을 파야 할지 말아야 할지 알려주기를 기다렸다.

"석유가 없습니다." 지질학자는 이렇게 보고했다. "그 땅은 아무런 가치가 없어요. 임차권을 빨리 팔아버리시는 게 가장 좋은 방법입니다!" 내가 임차권을 서둘러 팔고 난 뒤 그 지역에서는 석유가 펑펑 나기 시작했다.

두 번째 실수는 1931년에 일어났다. 나와 내가 지분을 상당 부분 소유한 회사들은 대공황이 찾아왔을 때 200만 달러가 넘는 자금으로 '멕시칸 시보드 석유회사Mexican Seaboard Oil Company'의 보통주를 사들였다. 그런데 주식 시장이 또 한 번 내림세를 보였다. 나는 우리가 안전하고 탄탄한 곳에 투자했다고 확신했지만, 이사들은 주가가 더 내려갈까 안절부절했다.

"위험 부담을 더는 감수할 수 없습니다." 그들은 이렇게 주장했다. "주식을 팔아야 합니다." 나는 투표에서 밀려서 다수결의 원칙에 따라 다른 이사들의 뜻을 따라 멕시칸 시보드의 주식을 팔아버렸다.

나중에 나는 1931년에 우리가 주식을 계속 소유하고 추가로 매수했으면 그 회사를 매우 싼 값으로 지배할 수 있었으리라는 것을 깨달았다.

내가 저지른 최악의 실수는 1932년에 발생했다. 나는 당시에 이라크에서 석유 채굴권을 얻는 데 관심이 있었다. 지질 조사와 탐사 작업을 해본 결과, 지옥처럼 뜨거운 사막의 모래 밑에 엄청난 양의 석유가 묻혀 있음이 밝혀졌다. 내 대리인은 바그다드에서 이라크 정부에서 일하는 관리들과 협상해 몇만 달러로 채굴권을 살 수 있다고 보고했다. 그런데 그때 막 미국의 원유 가격이 폭락했다. 동부 텍사스의 원유 가격이 배럴당 10센트로 곤두박질치며 석유 산업은 패닉 상태에 빠졌다. 나는 그런 상황에서 위험 부담을 감수하고 싶지 않아 대리인에게 모든 협상을 중단하라고 지시했다.

그 후로 내가 중동에서 석유 채굴권을 살 기회를 얻은 것은 1949년이었다. 그때는 주지히지 않았지만, 17년 전과 너무 다른 가격에 사야 했다. 채굴권 계약서에 서명하면서 내가 낸 현금은 1,250만 달러에 육박한다.

물론 이것이 내가 저지른 실수 전부는 아니다. 다른 실수도 여럿 있었고, 앞으로도 분명 실수할 것이다. 앞에서도 언급했지만, 누구나 실수를 범한다. 아무래도 경험이 부족하고 미숙한 젊은 사업가가 실수도 많이 한다. 보통은 훈련이 부족하거나 비즈니스 전반에 대해 모르거나 자기 사업에 대한 이해가 부족해서 실수가 생겨난다. 그 외 너무 서투르거나 무능해서 발생하는 실수들은 비즈니스에 치명타를 입힌다.

사업가의 흔한 실수 유형 3가지

직접 경험하고 관찰한 결과에 따라 내 경험을 사업가가 가장 흔히 하는 실수의 세 가지 유형으로 나누어 보겠다.

첫 번째는 사실과 의견을 구분할 줄 모르는 것이다. 의견이 아무리 신중한 고민의 결과물이더라도 사실보다 나을 수는 없다. 의견은 의견을 내는 사람이나 이를 해석하는 사람의 능력에 따라서 달라지기도 한다. 사업가들은 가끔 추가적인 조사 없이 다른 사람의 의견을 그대로 받아들이는 경우가 있다. 그것이 바로 내가 예일 풀에 있는 유정의 임차권을 팔면서 한 실수였다. 나는 그 당시에 지질학이 막 성장하는 학문인 줄 알면서도 지질학자의 의견을 맹목적으로 수용했으며, 다른 전문가의 의견을 얻기 위해 시간과 노력을 투자하지도 않았다. 이것은 내 잘못이므로 그 지질학자를 원망할 수는 없다.

남의 의견이나 소문을 사실로 받아들이는 실수는 매우 흔한 인간의 결점이다. 이 말이 의심스럽다면 편향된 신문에서 읽은 독선적인 사설이 사실처럼 전달되는 일이 얼마나 잦은지 생각해봐라. 사람들 사이의 유언비어도 마찬가지다.

극단적인 예로 동네 중국 음식점에서 요리를 시켰더니 나병에 걸린 요리사의 엄지가 딸려 나왔다는 이야기가 있다. 이 이야기는 내가 어렸을 때도 이미 옛날이야기였다. 그런데 아직도 활발하게 회자되고 있으며 순진한 사람들은 이 이야기를 믿는다.

평소에는 영리한 사람들도 특정한 주식이 증권거래소에서 오르거나 내릴 '예정'이라는 말을 듣고 주식을 대량으로 사거나 판다. 그러다가 십중팔구 사실이 아닌 의견이나 소문을 들은 탓에 잘못 판단했다는 것을 깨닫게 된다.

얼마 전에 내가 아는 한 제조업자는 신제품을 생산하기 위해서 설비를 갖추고 원자재를 사는 데 거의 10만 달러를 썼다. 무역 저널에서 그 신제품의 수요가 엄청나다는 기사를 읽었기 때문이었다. 그는 생산 준비를 마치고 나서야 다른 여섯 회사가 그 제품을 유통하기 시작했다는 것을 알았다. 영업사원들이 발품을 팔아보기도 전에 시장은 이미 포화 상태가 되었고 그는 오도 가도 못하는 신세가 되었다. 그가 비즈니스에 뛰어들기 전에 사실만 제대로 확인했더라면 그런 일은 벌어지지 않았을 것이다.

어떤 거래나 프로젝트, 계획을 성공으로 이끌려면 관련 정보를 전부 모으고 직접 분석해야 한다. 다른 사람들의 의견을 듣는 것은 잘못이 아니다. 그 조언이 사실인지 알아보지도 않고 맹목적으로 받아들이고 따르는 것이 잘못이다. 이런 점을 미리 알아두지 않으면 현실에 직접 부딪히고 나서야 배우게 될 것이다.

사업가는 사실을 바탕으로 결정을 내린 뒤 이를 실행할 방법을 찾는다. 방법을 찾아내면 그 길에서 벗어나지 말고 앞으로 나아가야 한다. **이런 추진력과 끈기가 부족한 것도 젊은 사업가들이 자주 저지르는 실수다.** 젊지 않은 사람들도 이런 실수를 할 때가 있다.

그것이 바로 내가 1931년에 크게 실수한 부분이다. 나는 내가 믿는 것을 용기 있게 관철하지 못했고, 결과적으로 내 결정과 계획을 고수하지도 못했다. 나는 멕시칸 시보드Mexican Seaboard의 보통주가 유달리 좋은 투자 대상이라고 판단했다. 그 회사의 역사뿐 아니라 조직, 재정, 채무 구조와 잠재력 등 다양한 요소를 신중하게 검토했다. 그리고 내 주식 계좌로 멕시칸 시보드의 주식을 대거 샀다. 내가 상당한 지분을 보유한 회사들에게 권하기도 했다. 멕시칸 시보드의 주가가 조금 내려가자 이사회에 소속된 이사들은 불안해했다. 그 문제는 표결에 부쳐졌고, 이사들은 회사가 보유한 주식을 전부 팔기로 했다. 나는 원래의 계획을 따르지 않고 이사들과 똑같이 행동했다. 내가 갖고 있던 주식을 아주 낮은 가격에 팔고 만 것이다. 그 결과 나는 투자한 돈을 크게 잃었다. 내가 산 가격보다 더 낮은 가격에 주식이 팔리고 있었기 때문이다. 더 안타까운 일은 그 후로 내 예상대로 그 주식의 가치가 몇 배나 뛰었다는 것이다. 내가 스스로 내린 결론을 믿었다면 엄청난 수익을 거둘 수 있었다.

이것은 주식 거래에 관한 이야기이지만 상업이나 산업의 세계에서도 어렵지 않게 찾아볼 수 있다. 사업가들은 생산 프로그램이나 판매 프로그램을 열심히 준비한다. 그런데 프로그램을 개시하고 나서 생산량이나 판매량이 조금이라도 줄어드는 기미만 보여도 지레 겁먹는 일이 많다. 이러다가 결국 프로그램 전체를 폐기해서 결과적으로 큰 손해를 입는다. 냉정하게 기다릴 인내심이 없는 사람들이 특히 손해를 많이 본다. 경험이 부족해서 계획을 조금만 수정해도 프로그램이 대성공을 거둘 수 있다는 것을 이해하지 못하는 사람들도 마찬가지다.

나는 회사 장부에 경영진이 실수로 낭비한 비용을 기록하는 칸도 만들어야 한다고 오랫동안 주장했다. 그러면 이미 진행되고 있는 계획과 프로그램을 너무 일찍 취소해서 입은 손실이 얼마나 큰지 확실하게 보일 것이다.

세 번째는 내가 1932년에 이라크의 석유 채굴권을 포기한 것으로 위험 부담을 회피하는 실수다. 사업가는 위험 부담을 기꺼이 감수해야 한다. 미리 계획하고 계산한 위험 요소라도 부담스러운 것은 사실이다. 기민한 사업가는 선택 전에 알고 있는 요인과 영향을 미칠 만한 요인을 전부 따져본다. 그는 최대한 다양한 변수를 염두에 두려고 노력하면서도, 만일의 사태에 전부 대비할 수는 없다는 사실을 안다. 전혀 예상하지 못한 방향으로 일이 전개될 가능성이 있다는 점을 받아들이고, 성공할 확률을 높이려고 자기가 할 수 있는 모든 일을 했다는 것에서 위안을 얻는다.

당연한 말이지만, 1932년 마흔 살이었던 나는 그렇게 기민한 사업가는 아니었다. 내가 상황을 이성적으로 따져봤더라면 원유 가격이 내려간 것이 일시적인 문제라는 사실을 깨달았을 것이다. 원유 가격은 머지않아 오를 수밖에 없었다.

나는 석유 제품의 수요가 몇 년 동안 계속 커지리라는 것도 예상했어야 했다. 석유회사들이 새로운 원유 생산지를 찾느라 피 흘리며 싸

우리라는 예측도 충분히 가능했다. 이라크의 석유 채굴권이 얼마나 헐값에 나왔었는지를 생각하면 그것을 사는 위험 부담은 수익의 커다란 잠재성에 의해 상쇄되었을 것이다.

위험 부담을 평가하고 감수할 수 있다면 성공을 향한 투쟁에서 승리할 확률이 90%나 된다. 나머지 10%는 미지의 변수 때문에 실패하는 경우다. 이런 변수는 예측하기 어려운 대신, 비즈니스에 활기와 흥미를 더해준다. 이런 '미지수 x'가 없다면 비즈니스는 말도 못 하게 지루하고 판에 박힌 활동이 될 것이다.

신이 된 회사, 신도가 된 직원

젊은 세대들은 내가 언급한 실수 말고도 실수를 다양하게 저지른다. 실수라고 말하지만, 사실 그들의 잘못이 아닐 때도 많다. 오늘날 사람들은 마치 사이비 종교에 입문하는 것처럼 비즈니스의 세계에 입성한다. 규율을 엄격하게 지키고, 소극적이고 순종적인 태도를 고수한다.

그들은 학교에서 지나치게 전문적인 교육을 받는다. 졸업할 때쯤에는 '조직이라는 신'에게 자신을 이미 바친 상태다. 사내 보고서를 작성하고 책임을 전가하는 복잡한 의식을 치르는 데 자신을 헌신하는 것이다. 회사의 조직도는 웅장한 토템이며 복잡할수록 좋다. 책장을 가득 채운 규정집은 그들이 가장 신성시하는 숭배 대상이다. 이들은 엄숙한 회의에 정기적으로 참석해서 난해한 통계표와 보고서를 세세하게 살펴본다. 교리에 대해 논쟁하는 이집트 사제들만큼이나 현실과 동떨어져 있다.

나는 중고로 산 포드 모델 T 자동차의 앞 좌석에서 첫 100만 달러를 벌었다. 그 싸구려 자동차는 내 사무실이자 현장 본부가 되어 주었고, 가끔은 침실로 쓰이기도 했다. 나는 진흙이 잔뜩 묻은 이 차 앞 좌석에서 많은 일을 처리했다. 중요한 임차권, 계약서, 협약에 서명했고 증인이 필요할 때는 굴착 인부나 잡역부 한두 명이 자동차 흙받이에 서류를 대고 서명을 휘갈겼다. 오클라호마에서 초기에 석유를 탐사하고 땅을 팠던 대다수 독립 석유업자가 이런 식으로 일했다. 그들에게는 주5일 근무도, 정해진 출퇴근 시간도 없었다. 혼자서 후원자, 지질학자, 법률 고문, 폭발물 전문가, 굴착 감독 역할을 해내야 했다. 그들은 시간 대부분을 현장에서 노동자들과 같이 일하면서 보냈고 며칠씩 시추기나 차에서 몸을 웅크리고 쪽잠을 잤다.

사업은 수많은 재정적 위기와 함정으로 가득해서 눈곱만한 예산으로 모든 것을 처리했고, 그 덕에 자연스럽게 특성과 기술을 개발하고 교훈을 얻었다. 하지만 오늘날의 젊은 사업가들은 그럴 기회가 많지 않다.

나는 서류상으로 100만 달러를 가진 후에야 모델 T 자동차를 버릴 생각을 했고, 다른 사람의 사무실에 책상을 넣을 공간 정도만 임대할까 고민도 했다. 하지만 여전히 정장보다 작업복을 입는 일이 더 많았다. 나는 유정 세 개를 한꺼번에 뚫으며 재무 관리사, 구매 대리인, 굴착 작업 감독자 역할을 직접 하기도 했다. 굴착 현장에서 일이 원활하게 돌아가도록 며칠씩 밤새우는 일도 잦았다.

이것이 단순히 내 자랑일까? 나는 그렇게 생각하지 않는다. 앞에서 말한 것처럼 독립 석유업자 대부분은 비슷한 방식으로 일했다. 수백만 달러를 벌고 나서도 비즈니스에 대한 기본적인 시각과 태도를 유지했다. 이렇게 초심을 잃지 않은 독립 석유업자가 놀랍도록 많았다.

내가 하려는 말은 그 시절과 지금은 확연한 차이가 있으며, 이 때문에 젊은 사업가들이 저지르는 실수 중에 대단히 두드러지는 것들이 있다는 뜻이다. 이런 실수는 경제계 전반에 걸쳐서 나타난다.

젊을수록 빠지기 쉬운 함정들

우선, 행정상의 간접비를 대하는 태도가 문제다. 오늘날에는 간접비를 처리하는 방법이 완전히 반대 방향으로 향하는 추세다. 현대의 비즈니스 마니아들은 더 거대한 서류 제국을 만드느라 정신이 없다. 여러 회사가 고도로 전문화된 임원들과 사무실에 앉아서 농땡이를 부리는 직원들을 고용한다. 그러고는 그들에게 그럴싸한 직함을 주고 그들을 서식, 보고서, 메모, 연구, 조사의 늪에 빠뜨려버린다.

그래서 비즈니스에 입문하는 젊은이 중에서 관리직을 과대평가하는 사람이 그토록 많은 것이 놀랍지 않다. 그들은 관리 업무가 비즈니스를 이끌 뿐 아니라 비즈니스 그 자체라고도 생각한다. 업무 시간의 절반을 연구와 조사를 통해서 자기들이 어떤 일을 하는지 알아내는 데 사용하며, 나머지 절반은 회의와 사내 공지로 알게 된 정보를 공유하는 데 쓸 것이다.

나는 마음만은 여전히 독립 석유업자인 것 같다. 나는 조직과 관리 업무를 중시하는 이론에 전혀 동의하지 않으며, 비즈니스에서 간접비는 적으면 적을수록 좋다고 생각한다. 게티는 세계 각지에 회사가 있는 거대 기업체지만 관리 업무를 적게 하면서도 잘만 돌아간다. 우리의 중동 사업부를 통틀어서 행정 업무를 하는 사람은 50명 남짓이다. 이탈리아에 있는 게티 석유회사는 석유를 매일 4만 배럴 처리하는 정유 공장과 석유 130만 배럴을 저장할 수 있는 석유 탱크 저장소tank farm를 운영하면서도 관리직은 15명밖에 되지 않는다. 이것은 적어도 나와 내 동료들에게는 회사가 서류 제국으로 변하지 않더라도 성공적으로 돌아갈 수 있다는 것을 보여준다. '모든 서류는 5부씩 준비해야 한다.'라고 생각하는 사람들은 내 주장을 싫어할지도 모른다. 하지만 내가 선호하는 시스템이 효율성과 생산량을 높이는 것은 확실하다. 그 결과로 얻어낸 비용 절감과 수익 증가는 우리 주주들을 매우 기쁘게 한다.

사람들이 자주 저지르는 실수는 또 있다. 모든 일을 지나

치게 전문화하는 것이다. 요즈음에 일의 모든 측면과 단계를 이해하는 사람이 잘 없다. 대체로 비즈니스의 한 가지 측면에 관해서는 철저한 이론적인 지식을 갖추고 있지만 자기 사무실이나 부서가 아닌 곳에서는 무슨 일이 일어나는지 거의 알지 못한다. 너무 전문화되어 환자의 왼쪽 콧구멍만 진찰한다는 농담 속 의사나 마찬가지다.

이런 성향이 계속되면 진짜 사업가는 완전히 사라지고 말 것이다. 여기서 말하는 진짜 사업가는 일이 어떻게 돌아가는지, 그 과정에 활기를 불어넣는 것이 무엇인지 아는 사람을 뜻한다. 분명 인공두뇌로 작동하는 기계가 그런 사업가의 자리를 꿰찰 것이다. 고도로 전문화된 회사 임원들이 정보를 기계에 넣으면 그 기계가 정책을 수립하고, 최종 결정을 내리고, 지시 사항을 전달할 것이다.

일터에서 정상에 오르려면 그 사업에 관해서 알 수 있는 모든 것을 알아두어라. 그 회사의 모든 부문, 사무실, 부서의 직무와 책임이 무엇인지 알아야 한다. 생산뿐 아니라 회계에 관해서도, 구매뿐 아니라 판매에 관해서도 알아야 한다. 많이 알면 알수록 좋다. 성공적인 독립 석유업자처럼 여러 업무에 대한 지식이 충분히 있어야만 효율성과 품질을 높이고 비용은 절감하면서도 수익을 내어 사업 규모를 계속 확장할 수 있다.

어떤 임원이든 가끔 정장을 벗어 던지고 작업복을 입으면 일을 훨씬 잘할 수 있다. 공장에서 노동자들이 하는 작업을 직접 해보는 것이다. 구매 업무를 담당하는 부사장은 자기가 구매하는 원자재를 직접 가공해 보면 구매 일을 훨씬 잘할 수 있다. 명세서를 1만 장 읽을 때보다 1시간 동안 생산직 노동자들의 대화를 들을 때 배울 점이 더 많다. 광고와 판매를 담당하는 사람들도 마찬가지다. 절삭기나 천공기를 직접 다뤄보고 자신들이 상품의 부품을 직접 만들어보면 훨씬 성공적이고 설득력 있는 판매 계획을 세울 수 있다. 인사 담당자는 사무실에서 사기진작 방법이나 파티를 계획하기보다 직접 직원들 사이에서 시간을 보낼 때 직원들의 문제와 심리를 훨씬 잘 파악할 수 있다.

'벨 전화 시스템Bell Telephone System'보다 내가 하려는 말을 더 잘 보여주는 사례도 없다고 생각한다. 그곳 임원들은 처음에는 전화 가선, 케이블 접속, 장부 정리와 같은 일을 했다. 그들은 승진도 했지만 다른 부서로 옮겨 다니기도 했다. 그 덕택에 이제는 놀라울 정도로 효율적으로 회사를 운영한다.

고인이 된 'U.S. 철강U.S. Steel'의 전 사장 월터 먼포드Walter Munford는 처음에 주형 절삭공으로 일했다. 일주일에 무려 78시간이나 일하면서 어렵게 사장의 자리까지 올라갔다. 'S.S. 크레스지S.S. Kresge'의 사장 해리 B. 커닝엄Harry B. Cunningham은 창고에서 일하기 시작해서 거대한 소매 기업의 다양한 부서와 직급을 거쳐서 사장이 되었다. 이런 사례는 셀 수 없이 많지만, 이 정도만 소개해도 내가 하려는 말이 충분히 전달됐을 것 같다.

경험이 부족할 때 자주 하는 또 다른 실수는 권한을 아예

넘겨버리는 것이다. 일을 최대한 편하게 하고 싶은 마음은 사람의 본성이지만 사업에서 좋은 태도라고 볼 수는 없다. 다른 사람이 본인의 회사를 마음대로 운영하게 놔둬서는 안 된다. 회사의 방침과 업무를 끊임없이 감독하지 않으면 자신이 실수를 저질렀음을 알게 될 것이다. 안타깝게도 이런 실수를 깨닫고 나면 너무 늦어서 손쓸 수 없을 때가 많다.

"회사를 소유하고 있다면 꼭 직접 운영하셔야 합니다. 사장이라서 골치 아픈 게 싫다면 사업을 접거나 책임을 받아들일 사람에게 회사를 파세요." 나는 이 조언이 유용하다는 것을 깨달았다. 사업가는 권한을 위임해야 한다. 그 누구도 모든 곳에서 모든 일을 처리할 수는 없기 때문이다. 하지만 최종 책임은 자기한테 있다는 사실을 잊어서는 안 된다. 따라서 최종 권한도 자기가 계속 갖고 있어야 한다.

젊은 사업가들이 많이 하는 마지막 실수는 점점 더 자주 징징거리는 것이다. 자기가 일을 너무 많이 하고 '견디기 어려운 긴장과 압박감' 속에서 끝없이 고생한다고 불평한다. 꾀병인지 실제로 아픈지 몰라도 위궤양을 명예 훈장처럼 여기며 돈과 시간을 엄청나게 들여서 의료 검진, 심전도 검사, 엑스레이 촬영 등을 줄줄이 해댄다. 이것만큼 무의미한 일도 없다.

미국의 국립인구통계국 National Office of Vital Statistics 은 이렇게 밝혔다. "경영, 기술, 행정직에 종사하는 남자가 전체적으로 평균 이하의 사망률을 보인다." 회사 임원들은 생명보험에 가입할 때 보험료를 가장 적게 낸다. 여러 의학 연구에 따르면 임원이 심장 질환에 걸릴 확률이 사무직 직원이나 노동자보다 낮다. 임원들이 가장 무서워하는 질병이 심장병인데도 말이다.

"임원들은 대체로 매우 건강합니다." 어느 유명한 병원의 원장이 나에게 이런 말을 한 적이 있었다. "그들은 그냥 걱정이 너무 많은 겁니다. 일자리를 잃을까 봐 걱정하고 사내 정치에 시달리느라 신경쇠약이 오는 거죠." 다른 의사들은 여러 임원이 건강에 병적으로 집착하는 것이 출세주의의 부작용이라고 했다.

"자기가 유능하지 않을까 봐 남몰래 걱정하는 임원들은 건강 문제를 미리 준비합니다." 한 의사는 이런 식으로 설명했다. "일이 잘 안 풀리면 아내와 친구들에게 자기가 실패한 것이 건강 때문이라고 둘러댈 수 있겠죠. 자기 자신도 그렇게 속일 수 있고요."

나는 의사가 아니라서 이런 이론을 함부로 판단할 수는 없다. 하지만 일주일에 많아야 48시간 일하는 30대 임원이 징징거릴 때마다 속시원하게 웃을 자격은 있다. 그들이 접대용 식사를 실컷 즐기고 골프를 치면서 과로와 압박감에 시달린다고 말하는 것을 들으면 코웃음이 난다. 진짜 위대한 비즈니스의 거장과 천재들은 습관적으로 하루에 16~18시간씩 일했다. 일주일 내내 일할 때도 많았고 휴가도 잘 가지 않았다. 워낙 규칙적으로 지내서 그런지 대다수가 상당히 오래 살았다.

예를 들면, 금융가 앤드루 멜론은 82살에 사망했고, 철강왕 앤드루

카네기와 자동차왕 헨리 포드는 84살까지 살았다. 석유왕 존 록펠러는 무려 98살까지 살았다. 열심히 일하고 오래 사는 사업가는 그 외에도 셀 수 없이 많다.

자기가 과로해서 몸이 안 좋다고 징징거리는 '연약한' 임원들에게 《Who's Who of American Businessmen(미국 기업가 인명사전)》을 추천한다. 그 책을 찬찬히 읽어보면 열심히 일하고 성공한 사람들이 오래 산다는 사실을 직접 확인할 수 있을 것이다.

지금까지 젊은 사업가가 자주 저지르는 실수를 소개했다. 내가 비즈니스 세계에 40년 넘게 몸담으면서 직접 관찰한 사항을 정리한 것이다. 초보라면 경험이 쌓이기 전까지 실수를 저지를 수밖에 없지만 누가 미리 귀띔해주면 피할 수 있는 일도 있다. 일터에서든 밖에서든 한 번 실수하는 것은 놀랍거나 창피한 일이 아니다. 하지만 키케로Cicero(고대 로마의 철학자 - 역주)의 말처럼 똑같은 돌에 두 번 걸려 넘어지는 것은 수치스러운 일이다.

인사 관리에는
심리학을 활용하라

THE PSYCHOLOGY
OF SOUND
PERSONNEL MANAGEMENT

직원들의 헌신적인 도움 없이 성공하는 사업가는 없다. 어떤 생각을 실제로 만들려면 관련자 모두가 제대로 일하고 협력해야 한다. 위로 올라가고 싶다면 주변 사람들에게서 최고의 능력을 끌어낼 줄 알아야 한다. 다행히 이 기술은 후천적으로 배울 수 있다.

몇 년 전에 나는 미국의 대표적인 기업가 한 명과 이야기할 기회가 있었다. 그는 회사 여러 개를 성공적으로 운영하는 것으로 유명했다.

"사실 마법사라고 하셔도 믿겠어요." 내가 대화를 나누다가 말했다.

"마법사요?" 그 거물이 되물었다. "아닙니다. 마법 같은 것은 없어요. 회사 일이 잘되는 것은 제가 비법을 오래전에 발견했기 때문입니다. 상식을 바탕으로 심리학을 활용하는 거죠."

나는 그 말이 무슨 뜻인지 쉽게 이해할 수 있었다. 오클라호마 유전에서 심리학이 더 효율적인 회사 경영에 도움이 된다는 것을 처음으로 배웠기 때문이다. 그때 배운 교훈이 기초적인 수준이었다는 것은 인정한다.

나는 젊고 경험이 적은 편이었다. 나를 위해서 일한 인부들은 나보다 나이도 많고 실용적인 지식과 경험이 훨씬 풍부했다. 나는 억센 베테랑 부대를 갑자기 지휘하게 된 신임 소위 같았다. 권한과 최종 책임이 나에게 있었고, 노련한 노병들은 나를 회의적인 눈으로 지켜보았다. 내가 어떻게 일하는지 살피면서 나의 가치를 증명하기를 기다린 것이다.

나는 엄격하고 권위주의적인 역할을 맡는 게 이롭지 않으리라는 것을 알았다. 그들의 눈에는 가소로워 보일 것이 뻔했다. 그렇다고 해서 냉담하게 굴거나 같은 인부라도 되는 양 친한 척하는 것도 좋은 방법은 아닐 것 같았다. 나는 그 중간쯤의 노선을 택해야 한다는 것을 깨달았다. 그것을 특별히 '심리학'과 결부시키지는 않았다. 당시 심리학이 그런 맥락에서 쓰일 수 있다는 점도 몰랐으며 그저 인부들의 활동을 가장 효과적으로 관리할 수 있는 기술을 찾으려고 했다. 직접적인 접근법이 가장 괜찮아 보였다. 그러지 않으면 인부들이 자기를 '속이려는' 시도를 본능적으로 알아차릴 테니까.

나는 여러 수단을 동원해서 내가 인부들을 존중한다는 것을 보여주었다. 우리의 관계를 사장과 직원이 아닌 함께 노력하는 관계로 규정하기로 했다. 인부들이 현장에서 애써주는 동안 나는 재정적인 위험을 감수하고, 골칫거리를 해결하고, 내 몫의 일을 할 의향이 있다고 확실하게 밝혔다. 지시를 내릴 때는 항상 이 일을 왜 해야 하는지 설명을 덧붙였다. 인부들의 일에 간섭하거나 사소한 것을 트집 잡지 않으려고 노력하기도 했다. 일손이 필요할 때마다 거들었고 지저분하고 어려운 일도 마다하지 않았다.

그러자 짧은 시간 안에 인부들은 내가 풋내기이긴 해도 완전히 무지하지는 않다는 사실을 눈치챘다. 내가 석유 사업에 관해서 어느 정도 지식이 있으며, 굴착 작업에 관해서는 전문직이라는 것도 일아차렸다. 우리는 금세 서로를 존중하는 사이가 되었다. 현장에서의 작업도 빠르고 효율적으로 이루어졌다. 물론 어려운 일도 몇 번 있었고 긴장이 높아진 때도 있었다. 그중 한 가지 사건이 기억에 남는다.

인간 대 인간으로 호소하라

그 당시에는 굴착반 인부들이 주 6일 12시간 교대 근무로 일했다. 그래서 평일 밤에 시내에 나가서 술 마시고 흥청거릴 시간은 별로 없었다. 그래도 몇몇은 신흥 도시의 유혹을 뿌리치지 못했다. 그렇게 밤 늦게까지 놀고 나면 그다음 날 아침에 오클라호마의 뜨거운 태양 아래에서 일하는 것이 가혹한 처벌처럼 느껴졌다.

어느 날 아침, 잡역부 한 명이 엄청난 숙취에 시달리는 상태로 굴착 현장에 나타났다. 당시 우리는 중요한 굴착 단계에 있었는데도 그는 일하는 기색을 보이지 않았다. 누가 봐도 빈둥거리는 모습이었다.

다른 인부들은 내가 어떻게 대처할지, 과연 대처하기는 할지 상황을 유심히 지켜봤다. 다행히도 두 가지 요인이 나에게 유리했다. 나도 그 전날 밤에 시내에 나갔었고, 인부들도 그 사실을 알고 있었다. 또 숙취에 시달리던 잡역부는 나이가 나보다 고작 몇 살 많을 뿐이었다.

"속이 안 좋으세요?" 내 물음에 그 잡역부는 아무 말도 하지 않고 나를 노려보기만 했다. 나는 제안했다. "저와 시추기 꼭대기 올라가기 시합을 합시다. 10초 먼저 출발하게 해드릴게요. 만일 저를 이기시면 오늘 하루는 유급 휴가로 하시죠."

잡역부는 눈을 가늘게 뜨고 시추탑 꼭대기를 올려다봤다. "그렇게 하시죠, 사장님." 그가 답했다. 나는 자리에 있던 다른 인부에게 내 시계를 건넸다. 시합이 시작되자 잡역부는 원숭이 같은 자세로 시추기를 기어오르기 시작했다. 정확히 10초 뒤에 나도 그를 뒤따랐다. 그리고는 상대보다 1~2초 일찍 시추기 꼭대기에 도착했다.

시추기 플랫폼으로 내려왔을 때는 둘 다 숨이 턱까지 차올라 있었다. 하지만 내가 여러 가지 승리를 한꺼번에 거뒀다는 사실이 자명해졌다. 다른 인부들은 전부 활짝 웃고 있었다. 그들이 인정할 만한 방식으로 내가 상황을 처리한 모양이었다. 내가 '사장'이 될 자격이 있음을 그들에게 증명해 보인 것이다. 다른 인부들이 장난스럽게 시합에서 진 잡역부를 놀렸다. 그도 허허 웃으면서 상황을 받아들였다.

"알겠습니다." 그는 앓는 소리를 내면서도 말했다 "속이 울렁거려 죽겠지만 일을 제대로 하겠습니다." 그는 실제로 근무를 해냈고 다행히 죽지도 않았다. 훗날 그 잡역부는 일을 가장 열심히 하는 인부 중 한 명이 되었다. 나를 위해서 여러 굴착 작업을 해주기도 했다.

이 사건은 심리학을 경영에 적용한 아주 간단한 예다. 그렇다고 건설회사 사장이 벽돌공과 지게를 지고 시합하라는 것은 아니다. 경영에 진심인 모습은 다른 방식으로도 보여줄 수 있다. **어쨌든 내 이야기는 인간의 활동을 지휘할 때는 인간적인 면모를 드러내는 것이 효과적임을 보여준다. 관련된 사람들이 쉽게 이해할 만한 방법을 적용하는 것이 바람직하다.**

경영의 주된 기능은 '사람을 동원해서 성과를 얻는 것'이다. 따라서 심리학을 도입하면 사람들에게 동기를 부여하고 지휘하고 격려할 수 있다. 뛰어난 임원들이 심리학을 제대로 사용해 직원들에게 영감을 불어넣는다면 직원들은 목표 달성에 필요한 결과물을 만들어낼 것이다.

이중 잣대는 금물이다

직원들은 언제나 어느 회사에서든 가장 중요한 자산이다. 그럼에도 경영자들이 인적 자원에 신경 쓰지 않았던 시절이 있었다. 직원들은 쉽게 대체할 수 있다는 인식이 있었고, 주주들은 주가 조작과 사기꾼들에게 휘둘렸다.

'경영진과 직원의 관계'라는 개념은 최근 몇십 년 동안 근본적인 변화를 겪었다. 비즈니스의 세계와 경영법 둘 다 발전했다. 경영진은 이제 아는 것이 많아졌다. 사람들이 중요하다는 사실도 이해한다. 이런 변화가 자연스럽게 일어난 것은 아니다. 외부의 압력이 큰 도움이 되었다. 여기서 중요한 것은 현대의 경영자들이 직원들을 상대하고 그들에게 의지해야 한다는 사실을 확실하게 인식하게 되었다는 점이다. 직원들에게서 성과를 끌어내려면 그들을 협박하거나 소리를 질러가며 명령해서는 안 된다. 무엇보다도 직원들의 등을 떠미는 대신 그들을 이끌어야 한다는 것이 중요하다.

경제계는 과거에 저질렀던 잘못을 알아차리고 많이 노력했다. 이런 노력은 직원, 주주, 일반 대중과 좋은 관계를 유지하려고 개발한 여러 대규모 프로그램에서 엿볼 수 있다. 요즈음에는 대다수 회사가 호의적인 자사 이미지를 만들기 위해 최선을 다한다. 이 모든 것은 경영진이 직원들을 통해서만 성과를 올릴 수 있다는 사실을 깨달았다는 증거다.

크게 보면 모든 회사가 비슷한 성과를 얻길 원한다. 직원들의 사기, 생산품의 품질, 수익이 높길 바라는 것이다. 경영에 심리학을 적용하는 회사들의 시도는 세부사항과 효과 면에서 큰 차이를 보인다. 아직도 너무나 많은 임원이 가까운 곳에서부터 심리학을 적용해야 한다는 점을 이해하지 못한다. 정교한 홍보 프로그램으로도 많은 것을 얻을 수 있겠지만, 심리학을 맨 처음 적용해야 할 곳은 가장 가까이 있는 비서, 운전기사, 판매원 등이다.

모범을 보이는 것보다 더 강력한 심리적인 무기는 없다. 직원들을 통해서 성과를 올리려는 임원은 그들이 거두길 바라는 수준의 성과를 직접 보여줘야 한다. 만일 임원이 습관적으로 점심 식사를 세 시간씩 한다면 자기 비서가 커피 마시러 갔다가 10분 늦게 들어왔다고 불평할 수 없다. 비서가 다음 날 보고서를 작성하지 않고 손톱에 매니큐어를 바르고 있어도 할 말이 없는 것이다.

임원들은 다른 측면에서도 이중 잣대를 없애야 한다. 자신이 특권을 누리며 방종에 빠져도 된다고 착각하는 임원은 직원들에게 심리적으로 나쁜 영향을 끼친다. 그런 유형에 속하는 임원은 볼펜 한 자루를 함부로 썼다고 직원을 해고할 수도 있는 사람이다. 그러면서도 본인은 비서에게 사적인 편지를 쓰게 하고 근무 시간에 직원들에게 개인적인 심부름을 시킨다.

직원들은 이런 일이 벌어지는 것을 금방 알게 된다. 사내 비밀 정보망은 우리 사회의 가장 신속한 의사소통 방법의 하나다. 임원의 이런 이중 잣대가 알려지면 그 부서에서 일하는 직원들의 사기와 생산량은 곤두박질친다. 내가 스파르탄 항공기 회사를 운영할 때 겪은 일두 가지를 소개해 보겠다.

나는 언젠가부터 직원들의 사기가 떨어지고 있는 것을 직감적으로 알아차렸다. 이유도 곧 알게 되었다. 임원 몇 명이 아침마다 30분에서 1시간씩 자유롭게 지각을 일삼은 것이다. 평사원들은 당연히 이런 행태를 못마땅하게 여겼다. 자신들은 제시간에 출근해야 했고 늦으면 월급이 깎이기도 했으니 말이다.

'불은 불로 다스려야 한다'는 말이 있다. 나는 징계를 내리겠다고 으름장을 놓으면서 시간을 낭비하지 않았다. 그 대신 지금부터 추후 공지가 있을 때까지 매일 회의를 열겠다고 발표했다. 회의에는 경영진이 전부 참석해야 하며, 회의는 정식 근무 시간이 시작되기 '45분 전' 열린다고 밝혔다.

그 후로 2주 동안 나는 잠을 많이 못 잤다. 하지만 큰 승리를 거뒀다. 임원들이 문제를 눈치챈 것이다. 그들은 지각하는 습관을 버렸고, 직원들의 사기는 재빨리 원래 수준으로 돌아갔다.

얼마 후에 나는 한 임원이 회사 소유의 목재와 못으로 자기 집 뒷마당에 개집을 만들었다는 사실을 알게 되었다. 목재는 다 찢어진 낡은 포장 상자에서 나온 것이었다. 그래도 나는 그가 위험한 선례를 남겼다는 생각이 들었다. 그가 아무런 징계도 받지 않았다는 것을 직원들이 알면 회사 물품이 없어지는 일이 빈번해질 우려가 있었다. 그 임원은 가치 있는 일꾼이어서 그를 해고하고 싶지는 않았다.

그래서 나는 심리학을 이용한 다른 전략으로 문제를 해결했다. 나는 그 임원이 가져간 자재의 상세 목록을 적도록 했다. 그러고는 자재의 가치를 평가해서 그만큼을 월급에서 빼겠다고 알렸다. 그 임원은 목록을 제출했고, 평가 결과 자재는 전부 합쳐서 4달러 정도 되었다. 나는 그의 월급에서 4달러를 뺐고, 사태는 바로 마무리되었다. 스파르탄에서 일하는 직원 수천 명이 내가 전하려는 메시지를 알아들었다. 순식간에 회사에 이야기가 퍼졌기 때문이다. 그 후로는 회사에서 없어지는 물건이 크게 줄어들었다. 직원들은 임원조차 회사 소유의 물건을 가져가면 무사할 수 없다는 것을 확실히 깨달았다.

경영진의 정직함이 탄탄한 경영 심리 전략을 세우는 데 결정적인 역할을 하는 것은 당연하다. 경영진이 떳떳해야 부하 직원, 상사, 동료, 고객을 비롯해 회사와 접촉하는 모든 사람에게 심리적인 전략이 효과를 발휘한다.

임원의 정직함에는 다양한 측면이 있다. 예를 들면, 탄탄한 경영 심리 전략을 실천하는 임원은 자기가 상대하는 사람들에게 허풍을 떨지 않는다. 특히 부하 직원들은 상사가 언제 허세를 부리는지 기가 막히게 눈치챈다. 상사가 질문의 답이나 문제의 해결책을 모를 때, 또는 실수를 무마하려고 할 때 부하 직원들은 눈치 100단이 된다. 임원은 남에게 책임을 전가해서도 안 된다. 잘못한 일이나 모르는 것을 솔직하게 인정하면 인간적인 존경심을 얻지만, 다른 사람에게 책임을 떠넘길 때는 어떠한 이점도 없다. 사실을 아는 사람들의 멸시와 책임을 떠안게 된 사람들의 증오만 얻을 뿐이다.

책임감 있는 참여를 유도하라

직원들을 대할 때는 그들을 사람으로, 개별적인 인격체로 인정해야 한다. 이때 가장 효과적인 것은 바로 직원들의 '책임감 있는 참여'를 유도하는 일이다. 이는 직원들이 정신적으로, 그리고 감정적으로 더 건강한 분위기에서 지내는 데도 도움이 된다.

당연한 말이지만, 사람들이 일하는 가장 큰 동기는 재정적인 보상이다. 하지만 이것이 유일한 동기는 아니다. 로저 포크의 말처럼 직원들은 '회사의 목표를 이해할 수 있고 업무에 책임감 있게 참여한다고 느낄 때' 최선을 다하려고 한다. 그럴 때 심리적인 욕구가 가장 완전하게 충족되기 때문이다.

예일대학교의 E. W. 바케E. W. Bakke 교수는 경영진의 책임은 '직원이 자신의 세계(근무환경)에 작용하는 여러 힘과 요인을 이해하도록 돕는 것'이라고 주장한다. 직원에게 그가 하는 일과 지시 사항에 관해 자세히 설명해라. 직원 주변에서 일어나는 일도 알려주는 것이 좋다. 그러면 직원은 회사 일 전반에 책임감 있게 참여하게 되며, 그런 감정이 직원을 더 행복하고 더 의욕적으로 만들어준다.

이때 가장 효과적인 방법은 경영진이 직원들의 의견에도 관심이 있다는 사실을 그들에게 알리는 것이다. 직원들에게 어떤 문제나 혁신이나 변화에 대해서 어떻게 생각하는지 물어봐라. 그러면 유용한 제안이 놀라울 만큼 많이 들어올 것이다. 또한 직원들은 자기가 회사

일에 참여하고 중요한 역할을 한다고 생각하게 된다.

나는 부하 직원들에게 자문하는 것의 가치를 오래전부터 알았다. 직원들의 의견과 조언을 구하면 가치 있는 견해도 얻고 사기가 높아지는 효과도 있다. 머리가 희끗희끗한 굴착 인부, 베테랑 기계 운전사, 기민한 비서들이 나를 도와준 적이 여러 번 있다. 그들은 나와 임원들을 당황하게 만든 문제를 간단하게 해결했으며, 대단히 가치 있는 것으로 밝혀진 제안을 하기도 했다.

결론을 말하자면 이렇다. 직원들은 명령에 반응하기만 하는 짐승이나 로봇이 아니다. 직급과 관계없이 생각과 감정이 있는 사람들이다. **그들은 경영진이 자신의 생각과 감정에 관심이 있다는 것을 알 때 심리적인 만족감을 얻는다.**

경영 심리학에서는 직원들의 모든 문제에 관심을 가져야 한다고 말한다. 경영자가 직원의 개인적인 문제에도 신경 써야 한다는 것이다. 이것이 사생활에 간섭하라는 뜻은 아니며, 개인적인 문제에 시달리는 직원의 이야기를 들어주는 것으로 충분하다. 가능할 때는 도움을 주는 것도 좋은 방법이다.

이런 일은 여러 회사에서 광범위하게 이루어진다. 직원 복지 프로그램, 심리상담 서비스 등의 제도를 갖춘 곳이 많다. 하지만 여기서 그치지 않고 임원이 직원들의 마음을 따로 돌보아준다면 효과가 더커질 것이다. 부서의 책임자가 부하 직원들의 고해성사 신부 역할을해야 한다는 뜻은 아니다. 그러나 임원이 직원들을 통해서 성과를 올리고 싶다면 공감을 보여야 한다. 누구에게나 희망, 관심사, 문제, 두려움이 있다는 사실을 항상 명심해라. 직원이 상사를 존경하면 자연스럽게 조언을 구할 것이며, 이때 직원의 이야기를 들어주고 가능하다면 도우면 된다.

공평함이 신뢰를 만든다

공평함도 경영 심리 전략을 구성하는 중요한 요소다. 경영진은 직원, 주주, 고객, 공급자들을 공평하게 대해야 한다. 특정한 부하 직원이나 고객을 편애해서는 안 된다. 주주들은 각별히 챙겨야 하며, 공급자들에게 변덕을 부려서는 안 된다. 직원들에게 급여를 줄 때도 공정하고 공평해야 한다. 승진할 직원들은 성과를 바탕으로 선별해야 한다.

누구나 불공평한 대접을 받으면 심리적인 충격을 크게 받는다. 경영진이 함께 일하는 사람들을 공평하게 대하는 데 실패하면 그 사람의 비즈니스도 실패하게 된다.

이는 곧 신뢰의 문제다. 직원들이 경영진의 신뢰를 얻지 못한다고 느끼면 사기와 업무 능력이 떨어진다. 경영진이 자기 능력이나 인성을 믿지 못한다고 느끼는데도 일을 생산적으로 할 직원은 없다.

예일대학교의 크리스 아지리스Chris Argyris 박사의 연구는 인간의 건설적인 행동을 유도하는 가장 강력한 동기가 신뢰임을 보여준다. 아지리스 박사는 '연쇄적 불신 작용'이라고 부르는 것이 회사에서 어떻게 나타나는지도 설명했다.

> 직원은 정직하고 성실한 태도로 회사에 들어온다.
>
> 하지만 신뢰받는다는 느낌도 안 들고 책임이 필요한 일도 맡지 못한다. 그래서 패배감에서 오는 좌절을 경험한다.
>
> 따라서 그 직원은 회사의 성공에 이바지할 책임을 덜 느끼게 된다. 때로는 패배감을 이겨내려고 적극적으로 회사의 소유물을 훔칠 수도 있다. 직원이 무엇을 훔치는 것은 자신의 공격성을 드러내는 방법이다. 더 깊게 살펴보면 '책임감, 헌신, 신뢰로부터 자신을 멀어지게 만든 회사의 것을 훔치는' 심리다.
>
> 직원이 무엇을 훔치면 경영진은 그런 사건을 일으킨 요인들에 대한 단속을 강화한다.
>
> 이제 경영진이 직원들을 믿지 못한다는 것이 드러난다. 직원들은 '알겠어. 내가 못 믿을 사람처럼 보인다면 정말 그렇게 행동해주지'라고 생각하기 시작한다.

경영을 위한 심리학을 논했지만 결국에는 처음에 했던 이야기로 돌아오게 되었다. 회사는 사람에 의존하고 사람 없이는 돌아갈 수 없다. 지식이나 경험이 얼마나 있는지가 큰 차이를 부르지는 않는다. 위에 서고자 한다면 '직원들을 동원해' 성과를 올려야 한다. 그렇지 못하면 자격이 없는 것이다.

직원을
대하는 법

LIVING WITH
LABOR

　회사의 임원이라면 의무적으로 노동자들과 사이좋게 지내야 한다. 임원이 직원들과 싸우거나 그들을 무시해서는 안 된다. 직원들이 도와줄 때 회사가 성공하고 수익을 올릴 수 있다. 이 모든 것이 너무나 당연한 이야기인데도 노사 관계의 중요성을 아는 사업가는 놀랄 만큼 적다. 나는 경험을 통해서 노동자들과 서로 존중하는 성공적인 관계를 맺을 수 있다는 것을 알고 있다.

　예를 들면, 몇 년 전 내가 소유한 한 회사의 노조 대표들이 새로운 계약을 위해서 협상하길 원했다. 그들은 시간당 임금을 올려달라고 요구했는데, 나는 회사에서 그 요구를 100% 들어줄 여력은 없다는 것을 알고 있었다. 하지만 우리가 요구를 어느 정도는 맞춰줄 수 있으며, 그 정도의 임금 인상은 정당하다고도 생각했다.

협상이 시작되기 전에 우리 측 노사관계 '전문가'들은 나에게 단단히 주의를 주었다. 초반에 그런 생각을 조금도 드러내지 말라는 것이었다. "속마음을 숨겨두세요. 최후의 순간이 올 때까지 아무것도 제시하지 마세요. 협상이 교착 상태에 빠질 때까지 기다리셔야 합니다. 분명히 그렇게 될 거거든요. 그때가 오면 낮게 시작하세요. 그러고는 천천히 올리시면 됩니다. 꼭 필요한 만큼만 올리셔야 합니다."

이런 방법은 시장에서 물건값을 두고 흥정하는 것과 비슷해 보였다. 나는 이런 전략은 회사의 품위와 어울리지 않으며 노조 대표들의 지성을 모욕하는 일이라고 생각했다. 이러다가는 양측 모두 씁쓸한 감정만 남길 것 같았다. 나는 그 회사를 완전히 소유하고 있었으므로 내 생각대로 협상에 임하기로 했다.

나는 첫 협상 자리에 간단하지만 정확하고 유용한 보고서를 준비해 갔다. 보고서에는 그전 해에 해당하는 회사의 생산 비용, 생산량, 손익 계산서, 전반적인 재정 상황과 가까운 장래의 전망을 검토한 내용도 들어 있었다. 나는 노조 대표들이 자신들의 입장과 요구를 발표하는 것을 참을성 있게 들었다. 그러고 나서 그들에게 보고서를 나눠 주고 발언을 시작했다.

"저희가 옥신각신하면서 여기서 며칠씩 지낼 수도 있겠죠. 하지만 저는 우리가 결국 도달하게 될 지점에서 시작하는 것이 현명하다고 생각합니다. 회사가 여러분이 요구하시는 것을 전부 들어드릴 수는 없습니다. 그것은 방금 나눠드린 보고서를 보시면 압니다. 임금을 50% 인상하는 데는 동의할 수 있습니다. 현재로서는 그것이 최고치입니다. 만일 내년에 생산량과 수익이 늘어난다면, 남은 50%를 인상하는 방안을 여러분과 진지하게 논의하도록 하겠습니다."

나는 할 말을 마치고 협상장 안을 둘러보았다. 아주 흥미로운 광경이었다. 내 조력자들은 악마를 본 듯 공포에 질렸으며, 노조 대표들도 놀란 기색을 감추지 못했다. 나는 잠시 쉬어가자고 제안했다. 노조 측은 내 제안을 환영했고, 우리는 오후 늦게 다시 만나기로 약속했다.

내 조력자들은 내가 회사뿐 아니라 모든 것을 거덜 낼 것이라고 확신했다. 내가 한발 물러섰으므로 노조가 나를 아예 떠밀어버릴 것이며, 요구사항을 두 배로 늘릴 것이고, 최악의 경우 시간과 비용이 많이 드는 파업을 단행하리라는 것이었다.

협상이 다시 시작됐을 때 내 조력자들은 사형장에 끌려가는 죄수들처럼 회의실에 들어갔다. 나는 아무 말도 하지 않았지만 그들이 당황해하는 모습을 보니 속으로 웃음이 났다. 나는 여전히 상황을 제대로 평가했으며 올바른 길을 택했다고 자부했다. 노조 대변인이 발언을 시작하자 내 생각이 맞았다는 것이 밝혀졌다.

"솔직히 말씀드리면 저희는 길고 힘든 싸움을 하게 되리라 생각했습니다. 그런데 처음부터 사실대로 말씀해주셨고 모든 정보를 알려주시니 딱히 무슨 말을 해야 할지 모르겠군요." 그는 말을 멈추고 테이블 너머로 나에게 악수를 청했다.

"게티 씨, 저희와 방금 새로 계약하신 겁니다." 그는 활짝 웃으면서 이렇게 선언했다. 양측은 자잘한 세부사항에 금세 합의했고 계약서도 예정대로 작성했다. 그 여파는 오래갔으며 회사에 이로운 결과를 낳았다.

그 후로 12개월 안에 회사의 생산량과 수익이 증가했다. 그래서 노조가 원했던 대로 임금의 추가 인상이 가능해졌다. 그 일을 계기로 노사 간에 서로 존중하는 유대가 생겼다. 지금까지도 그날과 비슷한 분위기에서 노사가 모든 쟁점을 다루고 합의에 이른다. 덕택에 그 회사에서는 특이하게도 노사 갈등이 없다. 사실이 뒷받침되는 솔직한 접근법이 효과를 발휘한 것이다. 나는 사업가이자 고용주로서 이와 비슷한 상황을 많이 겪었는데, 이런 방법은 매번 효과가 좋았다.

이 사건은 내가 경험한 것처럼 노조가 근본적으로 공정하다는 점을 보여준다. 노조는 회사가 실제로 어떻게 돌아가고 있는지 알고 싶을 뿐이다. 이때 적당히 짜 맞춘 거짓말, 반쪽짜리 진실, 모호하고 진부한 이야기를 늘어놔서는 안 된다. 사실을 솔직하게 말해줘야 한다.

노동자와 노조 임원들은 바보가 아니다. 속이거나 잘못된 정보를 건네려는 시도는 귀신같이 눈치챈다. 그러고 나면 그런 대우에 분개하고 저항하게 된다. 하지만 사실을 있는 그대로 보여주면 정직한 노조 대표들은 최대한 협조해준다. 회사의 제안이 그들의 합법적인 목표와 조합원들에 대한 책임과 맞아떨어지면 된다.

노조에 대한 이중적 시각에서 벗어나라

나는 비즈니스를 하면서 노동자들과 큰 문제 없이 지냈다. 어느 정도는 그들을 대하는 나의 태도 덕택이라고 생각한다. 몇몇 사업가와 달리 나는 노조가 정직하고 자유롭게 활동하는 데 반대한 적이 없다. 나는 노동자들이 조직을 결성하고 경영진과 협상할 권리를 인정한다. 더 나은 삶을 영위하려는 인간의 타고난 욕구를 인정하기 때문이다. 나는 현실주의자이므로 인간은 최고의 근무 환경에서 일하고 가장 높은 생활 수준을 즐기고 싶어함을 이해한다. 이런 욕구는 근무 시간은 줄어들고 급여는 늘어나길 바라는 마음으로 나타난다.

물론 생산량과 수익 같은 요소 때문에 한계는 있다. 경영진이 그 한계를 넘어서 직원들의 근무 시간을 줄이고 급여를 늘릴 수는 없다. **경영진은 이런 상황을 노조가 이해하도록 책임지고 설득해야 한다. 한계를 명확하게 설정하고 주장을 뒷받침할 확실한 근거를 제공하는 것이 경영진의 책임이다.** 이런 의미에서 경영진이 노조와 논쟁을 벌여야 하는 것은 맞다. 하지만 이것은 계급 투쟁이 아니라 이성적인 논쟁이다. 나는 노조를 습관적으로 비난하는 조직형 인간이 지긋지긋하다. 이런 사람들은 노조를 그렇게 싫어하면서 자기들도 똑같은 것을 요구한다. 나는 이런 유형의 사람들을 정말 많이 봤다.

예를 들면, 최근에 어느 면담에 참여한 젊은 임원들과 경영대 학생

대다수가 노조에 반대한다고 대답했다. 그러면서도 면담자의 75%가 대기업에서 일하고 싶은 가장 큰 이유로 안정성을 꼽았다.

"해고나 정직을 당할 가능성은 거의 없으니까요."

"월급이 정기적으로 올라서 좋아요."

"퇴직금도 나오고 의료 혜택도 있습니다."

"매년 유급 휴가를 받을 수 있죠."

나는 그 많은 임원이 혜택을 누리는 것을 나쁘게 볼 생각은 없다. 혜택이 일자리의 안정성이든 연차든 마찬가지다. 하지만 조직형 인간 본인도 안정성을 추구하면서 노조가 비슷한 수준의 안정성을 요구하는 데 반대하는 것은 이해할 수 없다.

좋든 싫든 노조는 사라지지 않을 것이다. 노조가 조합원들을 위해서 얻어낸 혜택도 마찬가지다. 옛날에는 노동자가 12시간 동안 일해서 고작 1달러를 벌었다. 연설가 헨리 워드 비처Henry Ward Beecher는 '빵과 물만으로 만족하지 못하는 노동자는 살 자격이 없다'라고 호통치기도 했지만, 이제 그런 시절은 끝났다.

반동적인 소수 과격파에 속하는 사람들만이 노동 착취의 시대로 돌아가고 싶을 것이다. 깨인 현대의 사업가들은 노조의 필요성을 이해하고 받아들인다. 노동 사학자 프랭크 타넨바움Frank Tannenbaum은 노조를 '인간은 상품이 아니며 노동자 혼자만으로는 충분하지 않다는 것을 보여주는 시각적인 증거'라고 불렀다.

캘루멧&헤클라Calumet & Hecla의 임원인 H. Y. 바세트H. Y. Bassett는 자

신의 에세이 《What Does Industry Expect of a Community?(산업은 커뮤니티로부터 무엇을 기대하는가?)》에 현대 사업가들의 시각을 담았다. "진보적인 경영진은 노조와 언쟁할 일이 없다. 오히려 반대로 노조가 현대의 비즈니스 세계에 설 자리가 있다고 생각한다."

고인이 된 찰스 E. 윌슨(앞에 등장한 '기관차 찰리')도 생활비를 고려해서 임금이 인상되는 것에 관해 말한 적이 있다. 그의 말은 최근에 노조가 얻어낸 안정성과 관련된 혜택을 진보적인 사업가들이 어떻게 생각하는지 보여준다. "우리가 하는 일은 기계를 이용하는 것이지 사람을 착취하는 것이 아니다." 윌슨은 이렇게 말했다. "직원이 구매해야 하는 상품과 서비스를 생각했을 때 한 시간 일하고 그 대가로 얻는 구매력을 유지하는 것은 논리적이고 공정하며 합리적이다." 그는 자신보다 못난 사업가들이 뚜렷한 이유 없이 무시하는 경제의 기본적인 진리를 분명하게 알고 있었다. 노동자는 단순히 노동자가 아니라는 진리다. 노동자는 소비자, 즉 고객이기도 하다.

노동자의 번영이 국가의 번영이다

현대 비즈니스의 복잡한 운영 체계는 대량 생산을 바탕으로 돌아간다. 대량 생산이 이루어지는 곳에는 대량 소비도 있게 마련이다. 따라서 그런 곳에는 대규모 시장이 형성된다. 그러지 않으면 생산한 제품을 판매할 곳이 부족해져서 생산 속도를 늦춰야 한다. 그러면 경제가 시들어가기 시작할 것이다.

오늘날에는 노동자들이 대규모 시장에서 상당히 큰 부분을 차지한다. 그들은 회사들이 대량으로 생산한 상품과 서비스를 소비하고 사용한다. 노동자의 번영이 곧 국가의 번영이다. 노동자들이 돈을 잘 벌어서 구매력이 향상되는 것이 국가가 전체적으로 잘사는 데 보탬이 되는 중요한 요인이다. 정말 '자유롭고 정직한' 노조는 노동자뿐 아니라 모든 시민의 생활 수준을 높이는 데 이바지했다. 노조가 협상 테이블에서 얻어낸 혜택이 국가의 성상에 실실적인 노움이 뇌었다. 노동자들의 구매력을 키워준 덕택이다. 노동자들이 자유기업체제를 파괴하려고 한다는 헛소리를 좋아하는 사람들도 있다. 하지만 그것은 터무니없는 소리다. 나는 미국의 자유롭고 정직한 노조들이 자본주의에 위협이 된다고 생각하지 않는다. 오히려 노조가 전체주의에 맞서는 민주주의의 강력한 수호자 중 하나라고 생각한다.

내가 관찰한 바로는 미국인 노동자 대부분이 자신이 큰 혜택과 높은 생활 수준을 즐기고 있다는 것을 안다. 다른 국가나 다른 정치적·경제적 체제에서는 누리지 못하는 것들이다. 노조 리더 대다수는 자유기업체제의 대안이 얼마나 암울한지 안다. 그들은 극좌파나 극우파가 제시하는 대안에는 관심이 없다.

미국의 GNP는 이제 매년 5,000억 달러를 넘어선다. 우리 경제가 이렇게 번성한다는 사실은 노동자들이 경제를 망가뜨리려 한다는 주장을 반박하는 증거이기도 하다. 이것보다 더 설득력 있는 증거도 있다. 노조가 영향력이 가장 강했던 시절에 우리 자유기업경제가 급성장했다는 사실이다. 노조를 고질적으로 싫어하는 사람들은 이 사실을 무시하거나 잊어버린 척할 때가 많다.

노동의 존엄성을 훼손하지 마라

내가 사업가이자 고용주로서 경험한 것에 따르면 노동자들의 기본적인 두 가지 목표 역시 합리적이다. 첫째로, 노동자들은 회사가 부를 창출하는 데 도움을 준 만큼 그 부를 나눠 갖길 원한다. 둘째로, 노동자들은 중요한 존재로 인정받길 원한다. 분란을 일으키는 존재가 아니라 회사가 판매하는 상품과 서비스를 제공하는 사람들로서 인정받고 싶은 것이다.

첫 번째 목표는 불합리한 구석이 전혀 없다. 노동자들이 한 가지 사실만 이해하면 된다. 노동자들의 몫을 구성하는 임금과 다른 보상과 혜택은 회사의 생산량과 수익에 따라 달라진다는 것이다. 안타깝게도 여러 노동자와 노조 리더들이 이 원칙을 잊어버릴 때가 있다. 경영진은 노동자들을 상대할 기회가 있을 때마다 이 원칙을 설명하고 이해시켜야 한다. **회사가 살아남기 위해서는 쓰는 돈보다 버는 돈이 더 많아야 한다. 임원이라면 모든 직원에게 비즈**

니스의 근본적인 진실을 알리려고 최선을 다해라. 임금 인상에 관한 논의가 이루어지기 전에 생산율이 유지되거나 증가하는 것이 중요하다. 수익도 합리적인 수준까지 늘어나야 한다. 이런 점을 노동자들이 이해하도록 도와라. 내가 알기로는 경영진 대부분이 이런 일을 성공적으로 처리한다. 주장을 뒷받침할 탄탄한 증거만 있으면 된다.

합리적인 노조 리더 중에 노조와 협상한 회사를 파괴하려는 사람은 거의 없다. 회사를 지불 능력이 있는 상태로 유지해야 할 때는 그들 대부분이 생산량을 늘릴 방법을 찾게끔 돕는다. 이런 경우에 사실을 동원해서 노조를 설득하는 것은 경영진의 몫이다. 결론은 자본가와 노동자가 서로 싸우는 대신 함께 일할 때 실질적인 목표를 달성할 수 있다는 것이다. 그 뒤에는 함께 노력해서 창출한 부를 각자 나눠 가지면 된다.

노동자들이 두 번째 목표를 실현하도록 돕는 일도 중요하다. 경영진은 인정받고 싶은 노동자들의 욕구를 충족해야 한다. **실제로 일하는 사람들의 중요성을 인식한다는 것을 보여줘야 한다. 이런 일을 해낼 책임과 능력은 임원 개개인에게 있다.** 노동자에게는 임원 한 명이 경영진 전체를 대표하며 경영자의 상징으로 여겨지기도 한다.

너무나 많은 임원이 평사원들과 개인적으로 접촉하는 것의 가치를 이해하지 못한다. 나는 그런 사실을 알아차릴 때마다 놀란다. 어떤 회사에서는 생산직 노동자가 고위 임원을 만날 유일한 기회가 군대식 시찰 기간이나 임원들이 VIP 방문객들에게 공장을 구경시켜줄 때뿐이다. 믿기 어려울 수도 있겠지만 사실이다.

그다음에는 회사의 홍보부에서 가끔 계획하는 경영진의 방문 기간이 있다. 이런 방문을 위한 시나리오는 대체로 다음과 같은 루틴에 따라 전개된다. 주로 늦은 오전이나 한낮에 완벽하게 차려입은 부사장과 바삐 움직이는 수행원들이 공장에 나타난다. 일행은 시끄럽고 익숙하지 않은 기계들 사이를 걷다가 적당히 멈춘다. 그 앞에 제품을 자르는 선반이 있다고 가정해보자. 부사장은 몸을 뒤틀고 넥타이를 매만지고서는 의식적으로 선반 가까이 다가간다. 그는 선반 작업에 관심이 있는 척하면서 기계를 다루는 노동자에게 말을 건다. 수행원이 그 노동자의 이름을 귓속말로 알려주지만, 부사장은 결국 노동자의 이름을 잘못 부른다. 사진사 두세 명이 카메라를 들어 그 우울한 광경을 촬영한다. 플래시가 터지고 부사장은 알아듣기 어려운 말을 중얼거리더니 수행단과 공장을 서둘러 빠져나가 평화롭고 조용한 사무실로 돌아간다.

그다음 날 신문에는 부사장과 선반 작업자가 같이 찍힌 사진이 실린다. 한 주 뒤에는 똑같은 사진이 사보에도 실린다. 사진 밑에는 이런 설명이 붙는다. '엉망 주식회사(Bollix and Company: bollix는 엉망, 실패를 뜻함 - 역주)의 부사장 다알아(Wilbur Knowall: know-all은 뭐든지 아는 척하는 사람을 뜻함 - 역주)씨가 공장에서 직원들과 친밀하게 이야기하는 모습이다. 그는 평소에도 직원들과 자주 대화하는데, 이번에는 조 스미스 작업자의 차례였다. 스미스는 엉망 주식회사에서 선반 작업자로 3년 가까이 일했다.'

조 스미스와 생산직 동료들이 이 문구를 읽고 어떤 말을 할지는 상상에 맡기는 편이 좋을 것 같다. 이렇게 속이 빤히 보이는 연극에 속아 넘어가는 사람은 다알아 부사장과 홍보 책임자뿐이다. 자존심이 있는 노동자들은 이런 짓거리를 좋아하지 않는다. 노동의 가치를 훼손하는 촌극이라고 생각하기 때문이다. 만일 내가 엉망 주식회사의 직원이라도 마찬가지로 느낄 것이다.

노동자를 진심으로 존중하고 이를 알려라

일과 노동자에 대한 나의 태도는 유전에서 형성되었다. 그곳에는 확고한 원칙이 있었다. '나를 위해서 일하는 사람은 나에게 존중받으며 적합한 근무 환경에서 작업하고 적정한 임금을 받을 자격이 있다.'

내가 유전에서 배운 것은 또 있다. 고용주가 직원들의 중요성을 인정하고 그들의 행복에 진심으로 관심을 보여야 한다는 것이다. 그것만큼 노동자의 충성심을 끌어내고 사기를 드높이는 일도 없다.

"사람은 자기가 하는 일이 중요하다고 느끼기를 좋아합니다. 상사가 자신을 급여 대상자 명단에 찍힌 글씨가 아니라 한 인간으로 봐주는 것도 좋아하고요." 베테랑 굴착 인부가 나에게 이런 말을 한 적이 있다. "사람은 자신이 고용된 일꾼이 아니라 회사 일의 일부라고 느낄 때 일을 더 잘합니다. 이왕이면 상사가 가끔 찾아와서 일을 어떻게 하는지 들여다보면 기분이 좋겠죠."

직원들의 충성심, 사기, 효율성을 높여줄 더 나은 방법을 찾느라 밤새 고민하는 사람들이 있다. 그들은 이 굴착 인부의 말을 새겨들어야 한다. 조잡한 연극과 겉만 번지르르한 사기 진작 프로그램은 답이 아니다. 평범한 노동자도 경험이 부족한 임원이 생각해낸 엉터리 술수를 금방 꿰뚫어 볼 수 있다.

임원은 노동자가 자신과 자신이 하는 일이 회사에 중요하다는 사실을 알게 해야 하며, 그 말을 전할 때는 진심을 담아야 한다. 평사원들이 정말로 중요하지 않다고 생각하는 임원은 일할 자격이 없다. 조직에 대한 이해가 부족하고 무엇이 회사를 돌아가게 하는지도 모르기 때문이다.

고귀하신 임원께서는 자기가 대체 불가한 인력이라고 생각할지 모르지만, 나는 그가 생산라인에서 일하는 일류 작업자보다 대체하기 쉬우리라고 생각한다. 만일 그 임원이 사라진다고 해도 후임이 올 때까지 비서가 일을 어느 정도 대신할 수 있을 것이다. 하지만 그 작업자가 없으면 생산라인이 돌아가는 속도가 느려지거나 아예 멈출지도 모른다.

자신의 책임을 이해하고 이행하는 임원은 자신이 노동자들을 존중한다는 것을 부지런히 알린다. 이런 임원은 노동자들의 행복에 실제로 관심을 보이며, 노동자들에게 아첨하거나 그들을 가르치려 들지 않는다. 이런 임원은 항상 시간을 내서 일을 특별히 잘한 직원을 칭찬하고 특정한 직원이나 부서가 프로젝트의 성공에 도움이 됐다는 사실도 인정해준다. **임원이 이런 모습을 보이면 직원들의 사기 진작에 큰 도움이 된다. 사기가 오르면 직원들의 효율성과 생산성이 높아지며 잦은 결근이나 이직처럼 수익을 끌어내리는 골칫덩어리가 줄어든다.**

훌륭한 임원은 직원들의 근무 환경을 직접 점검하며 수준 미달인 면을 발견하면 금세 바로잡는다. 그는 이런 일을 경시하지 않고 적극적으로 처리한다. 깨진 화장실 세면대는 사소한 일처럼 보일지도 모르지만, 노조 대표가 고충 처리 위원회에서 이를 논하기 전에 임원이 먼저 세면대를 수리하면 원만한 노사 관계의 큰 걸음이 된다.

여러 노사 관계 문제를 해결하는 방법은 실제로 그렇게 간단하다. 노동자들이 요구하는 것의 핵심만 뽑아서 객관적으로 살펴봐라. 그러면 알려진 것과 달리 회사를 망가뜨리는 치명적인 요구는 없다는 사실을 알게 될 것이다. 자세히 뜯어보면 충분히 이해할 수 있는 요구사항이다. **결과적으로 노동자들은 존중받으면서 적합한 근무 환경에서 일하고 적정한 임금을 받을 권리를 원하는 것이다.**

시행착오를 거친 이 원칙을 받아들이고 실천하는 경영진

은 수익을 올리면서도 노동자들과 편안하고 성공적인 관계를 맺을 것이다. 노동자들과 공생하는 방법을 배우는 것은 탄탄한 비즈니스 활동이다. 성공한 사업가라면 이 말에 동의하리라 믿는다.

일에서 위기를
만났을 때

THE
BUSINESSMAN
AT BAY

누구나 일하다가 위기나 장애물에 직면할 것이다. 이런 상황에 놓였을 때 아랫사람이 역경을 어떻게 이겨내는지, 또 그것을 어떻게 자신에게 유리하게 바꾸는지 살펴봐라. 그러면 그 사람이 자리에 적합한지 알 수 있다. 비즈니스는 언제나 판매, 개선, 효율성을 위한 투쟁이다. 따라서 리더라면 승리를 위해서 군대를 이끄는 장군 같아야 한다.

나는 젊었을 때 한 남자에게서 귀중한 교훈을 얻은 일을 기억한다. 당시에도 주식 보유량이 엄청났으며 훗날에는 미국에서 가장 부유한 기업가 중 한 명이 되는 사람이다. 나는 그와 제법 친했지만 몇 달 동안 만나지 못했다. 그러다가 어느 날 시카고에 있는 한 호텔 로비에서 우연히 마주치게 되었다.

"어떻게 지내세요?" 나는 근황을 물었다.

"잘 못 지냅니다. 일이 아주 엉망으로 돌아가고 있어요." 그가 평온한 미소를 지으면서 대답했다. "제 회사 하나가 경쟁에서 밀려서 곤경에 처했습니다. 다른 회사는 적자 상태고, 또 다른 회사는 이번 달에 단기 부채를 갚아야 하는데 현금이 없고요."

"겉으로는 걱정이 없으신 것처럼 보이는데요." 나는 깜짝 놀라서 말했다. 그렇게 큰 곤란에 빠진 사업가가 걱정거리에 대해 그렇게 태연하게 말할 수 있다니 믿기 어려울 지경이었다.

"폴, 나는 별로 걱정되지 않아요." 그가 대답했다. "솔직히 말하면 내가 정신을 차리게 이런 일이 일어날 필요가 있었습니다. 모든 일이 너무 오랫동안 너무 순조롭게 돌아갔거든요. 가끔 찾아오는 위기는 사업가에게 도움이 됩니다. 해결할 문제가 나타나야 훈련이 되잖아요."

나중에 나는 그가 모든 문제를 6개월도 걸리지 않고 해결했다는 소식을 들었다. 그는 다른 회사도 여러 개 소유한 상태였는데도 위기에 처한 회사 세 개를 구하는 일에 적극적으로 뛰어들었다.

그는 경쟁에서 밀려서 곤경에 처했던 첫 번째 회사를 금세 구해냈다. 오래된 생산품은 업그레이드하고, 새로운 제품을 개발했다. 창의적이고 공격적인 판매 계획을 실행에 옮겼다. 이런 노력 덕택에 경쟁의 판도가 바뀌었다. 그는 두 번째 회사도 거뜬히 다시 일으켰다. 새로운 방침과 계획을 시행하고, 생산 비용을 줄이고, 생산량을 늘린 것이다. 그는 세 번째 회사를 위해서 부채를 차환(먼저 빌린 돈을 갚으려고 돈을 새로 빌리는 일 - 역주)하고 경영진 구성에 변화를 주었다. 그러자 얼마 지나지 않아 회사의 재정적인 기반이 탄탄해졌고 수익도 안정적으로 올리게 되었다.

"그 일을 처리하느라 진땀을 뺐습니다." 그는 나중에 나에게 이렇게 말했다. "하지만 아주 즐거웠어요. 원래 쉬운 싸움에서 이길 때보다 어려운 싸움에서 이길 때가 더 재미있잖아요."

영국의 작가 바이런 경은 100년도 더 전에 "역경은 진실로 향하는 첫 번째 길이다."라고 했고, 17세기 극작가 명콤비인 프랜시스 보몬트와 존 플레처는 "불평이야말로 인간을 평가할 수 있는 진정한 시금석이다."라고 썼다.

바이런, 보몬트, 플레처가 사업가는 아니었다. 비즈니스를 소재로 글을 쓰지도 않았다. 하지만 그들의 글귀에 담긴 기본적인 진실은 이 시대를 사는 모든 사업가와 일에서 성공하고 싶은 모든 사람에게 적용할 수 있다.

역경에 대처하는 사업가의 5가지 유형

완벽하게 작동하는 기계는 간단한 관리만 해주면 된다. 마찬가지로, 매년 아무 문제 없이 번창하는 회사는 경영진이 관리인 정도의 역할만 해주면 된다. 그런 회사를 운영할 때는 뛰어난 능력을 발휘할 필요도 없다. 하지만 안타깝게도 '완벽한 회사'란 존재하지 않는다. 어떤 회사든 어려움과 위기가 찾아온다. 사업가도 다른 모든 사람과 마찬가지로 역경에 직면했을 때 실제 근성이 드러난다. 그렇다면 임원이나 사업가들은 궁지에 몰렸을 때 어떻게 행동하고 반응할까?

첫 번째 유형은 무력하게 앉아 있는 사람들이다. 역경이 자신을 완전히 압도하도록 내버려 두는 것이다. 고속도로에서 자신을 향해 달려오는 자동차의 헤드라이트를 보고 놀라서 얼어붙는 토끼 같은 사람들이다. 토끼는 도망갈 생각도 하지 못하고 결국 자동차 바퀴에 깔려 죽는다. 그런 사람들은 상황이 달라지게 하거나 재앙을 막으려는 시도조차 하지 않는다. 어떤 일을 할 수 있는지 또는 어떤 일을 해야 하는지 이해하지 못하기 때문이다. 그런 사람들은 압도당하고 나면 너무 놀라서 어떤 일이 왜 잘못됐는지 이해하는 능력이 사라진다.

두 번째 유형은 일이 틀어지기 시작하자마자 역경에 굴복하거나 도망쳐버리는 사람들이다. 그런 사람들은 일의 중요도를 제대로 구분하지 못한다. 사소한 문제나 차질도 피할 수 없는 대재앙이라고 생각해 패닉 상태에 빠진다. 첫 번째 유형에 속하는 사람들이 방법을 몰라서 못 싸운다면 두 번째 유형에 속하는 사람들은 무서워서 못 싸운다.

세 번째 유형은 역경에 비이성적으로 대응하는 사람들이다. 심할 때는 거의 히스테리를 부리기도 한다. 그런 사람들은 겁에 질려 으르렁거리고 물어뜯는다. 하지만 눈 감고 헛스윙만 하는 식이라 엉뚱한 곳에 에너지를 낭비한다. 그런 사람들은 항상 '너무 큰 시련이 닥쳤다.', '운이 바닥을 쳤다.'라며 격분한다. 자신이 처한 곤경에 대한 책임을 다른 사람에게 떠넘기기도 한다.

네 번째 유형은 일이 틀어지기 시작할 때마다 끈질기게 잘 싸우는 사람들이다. 그래서 역경을 성공적으로 이겨낼 때가 아주 많다. 그런 사람들은 용감하고 신뢰할 수 있다. 그들은 위축되는 대신 위협에 맞서며 문제를 해결한다. 능력도 나쁘지 않지만 거기까지다. 둑에 구멍이 생기면 구멍을 막는 데만 급급한 사람들이다. 생각이 거기까지밖에 미치지 못한다. 이 유형에 속하는 사람들은 상상력, 추진력, 경험이 부족하므로 구멍이 안 생길 만큼 튼튼한 둑을 새로 쌓을 생각은 하지 못한다.

마지막으로, 다섯 번째 유형은 진정한 리더의 역할을 하는 사람들이다. 상상력도 풍부하고 태도도 적극적이다. 그들의 비즈니스 철학은 오래된 군사 원칙에 바탕을 두고 있다. 따라서 공격이나 적극적인 반격이 최선의 방어라고 생각한다. 물론 훌륭한 리더도 항상 이길 수는 없다. 세계사에 길이 남은 위대한 장군들도 모든 전투에서 승리한 것은 아니다. 하지만 공격만 잘하는 것이 아니라 방어 전략도 잘 세우는 장군이 전쟁에서 승률이 높다.

진짜 위대한 장군은 패배를 차분하고 침착하게 받아들인다. 그는 전쟁에서는 가끔 패배할 수밖에 없다는 것을 잘 안다. 그래서 졌어도 불안해하지 않는다. 대신 수세에 몰렸을 때 병사들이 후퇴하다 몰살당하지 않도록 후퇴를 질서정연한 철수 작전으로 변신시킨다.

그 결과, 장군이 이끄는 군대는 최소한의 손실만 입은 채 적군에게서 멀어진다. 병력 대부분과 물자가 건재하기 때문에 나중에 전열을 가다듬고 반격에 나설 수 있을 것이다. 후퇴하면서도 장군은 후위대가 주력 부대를 엄호하게 한다. 후위대가 불가피하게 목숨을 잃으면 장군은 상황을 냉철하게 판단하려고 노력한다. 때로는 전체를 구하기 위해서 일부를 희생해야 한다는 사실을 떠올리면서.

성공한 장군은 병사들을 쉬게 하고, 전력을 보강하고, 물자를 보충한다. 그리고 신중하게 계획한 반격에 착수한다. 장군은 상황을 자세히 조사하고 앞 사건을 분석해 적군의 능력과 습관을 파악해둔 상태다. 장군은 그런 정보를 바탕으로 마침내 견제와 페인트feint 공격●에 나서는데, 적의 전선 중에서 가장 약한 지점을 집중적으로 공략한다. 예비 병력은 결정적인 순간에 동원할 수 있도록 아껴둔다.

성공한 장군과 마찬가지로 성공한 베테랑 사업가도 비즈니스 상황을 지배할 수 없다는 것을 이해한다. 일에서 만나는 모든 '전투'에서 승리할 수 없음을 아는 것이다. 일하다 보면 쉽게 또는 빠르게 해결할 수 없는 문제가 솟아나며, 장애물을 극복하기 위해 시간과 노력을

● 운동경기에서 상대의 판단을 흐리게 하기 위한 속임수 동작. 예를 들어 배구에서는 공격수가 강한 스파이크를 하는 동작을 취하다가 공을 빈 곳에 살짝 밀어 넣는 기술을 말한다.

쏟거나, 아예 장애물을 피해서 새로운 길을 개척해야 할지도 모른다.

노련한 사업가는 어떤 회사의 역사든 사업가의 경력이든 저점과 고점이 있다는 것을 안다. 그래프는 오르락내리락하겠지만 등락에 크게 신경 쓰지 않는다. 선이 끝나는 지점이 시작점보다 높은지 낮은지가 중요하다는 것을 알기 때문이다.

진짜 리더들은 궁지에 몰렸을 때 특히 빛을 발한다. 일시적으로 방어 태세를 갖춰야 할 때 그들의 리더십과 총명함이 돋보인다. 이런 점이 바로 훌륭한 사업가와 한 수 아래인 사업가의 차이다.

최고의 사업가들은 어떻게 행동했나

앞에서 살펴본 남자의 이야기로 돌아가 보자. 그에게는 심각한 문제가 한꺼번에 세 개나 찾아왔다. 그에게는 선택할 만한 길이 여러 개 있었다. 우선, 아무것도 하지 않고 일이 알아서 흘러가게 내버려둘 수 있었다. 아니면 폐업하거나 회사를 팔아버릴 수도 있었다. 그렇게 생긴 돈으로 아직 버티고 있는 회사들을 지원해줄 수 있었을 것이다. 즉, 둑에 난 구멍을 막는 것에 만족할 수도 있었다는 이야기다.

하지만 그 친구는 역경에 굴하지도, 패닉에 빠지지도 않았다. 일을 성급하게 처리하는 것에 만족하지도 않았다. 그는 훌륭한 장군처럼 상황을 철저하게 조사하고, 병력을 재정비하고, 대체 병력과 추가 병력을 확보했다. 그러고는 작전을 세우고 자원을 총동원해서 세 전선에서 모두 반격에 성공했다. 이처럼 비즈니스와 산업의 역사는 위대한 비즈니스 리더들이 참담한 역경을 커다란 승리로 바꿔놓은 사례로 가득하다.

헨리 포드가 자동차를 독자적으로 제조하기 시작한 것은 1903년이었다. 그는 1908년에 유명한 '모델 T'를 처음으로 생산했고, 그 덕에 급성장하는 미국 자동차 시장에서 엄청난 점유율을 누리게 되었다.

포드는 1927년까지 모델 T를 대량으로 생산했지만 오랫동안 원시적인 모델을 크게 손보지 않았다. 그러다가 1926년에 저가 시장에서 가장 크고 위험한 경쟁자인 시보레가 더 강력하고, 편안하고, 멋진 차를 만들기 시작했다. 포드는 여전히 페달로 작동하는 유성 기어식 변속기를 사용했지만 시보레는 기어로 작동하는 변속기를 사용했다. 포드에는 검은색 차만 있었지만, 시보레는 차에 매력적이고 다양한 색을 입혔다.

자동차를 구매하는 소비자는 더 세련되어졌고 포드는 순식간에 시보레에게 밀리기 시작했다. 포드의 판매량은 위험할 정도로 곤두박질쳤고, 시보레의 판매량은 하늘 높은 줄 모르고 치솟았다. 대세는 확실해졌다. 전문가들도 이런 추세가 바뀌지 않으리라고 예상했다. 포드는 비참한 점유율을 안고 바닥에서 구르고 있었다. 결과적으로 성공을 잠깐 누리고 역사의 뒤안길로 사라져버린 여러 자동차 회사와 운명을 같이할 것으로 보였다.

하지만 전문가들은 헨리 포드의 천재성을 알아차리지 못했다. 그는 경쟁에서 밀려서 곤경에 처했지만, 패배를 인정하기까지는 아직 멀었다.

1927년 봄, 헨리 포드는 거대한 공장의 문을 닫았다. 포드가 새로운 모델을 출시한다는 발표가 있었지만, 포드 공장이 다시는 문을 열지 못할 것이라는 소문이 돌았다. 설령 공장이 다시 가동되더라도 새 모델은 모델 T의 겉면만 조금 손본 제품일 것이라는 예측이 많았다.

1927년 12월에 포드 자동차 회사는 시장에 '모델 A'를 소개했다. 헨리 포드는 엔지니어링, 스타일링, 생산, 판매 등 모든 분야에서 전력투구해 경쟁사들을 완전히 무너뜨리는 강력한 반격을 선보였다.

이것과 비슷하지만 더 최근에 일어난 사례도 있다. 바로 아메리칸 모터스American Motors와 에너지가 넘치는 수장인 조지 W. 롬니●의 사례다. 아메리칸 모터스와 롬니는 판매량이 줄고 손실이 커지자 '램블러Rambler' 모델로 눈부시게 컴백했다.

1933년에 미국의 은행과 은행가들에 대한 전망은 매우 어두웠다. 대공황 때문에 경기가 바닥을 친 상태였다. 연방 정부는 그해 3월 6일에 그 유명한 '은행 휴일Bank Holiday'을 도입하라고 지시했다.

● (1907-1995) 미국의 정치인이자 기업인. 아들인 밋 롬니는 미국 44대 대통령 선거의 대선 후보로 재선을 노리는 버락 오바마와 맞붙기도 했다.

1933년에 미국 전역에서 은행 4,000개 이상이 파산하거나 법정 관리에 들어갔다.

하지만 재앙이 임박했다는 경고를 무시하고 은행을 계속 키워나간 은행가가 있었다. 바로 애리조나주에 있는 밸리 국립 은행Valley National Bank의 월터 빔슨Walter Bimson이었다. 빔슨은 몸을 숨길 곳을 찾아 도망가거나 대출 정책을 강화하지 않았다. 그 대신 돈이 필요한 애리조나 주민들에게 대출 상품을 '권장'했다. 빔슨의 창의적이고 공격적이고 용기 있는 정책들은 효과를 발휘했다. 그 증거는 밸리 국립 은행의 예금액에 있다. 1933년에는 예금액이 800만 달러도 되지 않았지만 지금은 예금액이 7억 6,500만 달러가 넘는다.

1959년에 토머스 E. 선덜랜드Thomas E. Sunderland는 석유 사업을 그만두고 과일 사업에 뛰어들었다. 그는 거대한 과일 회사인 '유나이티드 과일 회사United Fruit Company'의 사장을 맡았다. 선덜랜드가 그 자리를 수락했을 때 회사의 전망은 밝지 않았다. 8년 전인 1951년에는 수익이 5,000만 달러가 넘었다. 하지만 그 후로 몇 년 동안 수익이 계속 줄어들어 1959년에는 1,200만 달러까지 떨어지더니 1960년에는 300만 달러도 채 되지 않았다. 보통 사람이라면 그 일을 아예 맡지 않았을 것이다.

토머스 선덜랜드는 자신이 높은 자리를 차지할 자격이 있다는 것을 금방 증명했다. 그는 커다란 회사를 위에서부터 아래까지 철저하게 점검했다. 자신감과 의욕으로 무장한 그는 회사의 수익을 떨어뜨리는 모든 요인을 상대로 대규모 반격을 시도했다. 인력을 재배치하고, 방침을 변경하고, 작업 방식을 현대화하고, 비용을 줄이고, 효율성을 높였다. 그 결과, 기록적인 시간 안에 놀라운 성과를 올렸다. 1961년에 유나이티드 과일 회사는 2분기 수익이 650만 달러가 넘는다고 보고했다. 주식은 17.25달러까지 떨어졌다가 1962년 1월에 27.38달러로 올랐다.

비즈니스 세계를 잘 아는 사람이라면 누구나 다른 사례들을 쉽게 떠올릴 수 있을 것이다. 이런 일들은 최고의 사업가는 궁지에 몰려도 역경과 임박한 재앙을 승리로 바꿔놓는다는 것을 보여준다.

"정말로 가망이 없다고 생각하세요?"

나 역시 일을 하면서 온갖 시련에 부딪히고 실패도 많이 맛보았다. 수천 미터씩 땅을 파고 거액의 돈을 썼는데 모래만 나온 적도 많았다. 엄청난 액수를 내고 산 유정이 고갈되거나 폭발 사고로 불타버리기도 했다. 어느새 나는 불운을 냉철하게 받아들이고 이겨내는 법을 배우게 되었다. 안 좋은 일이 벌어질 때마다 좌절하면 그 세계에서 오래 살아남을 수 없음을 깨달았기 때문이다.

그것 말고도 더 복잡한 시련과 타격이 많았다. 예를 들면, 나는 1921년에 원유 가격이 급락했던 사건을 기억한다. 원유가 배럴당

3.5달러에 팔리다가 10일도 안 지나서 배럴당 1.75달러로 떨어졌다. 그 후로도 원유 가격이 쭉쭉 내려갔다. 그 때문에 내가 상당한 지분을 보유하고 있었던 회사가 현금 부족 사태를 겪었다.

그 회사에는 정신적으로 붕괴 직전인 이사들도 있었다. 다행스럽게도 대다수는 침착했으며 상황을 객관적으로 판단했다. 회사가 문을 닫아야 한다는 제안은 금방 부결되었다. 그 대신 비용을 줄이고 회사가 계속 돌아가는 데 필요한 자금을 확보하자는 제안이 받아들여졌다. 이사들은 위기가 지나갈 때까지 자신들의 보수를 최대한 줄이고 경영진의 월급도 삭감하기로 했다. 시간이 어느 정도 흐르자 석유 시장은 안정을 되찾았고 이사들과 경영진은 야심 찬 계획을 시행했다. 그 계획 덕에 매우 짧은 기간에 회사의 판매량과 수익이 많이 늘어났다.

나는 어느 대기업의 지배권을 얻으려고 동료들과 합심한 일도 생생하게 기억한다. 우리는 기억에 남을 만한 계획을 세우고 실행에 옮겼다. 회사를 확고하게 쥐고 있었던 이사들은 우리와 사사건건 격렬하게 부딪혔다. 우리는 상대측과 비교했을 때 이용할 수 있는 재원은 훨씬 적었지만, 공격을 잘 견뎌내는 것 이상의 성과를 올렸고 상대측과 오랫동안 엎치락뒤치락했다.

그러다가 어느 시점엔가 상대측이 나에게 남은 재원이 별로 없다는 것을 눈치챘다. 내가 주식을 한동안 더 사지 못한다는 사실을 알아차린 것이다. 내가 그 회사의 지배 지분을 얻기에는 주식 수가 아직 한참 모자랐으므로 이사들은 이제 자기들이 유리하다고 생각했다. 그들은 전략을 재빨리 바꿔서 주주들에게 그 문제의 결정권을 맡겼다.

물론 이것은 대리권 다툼을 뜻하는 것이었다. 상대측은 갑자기 정중하고 관대한 태도로 우리와 '신사협정'에 돌입했다. 대리권 다툼이 회사의 평판을 해치는 난투가 되지 않도록, 양측은 주주들에게 합리적인 내용의 편지를 한 통씩 제출하는 것으로 결정되었다. (상대측의 편지는 주주들에게 대리권을 현재의 이사회에 넘겨달라고 요청하는 내용이었다.) 두 편지는 같은 봉투에 담겨 주주들에게 우편으로 전달될 예정이었다. 그러면 주주가 양측의 의견을 한꺼번에 검토해 어느 집단이 회사를 지배할 자격이 있는지 결정한다는 계획이었다.

나와 동료들은 이 신사적인 협정을 주저하지 않고 받아들였다. 우리는 적절한 절차에 따라서 편지를 작성해 상대측이 준비한 편지와 함께 주주들에게 전달했다. 나는 그 일을 마치고 나서 주사위는 던져졌으며, 결과에 영향을 미칠 일은 없으리라고 생각했다.

그런데 예정된 주주총회가 열리기 며칠 전에 나의 조력자 한 명이 내 사무실로 뛰어 들어왔다. 그의 얼굴에는 분노가 가득했고, 손에는 종이 한 장이 꽉 쥐어져 있었다.

"이것 좀 읽어보세요!"그가 종이를 나에게 들이밀면서 이렇게 소리쳤다. 나는 종이를 받아들고는 그것이 편지라는 것을 알아차렸다. 상대측이 하루 이틀 전에 주주들에게 두 번째 편지를 보낸 것이다.

그 편지는 내용도 가관이었는데, 주로 나를 인신공격하는 내용이 담겨 있었다. 내가 그 회사의 지배권을 얻으려는 동기가 수상하다는 헛소리도 들어 있었다. 나는 동료들을 소집해서 긴급 대책 회의를 열었다. 주주총회가 열리기 직전에 대체 무엇을 할 수 있었을까? 몇몇은 우리가 할 수 있는 일이 별로 없다고 낙심한 표정으로 말했다. 시간이 충분하지 않았기 때문이다.

"이번 건은 틀린 것 같습니다, 폴." 한 사람이 고개를 저으면서 나에게 이렇게 말했다. 벌써 포기한 눈치였다. "이 편지에 쓰여 있는 말 중에서 사실인 건 하나도 없습니다. 하지만 주주들에게 엄청난 영향을 끼치겠죠. 여기 적힌 비난을 검증해볼 방법도 없으니 주주들은 안전하게 상대측에게 대리권을 넘겨줄 겁니다."

"정말로 가망이 없다고 생각하세요?" 나는 테이블 주위를 빙 둘러보면서 물었다. 고개를 끄덕이는 사람들도 있었다. 하지만 몇몇 사람들은 일이 완전히 실패한 것은 아니라는 표정을 짓고 있었다. 내 조력자 몇 명은 그렇게 쉽게 승복할 수 없다는 뜻을 내비쳤다.

"이렇게는 안 되지" 한 명이 코웃음을 쳤다. "우리에게는 아직 기회가 있다고!"

"저도 그렇게 생각합니다." 나는 동의했다. "그럼 일을 시작하죠."

우리는 마음이 불편할 정도로 촉박한 마감일을 앞두고 미친 듯이 일했다. 그렇게 우리의 두 번째 편지가 완성되었다. 우리는 상대측을 비방하는 대신, 사실과 수치를 전달하는 데 집중했다. 상대측이 제시한 주장과 비난을 완전히 뒤집을 수 있는 자료였다.

나와 비서, 사무직원과 타자원, 임원과 동료들까지 가세해 그날 낮과 밤, 그다음 날까지 쉬지 않고 일했다. 편지를 복사하고, 주주 수천 명의 주소를 편지 봉투에 적었다. 봉투를 봉하고 우표를 붙인 엄청난 양의 편지가 준비되자 녹초가 된 사람들이 가장 가까운 우체국에 가서 편지를 부쳤다.

편지가 주주들에게 제시간에 전달될까? 그러기를 바랄 수밖에 없었다. 우리는 며칠 뒤에 열리는 주주총회에서 어떤 일이 벌어질지 기다릴 각오를 했다. 그런데 그렇게 오래 기다릴 필요가 없어졌다. 우리가 보낸 두 번째 편지에 주주들이 열렬한 호응을 보낸 것이다. 주주총회가 열리기 이틀 전에 주주들의 답장이 물밀듯 쏟아져 들어왔다.

"어쩌면 성공할지도 모르겠습니다." 내 조력자의 말대로 우리는 실제로 성공을 거뒀다. **명백한 사실을 분명하고 솔직하게 전달한 것이 상대측의 인신공격과 무책임한 비난보다 더 설득력이 있었다.** 주주총회 투표 결과, 우리는 확실하게 승리했다! 이사들은 충격을 받았고, 나와 동료들은 뛸 듯이 기뻤다.

새로운 판로를 찾아서

불과 몇 년 전에 나는 또 다른 교착 상태에 빠진 적이 있었다. 상황이 심각해서 잘못하면 일이 파국으로 치달을 수도 있었다. 내가 지분을 아주 많이 가진, 중동에서 석유 탐사와 굴착 작업을 하는 회사가 있었다. 조금 있으면 그 회사가 채굴권을 보유한 지역에서 엄청난 양의 원유가 생산될 예정이었지만, 안타깝게도 여러 요인과 제약 때문에 생산량 일부만 미국으로 들여올 수 있었다.

겉으로 봤을 때는 전망이 어둡기만 했다. 얼마 지나지 않아서 엄청난 양의 원유가 쏟아져 나올 텐데, 빨리 조치하지 않으면 원유 대부분을 버리게 될 상황이었다. 원유는 원자재에 불과하다. 따라서 정유 작업을 거쳐서 다른 제품으로 만들고, 유통하고 판매해야 한다.

시간이 흐르자 내가 벗어날 수 없는 곤경에 빠지리라고 공개적으로 예측하는 사람들이 생겨났다. 어마어마한 돈을 들여서 채굴권을 따내고 석유 탐사와 굴착 작업을 했는데 팔지도 못하는 원유만 잔뜩 생길 판이었다. 폴 게티가 심각한 재정 문제에 시달리게 되었다며 신나게 이야기를 퍼뜨리는 사람들도 있었다.

그 당시 내가 스트레스를 받았다는 사실은 인정한다. 그렇다고 해서 곤경에서 벗어나지 못할 정도로 압박감이 심하지는 않았다. 게티 그룹이 곧 남아도는 원유 속에서 익사하리라고 예측했던 사람들은 기분이 상했을 것이다. 우리가 엄청난 생산량을 감당할 수 있는 새 판로를 개척했기 때문이다. 원유를 전부 미국으로 보낼 수 없다면 다른 곳으로 수송하면 되는 것이 아닌가? 다른 나라의 정유 공장을 사거나 정유 공장을 직접 지으면 될 일이었다. 그래서 우리는 이탈리아에서는 새것이나 다름없는 정유 공장을 샀고, 덴마크에는 정유 공장을 직접 세웠다. 다른 곳에서도 정유 시설을 확보했다. 지금은 게티 그룹이 중동뿐 아니라 다른 지역에서도 원유를 '더' 많이 찾아내려고 혈안이 되어 있다.

나는 다양한 경험 덕택에 **가장 열심히 생각하고 싸워야 할 때는 상황이 불리하고 전망이 어두울 때라는 것을 알게 되었다.** 훌륭한 사업가는 최악의 상황을 자기 회사, 주주들, 자신에게 유리하게 바꿔놓을 때가 많다. 진짜 리더라면 스트레스를 받고 일에 차질이 생길 때도 평정심을 잃지 않는다. 따라서 젊은 사업가들은 평정심을 유지하는 능력을 개발해야 한다. 내가 앞에서 언급한 특성 중에서 이런 능력들을 몸에 익힐 필요가 있다.

비즈니스의 세계에 입문하자마자 역경에 대비하는 것이 좋은데, 첫 실패와 역경이 금방 찾아올 것이기 때문이다. 젊은 사업가가 초기 시련에 대처하는 태도는 그의 남은 경력이 어떻게 전개될지 보여준다.

역경에 처한 사업가에게 구체적인 단계별 조언을 제공하기란 불가능하다. 변수가 너무 많기 때문이다. 비슷해 보이는 상황들도 자세히 들여다보면 저마다 다르다. 그래도 고난을 성공으로 바꿔야 할 때 도움이 될 원칙은 있다. 그 중 몇 가지를 소개해본다.

1. 어떤 일이 벌어지든 패닉에 빠지지 마라. 얼어붙어서 제대로 생각하지 못하게 된다. 누구나 비즈니스를 하다 보면 곤란한 일을 여러 번 겪는다. 당황하지 말고 침착하고 결단력 있게 행동해라.

2. 일이 잘못될 때 한 발짝 뒤로 물러나는 것은 언제나 현명한 대처다. 잠깐 거리를 두고 상황을 객관적으로 평가해라.

3. 어려운 상황 초기에 몇 가지를 양보하는 것도 좋은 방법이다. 중요도가 가장 낮고 꼭 필요하지 않은 것들을 희생하라. 하지만 쉽게 양보해서는 안 되며, 어느 정도만 후퇴해야 한다. 작전상 후퇴가 무질서한 퇴각이 되어서는 안 된다.

4. 어려운 상황과 관련된 모든 요인을 면밀하게 살펴라. 어떤 선택사항이든 꼼꼼하게 들여다봐야 한다. 지적인 자원, 재정적인 자원, 창의적인 자원, 실용적인 자원 등 내가 가진 것을 총동원해야 한다.

5. 반격은 최대한 신중하게, 최대한 구체적으로 계획하라. 예상하지 못한 장애물이 나타날 수도 있으니 대안을 마련해두는 것이 좋다. 반격은 확보한 자원에 적합한 규모로 계획해야 하며, 목표도 현실적으로 달성할 수 있어야 한다. 사실 제대로 반격하면 힘이 더해져서 타격이 처음보다 커질 때가 많다.

6. 모든 준비가 끝나면 자신 있게 행동을 취해라. 결단력 있게 공격적으로 나아가라. 이 부분에서 최선을 다해야 한다는 점이 가장 중요하다. 망설여서는 안 된다. 리더의 결단력, 개성, 에너지가 가장 많이 필요한 지점이다.

곤궁에 처했을 때 이런 원칙대로 행동한다면 어려운 상황을 금방 이겨낼 수 있을 것이다. 나이가 많든 적든 마찬가지다.

악마는
안된다고 말한다

THE
IMP OF THE
IMPOSSIBLE

뛰어난 판단력에 창의적인 선견지명이 더해지면 불가능도 가능해
진다. 적당히 의심하는 태도와 자신 있는 태도는 가치 있는 습관이다.
이런 습관은 결단력 있는 사람이 다른 사람들의 방해에 굴하지 않도
록 돕는다. 합리적이고 총명하게 결정을 내린 다음에는 그것을 실행
에 옮겨라. 목표를 달성할 확률이 0%에 가깝더라도 주저하지 마라.

나는 얼마 전에 내가 소유한 한 회사의 고위 임원에게 사직을 요구
해야 했다. 그 임원은 똑똑하고, 일도 열심히 하고, 경험도 풍부했다.
하지만 그에게는 경력에 치명타를 입힌 큰 결점이 있었다. 가능한 일
과 불가능한 일을 구분하지 못하는 것이었다. 큰일이든 작은 일이든
마찬가지였다.

그 임원이 저지르는 실수는 대가가 컸다. 그에게는 누가 봐도 불가능한 일을 선뜻 맡는 안 좋은 버릇이 있었다. 시간 개념이 없는 것도 문제였다. 그는 어떤 임무를 수행하거나 프로젝트를 완성하는 데 시간이 얼마나 걸릴지 전혀 감을 잡지 못했다. 지나치게 낙천적이고 비현실적인 사람이었다.

"네, 저희가 해낼 수 있습니다." 그는 이렇게 함부로 약속했다. 실제로 해낼 수 없는 일인데도 말이다. "3일 안에 처리하겠습니다." 그는 이렇게 자신 있게 말했다. 그 일을 실제로 하려면 3주나 필요하다는 것을 그가 정말 몰랐는지 의문이다.

어쩌면 그 임원은 어려운 것을 약속해서 사람들의 감탄을 부르고 싶은 욕구에 시달렸는지도 모른다. 그는 희귀한 형태의 지적 과대망상증에 걸렸을 수도 있고, 기적이 일어나서 불가능한 일을 해낼 수 있으리라고 생각했는지도 모른다. 어떤 이유에서든 그 임원은 자기뿐 아니라 동료, 부하 직원, 상사들까지 빠져나오기 어려운 늪으로 끌어들였다. 그 늪은 비현실적인 프로젝트, 밀린 일, 취소된 주문, 완성되지 못한 계획으로 가득했다. 이런 계획을 포기하면 회사가 금전적인 손해를 볼 수밖에 없었다.

가능한 일과 불가능한 일을 구분하지 못하는 이 임원 때문에 사내에서 혼란이 일어났고 고객들도 멀어졌다. 해명을 요구하는 자리에서 그 임원은 여전히 사태 파악을 못 하는 모습이었다. 말솜씨로 대충 둘러대거나 그럴싸한 연기로 자기 실수를 영원히 감출 수는 없는 일이었다. 그 임원이 그만한 직책을 감당하지 못한다는 사실이 입증되었지만 그는 내쫓기지 않으려고 헛되이 노력했다.

할 수 있는 일과 할 수 없는 일을 구별해라

'불가능한 일은 없다.'라는 명언을 처음 꺼낸 것은 라로슈푸코 공작François VI. Duc de La Rochefoucauld인 것으로 안다. 하지만 나는 이것이 터무니없는 소리라고 생각한다. 그래서 이런 논리를 단호하게 거부한다. 공작조차 나중에 이 말을 살짝 바꿨다는 것을 잊지 마라. "아예 불가능한 일은 거의 없다."

나는 이 수정된 버전에도 썩 동의하지 않는다. 어쨌든 라로슈푸코는 더 난해한 이야기를 논하는 것이었고, 나는 일상생활, 특히 비즈니스의 세부사항을 논하는 것이다.

나는 경험상 불가능한 일이 매우 많다고 생각한다. 사업가라면 비즈니스의 세계에서 그런 일을 자주 맞닥뜨릴 것이다. 사업가나 임원이 갖춰야 할 가치 있는 능력은 많다. 그중 하나는 주어진 상황과 관련된 모든 요인을 검토하고 저울질하는 능력이다. 저울질이 끝나면 어떤 일이 실현 가능하고 어떤 일이 불가능한지 결정해야 한다. **한마디로, 자신이 할 수 있는 일과 할 수 없는 일을 구분하는 능력이 필요하다. 이런 능력을 타고나는 경우는 드물어서**

후천적으로 개발해야 한다. 이런 능력이 있으면 성공할 확률이 크게 높아지며, 반대라면 나아가는 데 한계가 생기거나 실패하게 된다. 다른 부분에서는 뛰어난데도 이 능력이 부족해서 실패한 사람이 많다.

율리우스 카이사르와 그의 양아들 아우구스투스 카이사르를 비교해보자. 두 사람 중 율리우스가 기본적으로 능력과 재능이 더 뛰어났다. 하지만 율리우스는 판단력과 균형감이 부족해서 가능한 일과 불가능한 일을 가려내지 못했다. 바로 이런 점 때문에 율리우스는 파멸했고 암살당했다.

한편, 아우구스투스는 어떤 목표가 실현 가능한지 알아보는 눈이 있었다. 그는 가능한 일들을 잘 골라냈고 목표를 성공적으로 달성했다. 그 덕택에 율리우스보다 훨씬 오랫동안 통치했고, 전체적인 업적도 훨씬 건설적이고 오래갔다.

나폴레옹 보나파르트도 유능하고 재능 있는 사람이었다. 하지만 그 역시 '불가능'이라는 사악한 악마 때문에 몰락하고 말았다. 나폴레옹은 율리우스 카이사르처럼 균형감이 없었다. 그가 러시아를 침략했다가 처참하게 실패한 것을 보면 알 수 있다. 당시 나폴레옹은 완전한 과대망상증 환자였다. 그래서 엄청난 이동 거리, 러시아의 기후, 자국에서 본인의 정치적인 입지가 좁아진 상황을 전부 무시해버렸다. 당연히 고려했어야 할 요인들이다. 나폴레옹은 군대를 끌고 동쪽으로 이동하기 한참 전부터 러시아와의 전투에서 패할 운명이었다.

사업가가 가능한 일과 불가능한 일을 구분하지 못한다고 살해당하지는 않는다. 이사회에서 이사들이 칼을 들고 덤비지는 않을 테니까. 대서양 남단에 있는 섬으로 유배되어 여생을 보내지도 않을 것이다. (회사가 하필 그런 곳에 자회사나 지점을 두고 있지 않은 한) 그렇더라도 **감당할 수 있는 것 이상의 일을 벌이는 습관은 그 사람의 경력과 비즈니스에 재앙을 불러온다.**

숨은 가능성 찾기

불가능한 일을 가능하다고 생각하는 것도 문제지만, 가능한 일을 불가능하다고 생각하는 것도 문제다. 뛰어넘기 어려운 장애물로 가득해 보이는 상황에서도 가능성을 발견하는 사람은 큰 보상을 받을 수 있다. 이 말을 뒷받침해주는 사례는 가까이서 찾아볼 수 있다.

로버트 G. 르투르노Robert G. LeTourneau는 독학으로 성공한 엔지니어다. 1920년대만 하더라도 그가 만들려던 커다란 토목 기계들은 실용성이 떨어지는 몽상으로 여겨졌다. 사람들은 그런 기계는 쓸모가 없으리라고 생각했지만 르투르노는 자기의 아이디어가 유용하다는 것을 믿었다. 결국 그는 미국에서 가장 큰 토목 기계 회사를 세웠으며, 중장비 업계에 혁신을 일으키는 업적을 세웠다.

1953년에 65살이 된 르투르노는 자신의 회사를 매각했다. 보도에 따르면 3,100만 달러에 팔았다고 한다. 그는 회사를 팔면서 5년 동안 토목 기계를 제조하지 않는 데도 동의했다. 대다수는 르투르노가 비즈니스의 세계로 돌아오지 못하리라 내다봤다. 나이도 많았고 재산 대부분을 자선 단체에 기부했기 때문이다. 하지만 그 예상은 보기 좋게 빗나갔다. 르투르노는 1959년에 71살의 나이로 사업에 다시 뛰어들었고 전기로 작동하는 획기적인 이동식 해양 시추기 플랫폼을 만들었다. 아는 척하기 좋아하는 몇몇은 이를 두고 '절대로 만들 수 없으며 설령 만들더라도 제대로 작동하지 않을 것'이라고 말했다. 하지만 지금 르투르노는 매년 1,000만 달러 정도의 매출을 올린다.●

　대공황이 기승을 부리던 1933년이 사업을 시작하기 좋은 해라고 생각하는 사람은 별로 없었다. 젊은 J. A. 라이더J. A. Ryder는 그 몇 안 되는 사람 중 한 명이었다. 새로 시작하는 사업은 망할 수밖에 없다고 사람들이 경고했지만, 그는 그 말을 귀담아듣지 않았다. 그러고는 '총자본' 155달러 중 125달러를 투자해서 중고 트럭을 사고 사업을 시작했다. 라이더는 가망이 없어 보이는 시대와 상황에서 가능한 일을 찾아내는 놀라운 재능이 있었다. 그는 25년 안에 트럭 수송업 왕국을 건설했으며 연간 총수입은 8,500만 달러가 넘는 것으로 알려져 있다.

● 　평생 약 300개의 특허를 확보했으며, 텍사스주에 설립한 르투르노대학교는 항공 및 공학 분야에서 유명하다.

유럽 전승 기념일이 되기 얼마 전에 멜빈 데이비드Melvin J. David 중위는 며칠 동안 휴가를 받았다. 그는 전선에서 물러나서 벨기에의 육군 휴식 시설로 보내졌다. 그러던 어느 날, 현지 마을 사람들이 무거운 철사를 다양한 모양으로 부지런히 꼬고 용접하는 것을 보게 되었다. 데이비드는 그들이 전구 소켓, 램프 받침대를 비롯하여 여러 실용적인 제품과 장식품을 만든다는 것을 알아차렸다. 철사는 근처에 있는 전쟁터와 연합군의 보급품 집적소와 창고에서 구한 것이었다.

데이비드는 벨기에 사람들의 작업을 보면서 아이디어를 얻었다. 그는 다양한 공산품과 소비재를 대량 생산하는 일의 가능성을 엿보았다. 1년 후에 제대한 그는 캘리포니아 남부에서 자기 아이디어를 상업적으로 실현하려고 노력했다. 비현실적이고 실현 불가능한 아이디어라는 이야기를 여러 번 들었음에도, 그는 1,500달러밖에 되지 않는 자본으로 첫 기계를 설계하고 만들었다. 그렇게 작게 시작한 사업이 오늘날 번창하고 있는 멜코와이어회사Melco Wire Products Company로 이어졌다. 이 회사는 여성 수영복에 들어가는 와이어부터 제트기의 핵심 부품까지 정말 다양한 제품을 생산한다. 전부 철사로 만든 제품이다.

살펴보면 다른 사람들이 불가능하다고 생각한 일에서 가능성을 엿본 사업가가 많다. 이런 상황에서 가장 의미 있는 발명과 발전이 이루어졌고, 가장 성공적인 회사가 탄생했으며, 가장 큰 재산이 축적되었다.

세상에서 가장 아름다운 해변에서

나는 1940년에 불가능해 보이는 상황에 맞닥뜨린 적이 있었다. 나는 지금은 고인이 된 사촌 헬 세이무어Hal Seymour와 함께 멕시코에서 휴가를 즐기다가 아카풀코에 머물렀다. 날씨도 좋았고 바다도 잔잔했다. 수영은 내가 가장 좋아하는 스포츠 중 하나이기도 해서 우리는 그곳에서 한동안 지내기로 했다.

어느 날 나는 순전히 우연히 다른 관광객을 만났다. 그는 생기가 가득한 목소리로 자신이 '세상에서 가장 아름다운 해변'을 발견했다고 선언했다. 그러고는 나에게 해변을 보러 가고 싶은지 물었다. 나는 보고 싶다고 대답했지만, 하마터면 마지막 순간에 말을 바꿀 뻔했다. 트럭을 타고 열대림을 24km 정도 통과해야 했기 때문이다. 그래도 나는 길을 나섰고 덜컹거리는 낡은 트럭 옆면에 달라붙다시피 했다. 거친 흙길은 마치 공룡이 길을 낸 이후 아무도 지나가지 않은 것만 같았다.

다행히 레볼카데로 해변을 보자마자 힘들게 이동하고 멍에 연고를 바른 것이 싹 가시는 느낌이었다. 관광객 친구는 괜한 소리를 한 게 아니었다. 그곳은 실제로 세상에서 가장 아름다운 해변이었다. 나는 몇 번 더 방문하고 나서 그 땅을 몇백 에이커 사기로 마음먹었다. 호화 리조트 호텔을 짓고 싶었기 때문이다.

내가 아는 사람들은 보통 어떤 주제로 이야기하든 의견이 잘 맞지 않지만, 내가 레볼카데로의 땅을 사서 호텔을 짓고 싶다고 밝히자 모두 같은 이야기를 했다.

"그건 불가능해!"

그들이 그렇게 생각하는 이유는 정말 많았다. 얼핏 들으면 전부 합리적인 이유였다. 내가 사려고 했던 땅은 개발이 전혀 되지 않았으므로 개간하는 데 어마어마한 돈을 들여야 했다. 도로는 물론이고 전기, 가스, 수도, 전화도 없었다. 이런 것들을 마련하려면 큰돈을 또 들여야 했다. 레볼카데로 해변은 사람들에게 알려지지도 않았고 인적이 드문 곳에 있었는데, 사람들은 알려지지도 않은 지역의 리조트에 묵으려 고급 호텔 수준의 숙박비를 내지는 않을 것이었다. 내가 꿈꾸는 리조트에는 선착장과 요트 정박지가 있었는데, 그런 시설을 짓고 배가 잘 드나들 수 있게 밑을 파내려면 비용이 많이 들었다. 유럽이 전쟁 중인 상황에서 다른 나라에 큰돈을 투자하는 것은 무모한 일이었다.

그런 식으로 반대 의견이 계속 쏟아져 나왔다. 유형은 다양했지만, '불가능'이라는 단어 하나로 요약할 수 있었다.

나는 그 프로젝트가 실현 가능하다고 확신했다. 그 땅을 개발하기만 해도 땅값이 오를 것이라 예상했다. 레볼카데로 해변의 자연적인 아름다움과 내가 상상하는 호텔만으로도 그 리조트는 인기 여행지가 되기에 충분했다. 멕시코의 낮은 인건비와 자재비는 추가되는 건축비를 부분적으로나마 상쇄해줄 것이었다. 나는 이런 점과 다른 여러 가지를 고려한 끝에 그 땅을 사들였다. 그리고 얼마 후에 진주만

이 공격당했고 미국이 제2차 세계대전에 참전하며 리조트 건설 계획은 보류되었다.

결국, 1956년이나 되어서야 레볼카데로 비치에 피에르 마르케스 호텔이 들어섰다. 내가 계획한 모습 그대로였다. 다행히도 호텔은 문을 열자마자 내가 기대한 것 이상의 성공을 거뒀다. 이 프로젝트는 겉으로는 '불가능해' 보였지만 사실 처음부터 100% 가능했다. 이와 비슷한 일이 규모가 크든 작든 그 전후로도 많이 일어났다.

폴 게티 특별 상품

1920년대에는 땅을 파다가 드릴비트(구멍을 뚫는 날)가 밑으로 떨어지는 일이 다반사였다. 돈도 많이 들고 골치도 아픈 상황이었다. 드릴비트를 '건져 올리려고' 애쓰다 며칠이나 몇 주가 흐르면 그동안 땅을 더 팔 수도 없었고 비용은 계속 올라갔다. 우리가 원하던 석유가 근처에 있는 다른 유정들로 빠져나가는 일도 자주 일어났다.

그 당시에는 드릴비트가 떨어지면 그것을 '건져 올리는' 방법밖에 없는 것으로 여겨졌다. 그러다가 1927년에 내가 지분을 보유하고 있던 한 회사의 굴착 현장에서 또 사고가 일어났다. 현장은 캘리포니아의 산타페 스프링스에 있었고 인부들이 날을 '건져 올리려고' 애쓰는 동안 몇 주가 지나갔다. 나는 새로운 방법이라면 어떤 것이든 기존의 방법보다 나으리라고 생각했다. 그래서 가까운 묘지 근처에 있는 채석장으로 향해 길이가 1.8m쯤 되는 화강암 봉을 사서 한쪽 끝을 뾰족하게 깎아달라고 부탁했다. 그러고는 그것을 들고 현장으로 돌아갔다. 나는 굴착 인부들에게 봉을 구멍 안으로 넣어 보라고 말했고, 그들은 지시에 따랐다.

그 방법은 간단했지만 효과가 있었다. 무거운 화강암으로 만든 봉이 드릴비트를 옆으로 밀쳐낸 것이다. 그 이후로 화강암 휩스톡whip-stock이 이와 비슷한 상황에서 무수히 많이 쓰였다. 석유 업계에서는 이 휩스톡이 '폴 게티 특별 상품'이라고 불린다.

1940년대에는 유정에서 수평 굴착이 불가능한 것으로 여겨졌다. 하지만 나는 새로 개발된 기술을 활용하면 충분히 가능하다고 생각했다. 잘 구부러지는 곡선 배관과 머드 펌프mud pump를 활용하는 기술이었다. 제2차 세계대전이 끝난 지 얼마 안 됐을 때 나는 현장에서 수평 굴착 실험을 진행했다.

실험이 이어지는 동안 수평 굴착 기술은 점점 더 개선되고 다듬어졌다가 금세 대단히 실용적이고 효율적인 기술로 변신했다. 그 결과, 수평 굴착은 이제 상당히 흔히 쓰이는 기술이 되었다. 한때는 극복하기 어렵고 비용도 많이 들었던 굴착 문제를 이제는 신속하고 경제적으로 해결할 수 있다.

1957년까지도 석유 산업 전문가를 비롯하여 여러 사람이 자동화된 정유 공장을 짓는 것은 불가능하다고 주장했다. 하지만 타이드워터가 바로 그해에 델라웨어에 자동화 공장을 건설했다. 그 후로 공장이 워낙 효율적으로 돌아가서 설계자들도 깜짝 놀랐을 정도다.

최근에는 다양한 '권위자'들이 유조선 시장은 과잉 공급 상태라 사업을 계속하는 것이 불가능하다고 주장했다. 하지만 게티 그룹은 유조선을 대거 보유하고 있으며 수익도 많이 올리고 있다. 초대형 유조선을 더 주문해두기도 했다.

던져야 할 질문들

내가 아는 가장 뛰어난 사업가들은 성공의 사다리를 성큼성큼 올라갔다는 공통점이 있다. 다른 사람들이 불가능하다고 생각해서 거부하거나 무시한 일에서 가능성을 엿본 덕택이다. 또 그들은 불가능한 일을 '대부분' 알아보고 피하는 능력이 있어서 뒤로 크게 물러날 필요가 없었다. 내가 '대부분'이라고 쓴 이유는 누구나 실수를 저지르기 때문이다. 완전무결한 기록을 달성한 사업가는 없다.

나도 실수한 경험이 많다. 사실 기억하고 싶지 않을 만큼 많다. 야구에서 늘 완벽한 경기력을 선보이는 타자는 없다. 그런 타자들만 있으면 야구 경기가 시시해질 것이다. 마찬가지로, 사업가들이 매번 옳은 결정만 내린다면 비즈니스가 무슨 재미가 있겠는가?

내가 하려는 말은 가능한 일과 불가능한 일 사이에서 잘못된 선택보다는 옳은 선택을 더 많이 한 사업가가 성공한다는 것이다. 노련한 사업가는 그런 결정을 내릴 때 어설프게 추측하지 않는다. 직감이나 예감에 의지하지도 않는다. 그 대신 여러 요인을 고려해서 심사숙고 한다.

어떤 일의 실현 가능성을 판단할 수 있는 불변의 규칙이나 공식은 없다. 그런 게 있다면 애초에 문제가 제기되지도 않을 것이다. 하지만 주어진 상황을 체계적이고 논리적인 방법으로 연구하고 따져볼 수는 있다. 이런 방법을 사용하면 잘못 판단할 확률이 크게 낮아진다.

불가능이라는 악마와 마주쳤을 때 생각을 정리하고 상황의 모든 측면을 객관적으로 꼼꼼하게 평가하라. 이때 여러 질문에 대한 답을 생각해보면 도움이 된다. 이제부터 가장 중요한 질문 몇 가지를 소개하려고 한다.

1. 살펴볼 상황, 제안, 사안이 정확히 또 구체적으로 무엇인가?

2. 무엇이 달려 있는가? 비용은 얼마나 들어가는가? 벌거나 잃을 수 있는 최고액과 최저액은 얼마인가?

3. 선례가 있는가? 있다면 이 상황에 적용하기 적당한가?

4. 다른 관계자(구매자나 판매자, 브로커, 경쟁자, 고객 등)들은 무엇을 얻거나 잃는가?

5. 이 일을 추진하면 어떤 어려움에 맞닥뜨릴 것으로 '알려져' 있는가? 이를 정확히 어떻게 극복할 수 있는가?

6. 다른 위기가 발생할 수 있는가? 실제로 발생하면 어떤 자원으로 어떤 절차를 밟아서 극복할 수 있는가?

7. 일과 관련한 '모든' 사실이 알려져 있는가? 감춰진 함정이 추가로 나타날 가능성이 있는가?

8. 이 일을 추진한다면 목적(목표) 달성에는 시간이 얼마나 걸릴 것인가?

9. 회사가 다른 일에 이 정도의 시간과 노력을 쏟으면 더 많은 것을 얻을 수 있는가?

10. 이 일을 책임지고 맡을 인력은 자격이 충분하고 의지할 수 있는 사람인가?

이런 질문에 대한 답을 구한 다음 그 일을 맡는 것이 가능한지 불가능한지 따져보아야 한다. 만일 결정이 한쪽으로 크게 치우치면 선택하기가 어렵지 않을 것이다. 하지만 장단점이 비슷한 상황이라면 결정을 내릴 때 판단력과 균형감뿐 아니라 직감까지 동원해야 한다.

베테랑 사업가는 특정한 상황에서 실용성이 의심스러울 때마다 위에서 소개한 질문들을 머릿속에서 자동으로 검토한다. 초보는 이런 작업이 익숙하지 않기 때문에 종이에 질문과 답을 적어가면서 생각하는 것이 좋다. 그 일을 선택했을 때의 장단점과 다양한 관련 요소가 명확하게 정리된 것을 보면 상황을 분명하게 인식할 수 있다. 상황을 완전히 다르고 새로운 관점으로 보게 될 때도 있다. 종이에는 전체적인 계획을 구성하는 모든 요인의 유리한 점, 불리한 점, 잠재적인 보상과 위험이 체계적이고 상세하게 적혀 있어야 한다.

초보자는 전체적인 그림을 살펴보면서 전에는 미처 알아차리지 못했거나 크게 고려하지 않았던 사항에 눈을 뜨게 된다. 다양한 각도와 측면, 강점과 약점, 편법과 대안, 잠재력과 함정 등이 눈에 더 잘 들어올 것이다. 큰 그림이 그려지면 사업가는 체스 플레이어처럼 자기 말과 상대의 말을 연구해야 한다. 그렇게 자기 전술과 전략을 계획하고 상대의 반격을 예측하면 된다.

체스 이야기를 조금 더 해보자. 일을 할 때는 체스 플레이어처럼 어떻게 움직여야 상대 말을 '먹을지', 그리고 어떻게 하면 내 말이 '먹힐지' 내다볼 수 있다. 특정한 수나 공격이 나와 상대 중 누구에게 유리한지도 어느 정도는 추측할 수 있다. 하지만 결국에는 어떤 식으로든 결정을 내려야 한다. 가능한 상황인가 불가능한 상황인가? 게임을 계속해야 하는가, 기권해야 하는가? 아니면 규칙 위반으로 몰수패를 당할 것인가?

체스와 마찬가지로 일에서도 최종 선택은 항상 상황과 관련된 가장 중요한 요인에 달렸다. 바로 결정하는 사람의 판단력이다.

가능한가, 불가능한가? 최종 선택은 당신의 몫이다.

J. PAUL GETTY

THE VALUE OF
DISSENT, CULTURE
AND NONCONFORMITY

PART III

아니라고 말할 수 있는
사람이 되어라

HOW TO BE
RICH

사라지는
비판의 목소리

THE
VANISHING
AMERICANS

나는 최근에 런던에서 다양한 부류에 속하는 친구와 지인들을 위한 디너파티를 열었다. 손님 중에는 내가 몇 년 동안 알고 지낸 사회주의자도 있었다. 그는 자신이 사회주의자라고 당당하게 밝히며 식사 중에 대화가 늘어질 때마다 기회를 놓치지 않고 정치 이야기를 꺼내 좌파 쪽으로 치우친 의견을 내놓았다.

흥미롭게도 나중에 다른 손님이 나에게 이렇게 물었다. 나같이 '뛰어난 자본주의자'가 어떻게 그런 열광적인 급진주의자를 견딜 수 있느냐고. 그 사람은 영국에 휴가차 온 미국인 사업가였다.

"그런 사람이 주변에 있으면 걱정되지 않으세요? 그런 위험한 이론을 늘어놓는데도요?" 그는 이렇게 물었다.

나는 웃음을 꾹 참고는 영국에서 사회주의는 확실하게 존중받는 정치 이념이라고 설명했다. 여왕이 버킹엄궁에서 사회주의자들을 접견한다는 말도 덧붙였다. 우월 의식이 있는 손님에게는 이런 이야기가 잘 먹힐 것 같았다.

나는 우리가 들은 이론들이 위험하다고 생각하지 않는다며 그를 안심시켰다. 그러고는 열렬한 사회주의자가 10분 동안 늘어놓은 이야기에 쉽게 흔들릴 만큼 내 신념이 약하지 않기를 바란다고도 말했다.

안타깝게도 그 손님은 내 주장을 듣고도 별다른 감흥이 없어 보였다. 그는 내가 불온하고 이질적인 이념에 오염되었다고 생각하면서 자리를 떠나는 것 같았다. 아니면 내가 그토록 피해야 할 '입만 산 사회주의자'로 변해버렸다고 생각했을지도 모른다. 솔직히 말하면 최근에 그처럼 균형 잡힌 시각, 유머 감각, 페어플레이 정신을 잃은 미국인이 너무나 많아졌다. 안타까운 일이다. 그런 사람들은 의견 차이를 보자마자 태도가 잘못되었다고 생각하는 경향이 있다. 그들은 기존의 사회적, 경제적, 정치적 형태에 대한 비난은 모두 선동이나 체제 전복 행위로 받아들인다.

나는 사회주의자가 아니며 좌파 성향도 없다. 알 만한 사람은 다 알 것이다. 내가 국가가 산업을 소유하는 체제에 반대한다고 굳이 소리 높여 말하지 않아도 될 것이다. 자유기업체제에 열렬히 찬성한다는 것도 마찬가지다. 나는 사회주의 체제에서 편안하게 살아가는 내 모습을 상상하기 어렵다. 그런 체제가 인내심을 갖고 나를 참아줄 것 같지도 않다.

내가 방금 소개한 일화의 정치적인 측면은 신경 쓰지 말기를 바란다. 그저 오늘날 미국에서 나타나는 사회 현상을 설명하고 싶었을 뿐이다. 나는 이렇게 갈수록 남의 의견에 반박하지 않고 따르는 현상이 충격적이고 개탄스럽고 위험하다고 생각한다. 사람들은 거기서 그치지 않고 반대, 불만, 비판의 목소리를 내는 이들을 점점 더 비난하기도 한다. 그런 사람들이 이제 얼마 남지도 않았는데 말이다.

한 가지만 짚고 넘어가자. 나는 우리의 관습, 풍습, 제도에 변화를 주는 어떤 이념, 정당, 집단, 학파도 지지하지 않는다. 나는 개혁가, 운동가, 사회 철학자, 정치·경제 이론가도 아니다. 하지만 나는 현실주의자라서 현 체제가 가능한 모든 체제 중에서 최고라고 생각하지는 않는다. 한 번도 최고였던 적도 없고, 앞으로도 결코 최고일 수는 없을 것이다.

'현 상태'가 무엇이든 그것이 영원히 이어질 완벽한 모습이라는 착각은 우리를 안주하게 만든다. 어떤 상황에서든 아무도 이의를 제기하거나 의문을 표하거나 체제를 개선하려 들면 안 된다는 생각도 마찬가지다. 그런 상태가 계속되면 체제는 정체되고 결국 붕괴할 것이다. 아무것도 잘못되지 않은 척하는 일은 전혀 도움이 되지 않는다. 작든 크든 문제는 어디나 있기 때문이다. 개인이든 문명이든 완벽해지려 노력할 수 있지만 완벽한 상태에 도달할 가능성은 거의 없다.

반대론자들이 만드는 변화

무엇인가가 잘못되었다고 지적하는 일은 주로 반대하는 사람들의 임무다. 회의적인 사람은 의혹을 품고, 이의를 제기하고, 진상을 규명한다. 그래서 현실에 안주하는 사람들보다 현 체제의 부족한 점, 약점, 폐해를 발견할 확률이 더 높다. 현 상태에 반대하는 사람들은 변화가 임박했다는 조짐이 보일 때 더 민감하게 반응하기 때문에 불가피하게 앞날을 예언하게 된다. 그들은 아직 시간이 있을 때 행동에 나서거나 변화를 모색해야 한다고 외친다.

아이다 타벨Ida Tarbell •, 링컨 스테펜즈Lincoln Steffens ••, 윌 리엄 앨런 화이트William Allen White •••, H. L. 멘켄H. L. Mencken ••••은 옛날에 반대 목소리를 내는 것으로 유명했던 미국인들이다. 그들은 같은 시대를 살던 사람들에게서 '추문이나 폭로하고 다닌다'라거나 그보다 더 모욕적인 평가를 받기도 했다. 그래도 주장을 펼칠 기회는 공평하게 주어졌다. 아무도 그들의 입을 막자고 진지하게 제안하지 않았으며, 그들

• (1857-1944) 수사 저널리즘을 개척한 언론인으로 록펠러 제국을 무너뜨린 저널리스트로 불린다.

•• (1866-1936) 정계·재계의 부정폭로 운동을 전개한 언론인이다.

••• (1868-1944) 언론인이자 정치인으로 테오도르 루즈벨트의 진보당 결성에 도움을 주었다. 이름을 딴 윌리엄 앨런 화이트 아동 도서상이 있다.

•••• (1880-1956) 언론인이자 수필가, 영어학자로 풍자적인 글로 유명하다.

의 의견에 노출되는 것을 두려워하지도 않았다. 그들의 날카로운 비판, 직설적인 비난, 폭로는 꼭 필요한 변화와 개선을 불러오는 것이었다. 오늘날 시대에 뒤떨어진 매우 보수적인 사람들조차 그런 변화와 개선이 필요했다는 사실을 인정할 것이다. 결국, 상황이 모두에게 더 이로워졌다.

설령 반대하는 사람들이 실제로 존재하지 않는 위험이나 문제를 논할지라도 이들은 사회를 위해서 중요하고 가치 있는 서비스를 제공한다. 그런 사람들은 삶에 흥미, 활기, 활력을 더해준다. 구체적인 성과 없이 논란만 불러일으킬 때도 있지만, 그들에게 말할 기회가 주어지고 사람들이 그 말을 듣고 대답한다면 이는 다른 사람들의 상상력을 자극하는 데 도움이 된다.

옛날 미국에는 억세고 개인주의적인 반대론자가 많았다. 그들은 상대가 소수든 다수든 가리지 않고 주저 없이 반대 의견을 표했다. 그들은 당시의 핵심적인 문제들을 공략했고, 두려워하지 않고 자기 의견을 밝혔다. 그 의견이 사람들에게 인기가 없더라도 개의치 않았다.

하지만 이제 반대하는 사람들의 목소리는 거의 들리지 않는 속삭임만큼이나 작아졌다. 오늘날의 반대론자들은 겁 많고 규칙에 얽매이던 중세 사람들처럼 되어버렸다. 중세에는 '작은 핀 위에서 천사가 몇 명이나 춤출 수 있느냐'같은 쓸데없는 일로 논쟁을 벌인 사람들이 있었다.

오늘날 반대 의견을 내는 사람들은 주로 하찮고 사소한 것에 관심을 집중하고 노력을 기울인다. 아이다 타벨과 H. L. 멘켄이 단단한 요새를 공격했던 것과 달리 요즈음 사람들은 카드로 만든 집을 공격한다. 지성인이라는 사람들이 우스울 만큼 시시한 일을 두고 끝없이 논쟁을 벌인다. 그사이 대중의 정신은 위험할 정도로 멍한 상태에 빠져든다. 그러고는 이익 집단, 압력 단체, 탄탄한 조직망을 갖춘 선전기구가 떠먹여 주는 명백한 거짓말을 집어삼킨다.

그렇게 대중의 머리는 둔해지고 시야는 좁아진다. 이들은 현시대에 주목해야 할 중요한 문제에 대해 생각할 여력이 없어진다. 글도 잘 못 읽는 DJ가 해고당하면 '부당한 박해'를 당했다며 항의가 빗발친다. 하지만 동기가 수상한 압력 단체가 유명한 공무원의 사임을 강요하는 일에 항의하는 시민은 많지 않다.

어떤 영화 잡지가 섹시한 신인 여배우의 연기력을 비난하면 그 배우의 팬들은 곧바로 여기저기서 반응을 보일 것이다. 하지만 중요한 법안이 의회에 계류 중이더라도 무시하는 시민이 대부분이다. 그 뒤로는 이기적인 압력 단체와 전문 로비스트들이 문제의 법안에 대한 대중의 태도를 입법자들에게 전달한다. 사회에 깊이 뿌리박힌 무관심이 기회주의자들이 설칠 기회를 주는 것이다.

미디어가 말하지 않는 진실

신문과 잡지는 뉴스를 전달하고 영향력이 오래가는 중요한 사안을 논해야 한다. 하지만 미국 신문과 잡지 중에는 그런 일보다 광고주에게 잘 보이는 데 관심이 더 많은 것들도 있다. 나는 최근에 유명한 신문에서 '젤리를 더 행복하게 만들면 가정생활도 더 행복해진다.'라는 말을 입증하려고 삽화를 잔뜩 곁들인 두 페이지짜리 기사를 실은 것을 봤다. 그 신문은 한 라틴아메리카 공화국 정부의 위기에는 세 문단을, 파급 효과가 큰 민방위 정책의 변화에는 11줄을 할애했다. 그 주에 주 의회에서 이루어진 입법 조치를 요약한 기사는 한 단段도 아닌 반 단의 공간만 차지할 수 있었다.

이것이 편집 방침의 문제일까? 한 베테랑 신문 편집장은 얼마 전에 나에게 이런 불만을 털어놓았다. "엄마나 아기, 떠돌이 개를 편들어주는 기사는 괜찮습니다. 범죄나 공공질서 위반을 비난하는 것도 괜찮고요. 근데 그게 다예요." 물론 이것은 화가 난 사람이 과장해서 한 말이지만, 신문을 자주 읽는 사람이라면 그가 한 말에 진실이 어느 정도 담겨 있다고 생각할 것이다.

하지만 이것은 신문과 잡지만의 문제가 아니다. 라디오, TV, 영화, 베스트셀러 도서도 일조한다. 이런 과정은 사고를 마비시키고 중요한 일에 반대 의견을 내지 못하게 사람들을 억압한다. 미디어가 논란을 피하고 자기들의 편협한 이익을 보호하기 위해서 얼마나 애쓰는

지는 믿기 어려울 정도다.

내가 최근에 들은 이야기가 이런 사실을 잘 보여준다. 이런 현실에 진절머리가 난 라디오 방송국 임원이 한 말이다. 어느 저명한 목사가 라디오를 통해서 '결혼의 신성함'을 주제로 15분 동안 설교할 예정이었다. 그런데 라디오 방송국에서 설교를 갑자기 취소해버렸다.

왜 그랬을까? 그 방송국에 광고를 많이 낸 회사의 사장이 큰 이혼 스캔들에 휘말렸기 때문이다. 방송국 경영진은 그 사장이 목사의 설교가 자신을 겨냥한 것으로 생각할까 봐 겁에 질린 것이다!

오늘날 우리의 관습, 풍습, 제도에 대한 가장 예리하고 강력한 비판 중 일부는 소위 '병적인sick' 나이트클럽 개그맨들에게서 나온다. 이런 사실에 대해서 한번 생각해볼 필요가 있다. 이제는 비평가가 목소리를 내려면 쓴 말에 달콤함을 얹어야 한다. 그렇게 해도 은연중에 불만을 표하는 사람들이 있다. 그렇지 않고서야 그의 빈정대는 날카로운 비판을 '병적이다'라고 말하겠는가?

나는 반대와 비판에 병적인 구석은 없다고 생각한다. 오늘날의 사회에는 이 두 가지 요소가 절실하게 필요하다. 역사상 지금은 그 어느 때보다도 지성인들뿐 아니라 일반 시민들도 의문을 제기하고, 조사하고, 비판하고, 반대해야 할 때다. 반대 의견을 억압하는 것은 미국 헌법이 보장하는 언론의 자유에 어긋난다. 가장 기본적이고 소중한 민주주의의 원칙을 부인하는 일이기도 하다. 자유로운 비판을 바탕으로 열린 토론과 논쟁이 이루어져야 안주하려는 성향이 강해지는 것을 막을 수 있고, 활기차고 개인주의적인 추진력을 이용할 수 있다.

자유로운 사회에서는 어떤 식으로든 대중의 삶이나 행복에 영향을 미치는 요인들은 검토와 비판의 대상이 되어야 한다. 그것이 외교 정책이든 노사 관계든 교육 제도든 마찬가지다. 이런 요인들은 비판적인 시각으로 끊임없이 살필 필요가 있다.

나는 비판한다

언급한 김에 공익과 관련된 세 가지 분야-외교 정책, 노사 관계, 교육 제도-를 간단하게 살펴보자. 우선, 미국의 외교 정책 중 한 가지 측면을 들여다보자. 미국의 신조와 생활 방식을 외국에 전파하는 데는 시간, 돈, 노력이 많이 투입된다. 우리는 자동차도 별로 없는 나라에 도로를 건설하려고 큰돈을 들인다. 사람들에게 미국산 냉장고, TV, 전자레인지, 바닥 전체를 덮는 카펫을 보여주려고 개발도상국에서 박람회를 열기도 한다. 우리는 이 모든 것을 일상에서 접하지만, 우리가 찾아가서 우리의 물질적인 풍요를 자랑하는 나라의 시민들은 그런 물건을 가질 수 없는 사치품으로 여긴다.

이것은 새 친구를 사귀기에 좋은 방법은 아닌 것 같다. 친구들은 굶주리고, 헐벗고, 집도 마땅치 않은 처지다. 우리의 외국 원조 담당자들이 이렇게 명백한 사실을 알아차리지 못했다고는 믿기 어렵다.

하지만 이런 사실을 실제로 깨닫지 못한 사람이 많았으며, 지금도 이 문제를 제대로 이해하지 못한 사람도 있을 것이다. 그 결과로 개발도상국과 미국의 심리적인 거리는 오히려 늘어났다. 이런 상황은 제법 오랫동안 이어졌음에도 불구하고 최근까지도 우리는 외국 원조 계획을 책임지는 사람들의 전능함에 이의를 제기하는 일을 품격 없는 행동으로 여겼다.

이제 미국의 노사 관계를 들여다보자. 어떤 사업가들은 아직도 자유방임주의적인 자본주의의 시대에 살고 있지만, 그 시대는 끝난 지 오래다. 그런 사업가들은 노동자의 운명을 나아지게 할 수 있는 모든 발전에 저항한다. 한마디로, 노동자들을 함께 노력하는 아군이 아니라 적군으로 인식한다.

한편, 노조 리더 중에는 더는 노조 리더가 아닌 사람이 제법 생겼다. 그들은 이제 '노조'라고 불리는 새롭고 독립적인 산업의 임원이 되었다. 이런 형태의 노조는 목표가 딱 하나뿐이다. 그 회사와 경영진과 경쟁해 일이 최대한 어렵게 돌아가고 수익이 나지 않게 만드는 것이다.

경영진을 함부로 비판했다가는 경영자 단체의 분노를 사게 되며, 노조를 비판하는 사람들은 격분한 노동 단체들을 상대해야 한다. 전자는 급진주의자로 몰리고, 후자는 반동분자로 몰릴 것이다. 그러다 보니 어느 쪽이든 객관적이고 자유롭게 비판하려는 사람이 별로 없다. 그저 한쪽이 편견에 가득 찬 시선으로 다른 쪽을 비난할 뿐이다.

마지막으로, 미국의 교육 제도를 들여다보자. 고등학교나 대학교를 졸업했는데도 읽기, 쓰기, 간단한 산수도 제대로 못 하는 성인이 충격적일 정도로 많다. 우리의 교육 제도에 문제가 있는 것이 분명하다. 교사 중에도 문제가 있는 사람이 있을지도 모른다. 그래도 누가 이런 이단적인 의견을 감히 표현할 수 있겠는가?

대중은 이상한 세뇌 과정을 거쳐서 학교가 신성하고 침범할 수 없는 곳이라고 믿게 되었다. 학교는 이제 비판해서도 안 되고 의문을 품어서도 안 되는 곳으로 여겨진다. 교사는 돈도 별로 못 받으면서 일에 시달리는 순교자로 비친다. 학교나 교사를 어떤 식으로든 비판하는 사람은 엄청나게 욕을 먹게 된다. 교사 단체와 그 단체가 부추기는 학부모회가 금세 반격에 나서 이들을 아이들을 싫어하고, 문명을 파괴하는 괴물로 만든다.

미국 교육청이 발표한 수치에 따르면 미국 교사들의 급여는 지난 50여 년 동안 1,000% 이상 올랐다. 오늘날 교사들은 일반적으로 매년 4,000달러를 넘게 받는다. 하지만 지난 반세기 동안 교육의 질이 교사들의 임금 상승에 걸맞게 향상되었는가? 교육이 질적으로 조금이라도 나아지기는 했는가?

이 세 가지 예는 내가 무작위로 고른 것으로 다른 뜻은 없다. 나는 다만 '모든 것이 어디서든 잘 돌아간다'라는 생각을 지적하고 싶었다. 우리 사회의 전 영역에는 언제나 조사, 비판적인 검토, 평가가 필요한 일이 많다.

대중은 확고하게 자리 잡은 관료들이나 이기적인 소수 집단 또는 조직에 휘둘려서는 안 된다. 그들은 전혀 이타적이지 않은 이유로 현 상태를 유지하려고 한다. 그런 사람들 때문에 대중이 꼭 필요한 개혁을 추구하는 일을 포기해서는 안 된다. **우리 사회와 제도가 강해지려면 반대 의견이 있어야 한다. 이미 존재하거나 발생할 위험이 있는 문제와 폐해를 찾아내고 지적해줄 반대론자들이 필요하다.**

"하지만 요즈음 사람들은 반대할 여력이 없다고 느낍니다. 대부분 그렇죠." 꽤 성공한 한 제조업자가 나에게 이렇게 말했다. "이익 집단에 맞섰다가 일자리, 고객, 수익을 잃을까 걱정이 되니까요. 요새는 반대 목소리를 내려면 억만장자여야 합니다."

다행히 나는 억만장자다. 하지만 내가 고작 이런 이유로 반대 의견을 낼 수 있다고 생각하고 싶지는 않다. 현실이 그렇다고 믿고 싶지도 않다. 나는 최근에 반대의 목소리가 이렇게 적은 것은 사람들이 자신의 운명과 성과에 너무 만족하기 때문이라고 생각한다. 우리는 모두 현실에 안주하는 무관심한 사람들이 되어버렸다.

하지만 곧 거센 변화의 바람이 불어닥칠 것이다. 나는 이제 사람들이 놀고 즐기던 시절이 끝났다는 것을 서서히 깨닫기 시작했다고 생각한다. 사라져가던 반대론자들이 머지않아 다시 모습을 드러낼 것이다. 그들을 다시 환영할 수 있어서 기쁘다. 반대론자들이 돌아오면 장래는 더 밝아지고 안정될 것이다.

교육받은
야만인들

THE
EDUCATED
BARBARIANS

유럽의 한 유명 잡지는 최근에 만화 한 편을 실었다. 만화에는 카메라를 든 미국인 관광객과 여행 가이드가 그리스 신전 앞에 서 있다. 미국인 관광객의 대사를 보자. "이건 제1차 세계대전 유적인가요, 제2차 세계대전 유적인가요?"

미국인에게는 이 이야기가 별로 안 웃길지도 모른다. 하지만 이 만화는 유럽 대륙 전역에서 인기가 많았다. 여러 유럽인이 이 만화를 보고 전형적인 미국인 관광객의 모습이라고 생각하며 깔깔 웃었다. 유럽인들은 미국이 과학과 기술력에서는 뛰어나다는 점을 인정하면서도 미국인, 특히 미국 남자들이 그토록 자주 드러내는 문화적 무지는 아주 재미있다고 생각하는 것 같다.

유명한 프랑스 미술관의 한 큐레이터는 나에게 방문객 중에서 미국 남자는 쉽게 알아볼 수 있다고 말한 적이 있었다. 아무리 다양한 사람이 섞여 있어도 금방 찾을 수 있다는 것이다. "걸음걸이를 보면 됩니다. 보통의 미국인 남자들은 들어올 때부터 남의 시선을 한껏 의식해서 약간 뽐내며 걷다가 어기적거리거든요. 그들이 '정말로 여기 있고 싶지 않아. 술집에 있거나 야구 경기를 보고 있다면 얼마나 좋을까.'라고 생각하는 게 눈에 보여요."

나는 일반적인 미국인의 문화적 결점은 고대 로마의 교육받은 야만인들의 결점과 비슷하다고 생각한다. 그들은 라틴어로 말할 줄 아는 야만인들이었다. 라틴어를 읽고 쓸 줄 아는 경우도 많았으며 로마식 옷차림을 하고 로마인들의 태도도 익혔다. 로마의 상업·공학·군사 기술도 손쉽게 마스터했다. 그래도 그들은 여전히 야만인이었다. 로마처럼 위대한 문명의 예술과 문화를 이해하거나 사랑하거나 진가를 알아보지 못했기 때문이다.

국내외의 풍자 만화가들은 문화를 멀리하는 미국 남자를 수십 년 동안 즐겨 그렸다. 그럴 만한 이유가 충분하다. 미국에서는 전통적으로 문화는 여자, 히피족, 겁쟁이들을 위한 것이라는 편견이 있다. 그러다 보니 미국 여자들이 남자들보다 문화적인 면에서 훨씬 앞서나가는 것이 놀라운 일은 아니다.

나는 외국에서 오래 지내면서 미국 남자들이 세련된 문화적인 풍토에 어떻게 반응하는지 살펴볼 기회가 많았다. 솔직히 말하면 그들이 얼마나 문화에 관심이 없는지를 보고 충격을 받을 때가 많다. 내가 최근 런던에서 미국 기업가 친구를 만났던 일화를 들려주면 이해가 갈 것이다. 안타깝게도 이 이야기는 너무나 대표적인 예다. 그 친구는 유럽 대륙으로 가는 길에 호텔에서 나에게 전화를 걸었고, 우리는 함께 점심을 먹기로 했다. 식사를 마치고 나서 나는 몇 시간 동안 월러스 컬렉션Wallace Collection•에 가보자고 제안했다. 그 친구가 이 멋진 고가구와 미술품들을 본 적이 없다는 것을 알고 있었으며, 나 역시 그곳을 재방문해서 귀중한 보물들을 다시 보고 싶었기 때문이다. 하지만 내 친구는 제안을 듣고 펄쩍 뛰었다.

"세상에, 폴!" 그는 화를 내면서 이렇게 말했다. "런던에 이틀밖에 안 있을 건데, 퀴퀴한 미술관이나 돌아다니면서 시간 낭비를 하라니. 너나 가서 골동품을 구경해. 나는 윈드밀 극장에 가서 여자들을 구경할 거야!"

얼마 전에는 내가 묵던 파리 호텔 로비에서 이런 일도 있었다. 나는 파리를 처음 방문하는 미국인 커플 두 쌍을 접대하고 있었다. 남편들과 부인들이 그날 저녁에 무엇을 할지를 두고 언쟁을 벌였다.

부인들은 모든 미술 평론가에게서 극찬받은 현대 조각 컬렉션의 특별 야간 전시를 원했지만, 남편들은 격렬하게 반대했다.

"조각상은 실컷 봤잖아!" 남자 한 명이 콧방귀를 뀌었다. "그 대신

•　런던의 박물관으로 리처드 월러스의 18세기 개인 소장품들을 전시하고 있다.

나이트클럽에 가자니까!"

다른 남자도 그 의견에 열렬히 동의했다. 부인들은 항복했고, 나는 최대한 품위 있게 그 결론을 받아들였다. 그 결과, 우리는 그날 저녁에 카바레에서 시간을 보냈다. 공기도 안 통하고 연기가 자욱한 곳이었다. 전 세계 어디든 똑같이 생긴 그곳에서 우리는 허접스러운 재즈밴드가 더 허접스러운 플로어 쇼를 위해서 배경 소음을 생성하는 것을 들었다.

나는 카바레, 재즈 밴드, 플로어 쇼를 모두 좋아한다. 다만, 질적으로 뛰어나야 하며, 너무 자주 접하고 싶지는 않다. 나는 왜 그렇게 많은 미국인이 파리처럼 세계적인 문화 중심지까지 와서 고작 나이트클럽이나 찾는지 이해할 수가 없다.

문화는 여성의 전유물이 아니다

이와 비슷한 경험이 셀 수 없이 많다 보니 현대의 미국 남자들과 고대 로마의 교육받은 야만인들이 크게 다르지 않다는 생각이 든다. 실제로 미국 남자 대다수가 문학, 연극, 미술, 클래식 음악, 오페라, 발레에 조금이라도 관심을 보이는 것이 남자답지 못하다고 생각한다. 그들은 그런 여성스러운 것을 즐기기에는 '자신이 너무 남자답다는' 자부심으로 가득 차 있다. 미국 남자들은 바흐나 브뢰겔Brueghel(네

덜란드의 화가 - 역자 주)보다 농구를 더 좋아하고 플라톤이나 피란델로Pirandello(이탈리아의 극작가 - 역자 주)보다 포커 게임을 더 좋아하는 것에 자부심을 느낀다.

안타깝게도 이런 문화 혐오증은 우리 사회에서 좋은 교육을 받고 매우 성공한 사람들에게도 나타난다. 나는 회중시계 줄에 파이 베타 카파Phi Beta Kappa(미국 대학의 우등생과 우수 졸업생들을 위한 사교 클럽 - 역자 주)의 표식을 달고는 '나는 오페라하우스, 콘서트홀, 미술관 같은 데서 시간을 낭비하지는 않을 거야'라고 큰 소리로 선언하는 남자들을 많이 봤다. 아이비리그를 졸업했는데도 코로Corot(프랑스의 화가 - 역자 주)와 크로모chromo(다색 석판화 - 역자 주)를 구분하지 못하며, 그에 개의치도 않는다.

이런 '반문화적인' 성향은 거의 모든 미국식 삶에 반영되어 있다. 라디오, TV, 영화에 나오는 혐오스럽고 바보 같은 내용을 즐기는 사람은 많지만, 박물관과 상설 미술 전시회에는 상대적으로 사람이 적다. 미국인 열 명 중 한 명이라도 도리스 양식과 이오니아 양식을 구분할 수 있는지 의문이다. 아마추어 극단이나 순회 극단의 작품을 보지 않는 한 뉴욕시를 벗어나면 제대로 된 연극을 보기 어렵다.

미국이 전통적으로 문화를 멀리하는 성향은 영향력이 크고 파급 효과도 광범위하다. 이런 점은 1960년의 대통령 선거 유세에서 잘 드러났다고 생각한다. 미국 잡지 〈새터데이 리뷰Saturday Review〉의 음악 담당 편집자는 두 대통령 후보에게 다음의 질문을 던졌다.

- 대통령 자문 위원회에 문화부장관직을 만드는 데 찬성하십니까?
- 연방 정부가 박물관, 교향악단, 오페라단 등을 어느 정도까지 지원해줘야 한다고 생각하십니까?

보도 자료에 따르면 두 후보 모두 대통령 자문 위원회에 문화부장관직을 신설하는 아이디어를 거부했으며, 연방 정부의 보조금 지급 대상을 확대해야 한다는 생각에도 동의하지 않았다.

나는 고인이 된 존 F. 케네디 대통령이나 리처드 M. 닉슨을 비판하려는 것이 아니다. 두 사람의 정치 고문들은 '히피족'이라는 치명적인 꼬리표가 붙지 않도록 대답을 신중하게 해야 한다고 충고했으리라 예상한다.

첫 번째 질문에 관해 의견을 밝혀 보자면, 문화부장관직이 신설되는 것이 나라를 위해서 좋은지 안 좋은지 판단하는 것은 내 몫이 아니다. 하지만 나는 납세자이며 연방 정부의 보조금 몇백만 달러를 문화 활동에 투입하는 것이 매년 수천만 달러를 관료주의적인 일에 낭비하는 것보다 낫다고 생각한다. 거의 모든 연방 예산에는 유권자들의 표를 얻기 위한 선심성 프로젝트가 있다. 하지만 비용이 많이 드는 이런 프로젝트보다 문화 프로젝트를 통해서 시민들이 혜택을 훨씬 많이 누릴 수 있을 것이다.

최근 몇 년 동안 연방 정부가 화가, 음악가, 미술품 전시회, 교향악단, 극단, 무용단에 큰돈을 들인 것은 사실이다. 외국에 가서 미국 문화를 전파하라는 선전 목적이었다. 물론 이런 프로젝트는 미국의 위상을 높여주는 가치가 있다. 그런데 그런 연방 정부가 국내에서는 문화를 전파하는 데 한 푼도 안 쓴다는 것이 얼마나 아이러니한 일인가! 정부가 막상 우리 국민의 문화 수준을 높여주는 일에는 신경도안 쓰는 것이다.

이런 일에 숨겨진 논리가 무엇이든 나는 여기에는 '이상한 나라의 앨리스' 같은 특징이 있다는 생각이 든다. 연방 정부에게 국민이 오염되지 않은 음식, 대륙을 가로지르는 고속도로, 매일 이루어지는 우편배달을 누리게 할 의무가 있다면 국민에게 문화 수준을 향상할 기회와 시설을 제공할 도의적인 책임도 있는 것이다.

연방 정부의 예산 중 0.1%, 즉 1,000분의 1만으로도 미국 전역의 문화 기관과 활동을 대대적으로 지원하기에 충분할 것이다. 우리 문화의 현재와 미래가 그 정도 가치는 있다고 생각한다.

역사를 살펴보면 문명이 예술과 문화적인 결실을 통해서 가장 오래 살아남았다는 것을 알 수 있다. 우리는 고대 문명인들이 치른 전쟁은 잊어버렸지만, 그들이 남긴 건축, 미술, 그림, 시, 음악은 잊지 않고 경이롭게 여긴다. 고대 그리스의 정치가 테미스토클레스Themistocles는 역사책에서 보통 한두 줄로 다루어지지만, 같은 시대에 살았던 희극작가 아리스토파네스Aristophanes, 비극 작가 아이스킬로스Aeschylus, 조각가 페이디아스Phidias, 철학자 소크라테스는 불멸의 존재가 되었다.

로마 황제들이 발표한 칙령과 법령은 거의 잊혔다. 메디치Medici, 스포르차Sforza, 비스콘티Visconti 가문은 이런 귀족 가문이 후원한 다 빈치, 미켈란젤로, 라파엘로와 같은 예술가들 덕택에 이름이 화려하게 빛난다. 프로이센의 장군 그나이제나우Gneisenau와 샤른호르스트Scharnhorst가 같은 시대에 같은 나라에 살았던 베토벤, 슈베르트, 괴테, 하이네와 역사적인 지위를 견줄 수 있을까? 오늘날의 교육받은 야만인 중에서 가장 완고한 사람조차도 내가 하려는 말이 무엇인지 이해했을 것이다.

리더들이 문화를 후원하는 이유

그런데도 실망스러울 만큼 많은 미국인 사업가와 임원이 '비즈니스와 문화는 어울리지 않는다'라고 주장한다. 문화 활동에 참여했다가 '나약해져서' 비즈니스 세계의 가혹한 현실에 대처할 능력이 떨어질까 봐 불안해하는 것 같다. 하지만 이런 주장은 설득력도 약하고 논리적이지도 않다.

세계에서 가장 성공한 상업과 산업 리더들은 항상 미술을 포함한 모든 문화 활동을 적극적으로 후원했다. 상업과 산업의 발달은 문화가 발전하는 데 큰 힘을 실어준다. 그래서 상업과 산업이 고도로 발달하고 번성하는 국가에서 미술이 가장 열정적으로 꽃핀다.

베네치아 공화국이 아주 좋은 예다. 베네치아는 유럽과 아시아의 상업을 거의 800년 동안 지배했다. 베네치아 상인들은 그 누구보다 상황 판단이 빠르고 물질주의적인 사람들이었다.

베네치아 사람들은 뛰어난 기업가로, 미국에 조립라인이 등장하기 600년도 더 전에 생산라인 기술을 마스터한 사람들이다. 베네치아의 거대한 군수 공장에서는 배가 조립라인에서 하루에 한 척씩 탄생했다. 배의 용골을 놓는 작업부터 배에 무기와 보급품을 싣는 작업까지 단 하루 만에 끝낸 것이다. 이렇게 장비를 모두 갖춘 배는 실제로 항해할 수 있었다.

베네치아 사람들은 수익을 올릴 줄 아는 냉철한 상인이자 제조업자였다. 그들은 매일 비즈니스를 하면서 그 어떤 현대 사업가보다도 훨씬 많은 위험과 문제에 직면했다. 그런데도 그들은 두칼레 궁전과 산마르코 성당을 지었다. 대운하 옆에 위대한 궁전을 세우고, 다른 장엄한 건축물도 지었으며, 내부도 비길 데 없이 아름다운 작품들로 가득 채웠다.

'상업으로 유명한' 베네치아에서 틴토레토Tintoretto, 티치아노Titian, 베로네세Veronese를 비롯한 여러 유명 화가가 최고의 작품을 탄생시켰다. 운하가 많고 냉철한 상인과 제조업자들이 살았던 이 도시는 전 세계적으로 예술적인 경이로움의 상징이 되었다. 지금까지도 베네치아의 아름다움과 미학적인 웅장함은 여전히 이어지고 있다. 그런 아름다움을 창조한 예술가뿐 아니라 그런 것을 만들라고 주문한 사업가들 덕택이다.

현대에 들어와서도 문화의 발전이 산업·상업의 확장을 따라가는 나라가 많다. 예를 들면, 잉글랜드, 프랑스, 이탈리아, 스웨덴 같은 나라에서는 사업가와 일반 시민 모두 여러 세대 전과 비슷한 수준으로 문화 활동에 관심을 보인다. 옛날보다 생활이 더 복잡해지고 삶의 속도도 더 빨라졌지만, 이런 나라에서는 미술관, 박물관, 콘서트홀, 극장, 오페라하우스에 사람이 여전히 많다.

외국을 여행하는 미국인들은 쓰레기를 치우거나 거리를 청소하는 사람들이 오페라의 아리아를 부르거나 교향곡이나 협주곡의 선율을 흥얼거리는 것을 들으면 깜짝 놀란다. 방문하는 나라의 언어를 아는 경우라면 놀라운 일은 거기서 끝나지 않는다. 레스토랑 웨이터나 호텔 종업원들이 인상파 화가나 고전 극작가를 언급하며 어떤 면에서 훌륭한지 논쟁을 벌이기 때문이다.

외국으로 출장을 가는 미국인들은 외국 사업가들이 비즈니스 대화에 문화적인 이야기를 곁들이는 것을 보고 당황한다. 내가 유럽에서 만난 미국 사업가 중에는 정말 애석한 사람들이 있었는데, 그들은 출장을 와서 유럽의 제조업자들이 자신을 '미국식'으로 접대해주기를 바랐다. 시내에 나가서 불타는 밤을 즐기길 원했던 것이다. 그들은 샴페인을 진탕 마시면서 광란의 밤을 보내길 기대했는데 생뚱맞게 오페라나 발레를 봤다며 울부짖었다. 나는 웃음을 꾹 참고 그 이야기를 들어줬다. 동정심이 내 표정에서 잘 드러났기를 바랄 뿐이다.

잘못 전해진 청교도의 유산

미국 남자 대다수가 예술적이거나 문화적인 것에 무관심한 데는 이유가 여러 가지 있다. 나는 그 뿌리를 우리의 청교도적인 유산에서도 일부 찾을 수 있다고 생각한다. 초기 미국의 청교도들은 아주 엄격한 초칼뱅주의적인super-Calvinist 교리를 따랐다. 그래서 예술을 타락과 동일시했고, 거의 모든 음악을 세속적이고 음탕한 것으로 낙인찍었다. 종교적인 글이나 신학 논문이 아닌 문학 작품은 멀리했으며, 사실상 모든 문화 활동을 천박하고 죄스러운 것으로 여겼다. 청교도에서는 아주 단순하고 실용적이지 않은 것은 전부 방탕하고 퇴폐적인 것이나 다름없었다. 청교도의 유산은 오늘날까지도 미국인의 사고와 행동에 큰 영향을 미친다.

식민지 시대와 독립 전쟁 시대의 전통도 문제다. 소위 말하는 권위자 중에도 그런 전통을 따르는 미국인이라면 유럽적인 것을 전부 끊어내야 한다고 잘못 이해하는 사람이 너무나 많다. 여기에는 잉글랜드와 유럽 대륙의 '퇴폐적인' 문화도 포함된다.

미국 건국의 아버지들은 그런 것을 절대로 원하지 않았다. 그들은 미국이 잉글랜드로부터 정치적으로 독립하고 군주 정치와 귀족 정치가 발붙이지 못하기를 기원했다. 하지만 미국 독립 전쟁 시대를 이끌었던 인물들은 대체로 구세계의 문화적인 전통을 보존하고 잉글랜드와 유럽의 고도로 발달한 예술과 문화를 신세계에 이식하길 바랐다.

예를 들면, 벤저민 프랭클린, 조지 워싱턴, 존 애덤스는 문화의 가치를 이해하는 사람들이었다. 몬티첼로에 있는 토머스 제퍼슨 생가를 방문한 사람이라면 그의 뛰어난 안목에 놀랐을 것이다. 제퍼슨은 그리스어와 라틴어로 된 고전을 읽었고 그 집을 직접 지었다. 집의 건축 양식과 가구에 제퍼슨의 훌륭한 미적 감각이 담겨 있다.

우리 수도의 건축 양식만 봐도 건국자들이 외국의 예술적·문화적 영향을 받아들이고자 했음을 알 수 있다. 국회의사당과 백악관이 훌륭한 예로, 둘 다 독립 전쟁이 끝나고 얼마 안 됐을 때 지은 건물들이다. 미국의 국회의사당을 보면 로마의 산 피에트로 대성당St. Peter's Basilica 이 떠오를 수밖에 없다. 백악관의 정면과 더블린의 렌스터Leinster 공작의 저택은 놀라울 정도로 비슷한 면이 많다. 건축가 제임스 호번James Hoban이 바로 그 저택을 바탕으로 백악관을 설계했기 때문이다.

반박의 여지가 없는 증거가 많은데도 극단적인 애국주의자와 맹목적인 국수주의자들은 끄떡하지 않는다. 그들은 여전히 식민지 시대의 전통이 고전적인 문화, 특히 유럽이나 외국의 예술과 문화와 단절되어 있었다고 생각한다.

문제는 이런 청교도적인 전통과 '가짜' 식민지 시대의 전통에서 끝나지 않는다. 문화를 대하는 보통 미국 남자의 태도는 미국 서부 개척 시대의 잘못된 유산 때문에 더 비뚤어지고 말았다. 글도 모르던 투박하고 거친 개척자들은 미국 남자들이 세대를 거듭하면서 무의식적으로 흉내 내는 인물이 되었다.

미국 서부 시대의 개척자는 사격이 빠르고 문화를 싫어한다는 이미지가 있다. 이런 이미지는 멋있어 보일지도 모르지만 잘못된 것이다. 그 당시에 미국에는 교양 있는 남자도 많았다. 술집에서 싸우는 남자들과 총잡이들 말고 문화를 갈망하는 남자들도 있었다.

미국 서부 지역을 확장하는 데 중요한 역할을 한 샌프란시스코와 덴버의 예를 살펴보자. 두 도시 모두 거칠고 군센 이미지가 있다.

그 당시에 샌프란시스코의 바버리 해안_{Barbary Coast}과 덴버의 홀러데이 가_{Holladay Street}는 거친 서부에서도 가장 위험하고 험한 지역이었을 것이다. 하지만 동부 대도시 중에서도 샌프란시스코와 덴버만큼 문화 프로젝트를 신속하고 아낌없이 후원한 곳은 별로 없었다.

샌프란시스코 사람들은 언제나 훌륭한 음악과 미술 작품을 즐겼다. 사람들이 금에 미쳐 있었던 골드러시 시대에도 그랬으며, 오늘날 미국에서 샌프란시스코보다 시민들의 문화 수준이 더 높은 도시는 거의 없다.

덴버에는 옥시덴탈 홀_{Occidental Hall}과 타버 그랜드 오페라하우스_{Tabor Grand Opera House}가 있다. 오페라하우스를 지은 H. A. W. 타버는 미국 역사에서 손에 꼽을 만큼 교양 없는 사람이었지만, 타버 그랜드 오페라하우스는 미국 서부의 명소로 이름을 날렸다. 오페라, 연주회, 강연이 열릴 때면 덴버 사람들은 강당을 가득 채우고 음악이나 강연에 귀를 기울였다.

나 또한 미국 서부 개척 시대의 유산이므로 미국인이 문화를 멀리하는 현상에 대해 논할 자격이 있다고 생각한다. 나의 선조들은 18세기에 미국으로 건너왔다. 그들은 대부분 농사를 짓는 사람이었고, 황야에서 미래를 건설하려고 미국을 찾았다. 펜실베이니아주의 '게티즈버그Gettysburg'는 내 선조였던 제임스 게티James Getty의 이름을 따서 지어졌다.

선조들이 남긴 기록을 살펴보면 많은 사람이 다양한 형태의 문화와 지식을 갈구했음을 알 수 있다. 그들은 책, 특히 고전을 서로 돌려보는 열렬한 독서가였다. 선조들은 언젠가 지을 멋진 집의 벽에 멋진 유화를 걸어둘 날을 꿈꾸었다. 자녀들에게 훌륭한 문학, 미술, 음악 작품을 알아보고 사랑하는 방법을 가르치려고 애썼다.

아버지는 1855년에 오하이오주의 한 농장에서 태어나셨다. 매우 가난하고 생산성이 떨어지는 농장이었다. 할머니는 할아버지와 사별하시고 나서 빈곤하게 사셨다. 그런데도 아버지는 지적으로, 문화적으로 더 나은 생활을 하고 싶다는 열망을 가지고 고등학교와 대학교에 다니시면서 일을 하셨고, 대학의 문학 동아리에 가입하셨다는 것에 자부심을 느끼셨다.

나 역시 1904년에 부모님과 오클라호마 준주에서 미국의 마지막 개척지의 삶을 제대로 경험했다. 새로운 유전이 발견되고 새로운 굴착 현장이 마련되자 주변에 물막이판과 생소나무로 지은 마을이 우후죽순으로 생겨났다. 성인 남자 대부분이 습관적으로 허리춤에 권총을 차고 다녔고, 총싸움이 매일같이 벌어졌다.

유전 노동자들과 석유업자들은 분명 냉정하고, 강인하고, 씩씩한 사람들이었다. 하지만 나는 그중에서 가장 억센 사람들도 순회 오페라단의 공연을 보려고 좋은 옷을 입고 오클라호마시나 털사에 가던 모습을 기억한다.

석유업자들은 돈을 벌면 집을 지었고, 그에 어울릴 그림, 조각, 고가구, 카펫을 샀다. 처음에는 취향이 세련되거나 성숙하지 못했다. 하지만 산전수전 다 겪은 이런 거친 남자들이 예술적인 아름다움을 갈망했다는 것이 중요하다. 그들은 문화에 관심을 보였고 그 가치를 알아보았다. 요즈음의 미국 남자들은 자신이 거칠고 강하고 남자답다는 것을 증명하려고 개척자들과 옛날 사람들을 흉내를 내지만 그들에게는 문화 혐오증 증세가 없었다.

이 상황에서 가장 안타까운 점은 미국이 훌륭한 문화 기관과 시설을 갖췄다는 것이다. 미국의 교향악단과 오페라단은 세계에서 손에 꼽을 정도로 실력이 뛰어나다. 공립이든 사립이든 미국의 박물관과 미술관에는 세상에서 가장 위대한 회화, 조각, 테피스트리, 고가구 컬렉션이 있다.

훌륭한 음악을 듣고 싶은 미국인은 레코드나 카세트테이프로 들으면 된다. 현대의 화가와 조각가들의 걸작과 거장들의 작품을 멋지게 재현한 복제품도 대부분 큰돈 안 들이고 살 수 있다. 위대한 고전 문학 작품도 권당 저렴한 가격에 팔리며 미술 감상, 음악 감상, 문학, 시, 희곡에 관심 있는 사람들을 위한 강좌도 열린다.

하지만 안타깝게도 미국 대중, 특히 미국 남자 중 극소수만 미국 전역에서 제공되는 수많은 문화 시설과 문화를 접할 기회를 활용한다.

미국의 교향악단과 오페라단은 공연 시즌이 끝나면 충격적일 만큼 적자를 크게 볼 때가 많다. 박물관과 미술관도 관중이 꾸준히 많이 찾는 곳은 적다. 진지한 음악을 하는 가수의 음반이 한 장 팔리는 동안 가슴이 큰 여가수나 인기 많은 음치 가수의 음반은 무수히 많이 팔린다. 문학 쪽도 사정은 비슷하다. 진지한 문학 작품이 한 권 팔리는 동안 질 낮은 포르노 소설은 엄청나게 팔린다.

미국인, 특히 미국 남자들은 문학, 희곡, 미술, 음악에 대한 이해가 더 폭넓고 더 나은 삶의 토대를 마련해줄 것이라는 사실을 깨달아야 한다. 문화를 즐길 줄 알면 인생도 더 많이, 더 풍성하게 즐길 수 있다. 세상을 더 균형 있게 살고 더 나은 시각으로 바라볼 수도 있다.

문화에 관한 관심은 남자를 무력하거나 나약하게 만들지 않는다. 오히려 더 완전한 남자이자 더 완전한 인간으로 창조한다. 인생에서 일어나는 모든 일에 대한 안목, 감수성, 민감성도 높아진다.

교양 있는 남자는 거의 다 세련되고 자신 있는 사람들이다. 그런 사람들은 인간이라는 존재, 그리고 인간관계의 지적·감정적·신체적 측면에서의 미묘한 뉘앙스를 알아보고 즐길 줄 안다. 그들은 이사회실에서든 침실에서든 교육받은 야만인보다 남성적인 역할을 뛰어나게 소화할 수 있다.

문화를 강제로 받아들이려고 애쓸 필요는 없으며 즐겨 하던 다른 활동을 그만둘 필요도 없다. 문화에 관한 기호, 안목, 지식은 서서히 개발해야 한다. 문화는 좋은 사람과 즐기는 맛있는 와인과 같다. 맛을 음미하면서 조금씩 마셔야 한다.

순응자의 길에서
벗어나라

THE
HOMOGENIZED
MAN

나는 가끔 내가 무정부주의자일지도 모르겠다는 의심이 든다. 그렇다고 해서 궁전의 정원이나 의회 대기실에 폭탄을 설치하고 싶은 충동을 느끼지는 않는다.

나의 무정부주의적인 성향은 순전히 고전적인 것이다. 나는 '무정부주의자'라는 말을 고대 그리스에서 쓰던 뜻과 동일하게 쓰고 있다. 고대 그리스에서는 무정부주의자를 정부에 대항하는 맹렬하지만 존경할 만한 사람으로 받아들였다. 개인이 자유롭게 생각하고 행동할 권리를 정부가 침해하는 것에 반기를 들었기 때문이다. 내가 스스로 무정부주의자라고 생각하는 것은 바로 이런 의미에서다. 나는 정부의 규모가 커지고 규제가 걷잡을 수 없이 늘어나는 경향을 애석하게 생각한다. 그중에서도 특히 유감스러운 것은 인간 활동을 표준화하려는 경향이다.

하지만 나는 그런 생각에 오랫동안 갇혀 지내지는 않는다. 나는 현실주의자다. 그래서 개인의 권리와 정부의 특권이 충돌하는 싸움에서 정부가 명백하게 승리했다는 사실을 인정할 수밖에 없다.

큰 정부가 우리와 함께한 지는 제법 오래되었다. 정부는 지금도 점점 커지고 있다. 행정관, 입안자, 컴퓨터가 나날이 더 기계화되는 정부를 물려받고 있다. 우리는 큰 정부에 이끌려서 틀에 맞춰진 사회를 향해 가차 없이 나아간다. 곧 공무원들의 성냥갑 같은 유토피아에서는 한 가지 소리만 들릴 것이다.

나는 그런 전망은 음울하다고 생각하지만, 질서정연하고 계획적인 미래를 안식처로 여기는 사람도 많을 것이다. 그렇더라도 완전히 구조화된 사회는 구성원들에게 점점 더 강한 제약을 가할 것이 뻔하다.

이런 변화는 수 세기에 걸쳐서 뚜렷하게 나타났다. 고대 그리스 도시국가에서는 개인의 개성이 중시되었지만, 제국이라는 개념이 등장하면서 획일성을 향한 움직임이 확고하게 자리 잡았다. 로마 제국에서는 법률, 패션, 비즈니스 관행까지도 고도로 표준화되었다. 로마가 수출한 문명, 관습, 풍습 등은 자의로든 타의로든 종속국과 동맹국의 국민에게 큰 영향을 끼쳤다. 로마 군단이 해외에 지은 신전, 원형 극장, 주택 등의 건축물은 크기만 다를 뿐 로마의 것들과 사실상 똑같았다. 시리아 로마 유적에서 발견된 2세기 흉상은 테베레강의 강둑에서 발굴한 2세기 흉상과 예술 양식이나 기술적인 면에서 구분하기 어렵다.

하지만 로마 제국은 무너졌다. 질서정연했던 전체가 산산조각이 났다. 오랫동안 서양 문명의 대표 언어였던 라틴어도 셀 수 없이 많은 언어와 방언으로 나뉘었다. 표준화를 향해 나아가는 경향이 중지되고 개인주의적인 부족 사회와 소공국이 제국 정부를 대체했다. 이런 혼란스러운 상황은 중세 암흑시대에 발전했던 봉건제도가 없어질 때까지 계속되었다. 그러다가 영향력이 막강한 중앙 정부들이 다시 나타나면서 일원화를 추구하는 경향이 이어졌다.

최근에는 급증하는 인구, 온갖 사회적·경제적인 문제, 개선된 통신 시스템과 같은 요인 때문에 표준화를 향해 나아가는 속도도 빨라졌다. 여러 나라에서 전통 의상을 거의 입지 않으며 서양식 옷이 평상복으로 자리 잡았다. 파리 패션쇼에서 선보인 원피스는 몇 시간 안에 모든 대륙에서 보도되고 일주일 뒤에는 세계 거의 모든 지역에서 유행하게 된다.

오늘날 문명이 갈수록 복잡해지면서 정부 본연의 특성 때문에 조직화와 표준화를 지향하는 움직임이 큰 힘을 받는다. 그런 움직임은 거대하고 관료주의적인 조직을 만드는 데 일조한다. 정부에서는 온갖 활동마다 절차와 기준을 확립하려 노력하므로 순응주의가 도입될 수밖에 없다. 몸집이 너무 커진 대기업도 마찬가지다. 경영 관행이 정부와 비슷해진 것이다. 이 모든 것은 용기와 상상력이 없는 구직자와 직장인에게는 분명 매력으로 다가온다. 완전히 통제되는 생활이 마치 태아가 자궁 속에서 느끼는 안락함처럼 편안한 것이다.

정부의 관료주의적인 시스템은 저절로 돌아가고 알아서 퍼져나간다. 이미 미로처럼 복잡한 시스템은 통제하기도 어려워졌다. 일이 이렇게 돌아가게 만드는 악의 세력이 있다는 것은 아니다. 그냥 상황이 이렇게 되었고 계속 그렇게 나아가는 것이다.

요람에서 무덤까지 따라다니는 규제

미국 시민들이 지구상의 어느 나라 사람들보다 자유로운 것은 맞다. 하지만 실제로 '얼마나' 자유로운가? 보통의 미국인은 일상에서도 자신이 정부의 간섭을 얼마나 받는지 모르는 눈치다. 정부가 정한 기준에 어긋나거나 정부의 승인을 받지 않고서는 할 수 없는 일이 얼마나 많은지 알면 놀랄 것이다.

예를 들면, 보통의 미국 시민은 정부가 발급한 허가증 없이는 맥주를 팔거나 결혼할 수 없다. 사냥이나 낚시를 갈 때도 마찬가지다. 자동차를 운전하거나 개를 키우고 싶을 때도 정부의 허가가 있어야 한다. 미국의 거의 모든 지역에서 정부의 허가 없이는 행진하거나 집을 짓거나 하물며 집에 욕실을 추가할 수도 없다. 펫숍pet shop, 하숙집, 소매점을 운영할 때도 면허와 허가증이 있어야 한다. 이런 서류는 경찰서, 보건소, 소방서 등 여러 부서의 관료주의적인 절차를 거쳐야 받을 수 있다.

보통의 미국인은 태어나서 출생 증명서에 이름을 올리는 순간부터 표적이 된다. 관료주의적인 기관에서는 그 시민을 신고하고, 등록하고, 조사하고, 감독하고, 규제한다. 그가 어떤 일을 하든 죽을 때까지, 심지어 그가 죽고 나서도 간섭은 계속된다.

'자유로운' 미국인은 특정한 나이가 되면 학교에 반드시 입학해야 한다. 그러고는 정해진 기간에 필수 과목을 배워야 한다. 남자들은 선발 징병 시스템에 등록해야 하며 수년 동안 복무 가능자로 기록되고 나라의 부름을 받으면 군대에 가야 한다. 미국인 대부분은 사회보장제도, 소득세, 인구 조사를 담당하는 기관에 등록해야 한다.

나는 이런 요구사항이 필요하고 유익하다고 생각한다. 사냥을 규제하지 않으면 사냥감들이 금세 몰살당할 것이다. 사람들이 운전면허 없이 핸들을 잡으면 도로와 고속도로에서 대학살이 일어날 것이다. 국민 1억 9,000만 명으로 이루어진 나라가 제대로 돌아가려면 정부, 법, 통제, 규정이 있어야 한다. 그렇지 않으면 대혼돈이 일어나고 나라가 파멸의 길을 걷게 된다. 이런 상황이 좋은지 나쁜지를 따지자는 것이 아니며, 우리가 이미 얼마나 통제된 사회에서 살고 있는지 보여주려고 예를 든 것 뿐이다.

균질 우유와 균질 인간

정부가 미국의 비즈니스와 경제를 통제하는 다양한 방법을 봐도 내 주장이 사실임을 알 수 있다. 소위 '자유기업제도' 또한 사람들의 생각만큼 자유롭지 않다. 연방 정부만 하더라도 '독립적인' 규제 기관이 30개도 넘는다. 이런 기관은 사실상 미국 비즈니스의 모든 측면에 막강한 힘과 영향력을 휘두른다.

주간州間통상위원회●는 철도, 바지선, 트럭, 송유관 회사를 위해서 요금을 정하고 독점 사업권을 부여하며 연방통신위원회●●는 누가 라디오나 TV 방송국을 운영할 자격이 있는지 결정한다. 이외에도 경제와 비즈니스를 직간접적으로 통제하는 연방 기관과 관청이 많다. 농산물은 가격 유지, 재배 면적 관리, 다른 방법들을 통해서 규제된다. 농부뿐 아니라 농산물 운송업자, 식료품 도매업자, 식료품점 주인, 소비자도 규제의 영향을 받는다. 정부는 온갖 방법으로 개인의 비즈니스 활동과 사업 확장에 영향을 미친다. 연방준비은행의 대출 금리, 관세, 세금을 올리거나 내리는 방법이 대표적이다. 정부가 무엇을 선택하든 이는 생산량, 판매 수치, 고용 통계, 가격 지표에 금세 반영된다.

한마디로, 큰 정부는 수없이 많은 방법으로 비즈니스와 경제를 규

● 　 1887년 설립되었으며 오늘날 독립규제위원회로 발전하였다.
●● 　 1934년 설립되어 오늘날까지 미국 정부의 독립기관으로 운영중이다.

제한다. 정부의 이런 모습을 보고 시민들은 만들어진 틀에 재빨리 몸을 맞춘다. 회사는 자체적으로 관료주의적인 시스템을 형성하고, 개인은 순응자가 되려고 노력한다. 모두 시류를 따를 뿐이다. 균질 우유를 생산하는 문명은 조만간 균질한 인간을 만들어낼 것이다.

얼마 전 연방 정부가 과학자나 엔지니어를 꿈꾸는 젊은 사람들을 장려하는 프로그램을 시행했다. 과학과 공학 분야에 인력이 부족해질까 봐 이런 직업을 선택하는 사람들을 '밀어주는' 정책이다. 정부 고위 인사들과 유명인들이 성명을 발표하고, 홍보 캠페인이 광범위하게 펼쳐진다. 전부 과학과 공학을 매력적인 학문처럼 보이게 하려는 계획이다. 정부는 대학의 실습 시설 확대를 위해 막대한 보조금을 지급해 이들이 전례 없는 규모로 장학금과 연구비를 제공할 수 있도록 돕는다.

이 모든 일은 필요하며 좋은 일이다. 하지만 상황이 어떻게 돌아가는지 보면 정부가 더는 누구를 '밀어주지' 않고 '강요할' 날이 올지도 모른다. 개인이 특정한 직업이나 업종을 선택하도록 강요하는 것이다.

공상과학소설을 즐겨 읽지 않더라도 완전히 계획된 사회에서 이런 일이 어떻게 일어날지 상상해볼 수 있다. 정부 건물 안 어디선가 컴퓨터가 6년 안에 미국에 의사가 몇 명이나 필요할지 계산한다. 그 데이터를 다른 기계에 입력하면 명단이 적힌 카드가 금방 나온다. 카드에는 고등학교 3학년 중 직업적성검사 의학 부문에서 높은 점수를 받은 학생들의 이름이 올라 있다. 며칠 후에 그 학생들은 우편으로 본인의 직업이 적힌 안내문을 받는다.

이런 시스템이 우리 사회에 언젠가 정착되리라는 생각은 망상이 아니다. 충분히 가능한 일이다. 우리는 구조화된 사회를 향해 달리며 되돌아갈 수 없는 지점을 이미 지나버렸다.

규격화된 사회와 구조화된 사회

"사회에는 규격이 필요해요!" 항의하는 독자도 있을지 모른다. 이 말은 옳은 면도 있고 틀린 면도 있다. 얼핏 보면 규격화된 사회와 구조화된 사회가 비슷해 보일 수 있지만, 사실은 차이가 크다. 나는 둘 중 어느 사회에서든 살고 싶지 않지만, 선택해야 한다면 후자를 고를 것이다.

규격화된 사회는 전체주의와 독재의 산물이다. 이기적이고 냉소적인 소수가 이런 사회를 만들고 통제한다. 그들은 무자비하게 다수의 권리와 행복, 존엄성을 짓밟는다. 다수는 오로지 지배적인 소수가 목적과 목표를 달성하는 데 필요한 도구에 불과하다. 나는 이런 사회가 독재의 부속물인 공포와 강제 수용소를 내포한다고 생각한다. 인간의 존엄성이 완전히 말살된 사회다.

한편, 구조화된 사회는 다수의 구성원이 동의한 것을 바탕으로 나아간다. 이런 사회에서는 조직화, 규제, 표준화, 계획화가 일어난다. 강압적인 방법을 사용하지 않고 최대한 여러 사람에게 이로운 일을 하려 한다. 이런 면에서는 지배층의 의도가 자비롭고 이타적이다. 그들은 권력을 유지하려고 여론 조작용 재판이나 히틀러처럼 '밤과 안개 작전 Nacht und Nebel'●을 실행하지는 않는다.

간단히 말하면, 규격화된 사회는 조지 오웰이 떠오르는 악몽이고, 구조화된 사회는 지루하고 단조로운 유토피아다. 완전히 구조화된 문명은 요람에서 무덤까지 구성원들에게 안정성을 제공할 것이다.

이론상으로는 이런 개미굴에서는 개인이 불안감이나 결핍을 느낄 일이 거의 없다. 자유롭게 경쟁하는 사회에서 맞닥뜨렸을 걱정거리도 이런 사회에서는 문제가 되지 않는다. 규격화된 사회에서는 누구나 깔끔하게 만들어진 사다리를 오르는 인생을 살게 된다. 사다리 관리자들에게 끊임없이 감시당하면서 단계를 밟아 올라가게 된다.

구조화된 사회에서는 모든 것이 지루할 것이다. 사회가 개인에게 모험, 영감, 도전은 제공할 일은 없기 때문이다. 이런 균질화된 인간의 시대를 앞당기려는 세력이 많다. 그들은 다수가 그런 시대의 도래를 항의도 없이 받아들이도록 조건화 과정을 준비하기도 한다.

비즈니스 역시 구조화된 사회를 앞당기고 있다. 결과적으로 스스로 파멸을 앞당기는 셈이다. 사업체는 모든 것을 지나치게 조직화하

● 나치 점령지에서 저항세력이 한밤중에 독일로 끌려가 안개가 될 수 있음을 의미했다.

PART III 삶_아니라고 말할 수 있는 사람이 되어라

고 생산보다 절차상의 규칙을 더 중시한다. 고객보다 위원회 회의에 더 신경 쓰기도 한다.

정부의 간섭에 불만이 많은 사업가들도 스스로 만든 관료주의적인 미로에서 헤맨다. 너무나 많은 사업가가 회사 조직도, 관리 방침, 사내 메모를 다섯 부씩 준비하는 일에 시달린다. 비즈니스보다 서류 작업에 더 신경을 쓰는 것이다.

노조들도 자기 몫을 하고 있다. 노조 리더들은 직원의 승진 여부를 심사할 때 성과나 효율성보다 근속연수를 따져야 한다고 고집을 부린다. 그래서 회사에 출근해서 대충 시간만 보내는 직원이 열심히 일한 직원보다 일찍 승진하게 된다.

학교와 대학도 이를 거든다. 그들은 지나치게 전문화된 졸업생들을 사회에 내보낸다. 이런 학생들은 지식과 시야가 심각할 정도로 좁다. 안타까울 정도로 많은 학생이 아주 작은 틀에 맞도록 키워진 채 학교를 떠난다.

개인들도 계획화된 사회적·경제적 시스템을 선호하는 경향에 가속도를 붙인다. 현실에 안주해 이 모든 것을 미련해 보일 만큼 얌전히 받아들이는 것이다. 그들은 순리에 따르기 위해서 달려갈 때가 많다. 안전하게 만들어진 낙원에서 자신의 결실을 즐기기를 원하면서.

하지만 여전히 순응자, 출세주의자, 조직형 인간들과 합류하길 거부하는 이들이 있다. 그 무엇보다 '안정성'을 중시하는 사람들과 뜻이 다른 것이다.

이렇게 모든 것을 표준화하고 사람을 멍청하게 만드는 사회로부터 자신을 어떻게 보호할 수 있을까? 온갖 분야에서 정해진 답을 들이대는 사회에서 개인이 균질화 된 인간이 되지 않으려면 무엇을 할 수 있을까? 나는 다행히 할 수 있는 일이 많다고 생각한다.

우선, 앞을 내다보고 대비하면 된다. 인생을 자기 방식대로 살고자 하는, 자유 의지를 지키려는 사람이라면 자기도 모르는 사이에 표준화의 함정에 빠지지 않도록 조심하라. 특히 그런 함정으로 이어질 수 있는 활동을 조심해야 한다. 예를 들면, 신문을 읽거나 다른 사람의 의견을 들을 때는 마음을 열되 정보에 대해서는 경계하는 것이 좋다. 비교적 간단한 일을 할 때도 이 습관을 들이면 큰 도움이 된다.

선택의 순간에는 자신이 그 일을 하고 싶은지만 따져서는 안 된다. 투표할 때나 직업이나 일자리를 선택할 때나 물건을 살 때도 마찬가지다. 그 선택 때문에 내 삶에 제약이 생기거나, 사람들을 고분고분하게 만들려는 세력 앞에서 약해지지는 않을지도 생각해봐야 한다.

나답게 살고자 하는 사람은 원하는 것이 있을 때 자신의 동기를 자세히 살펴볼 필요가 있다. 단순히 안전하고, 쉬운 선택을 한 것은 아닌지 생각해봐라. 자유롭게 이동하고 개인적인 자유를 계속 누릴 수 있는 선택을 해야 한다. 진정한 개인주의자는 용기를 내고 자결권을 행사할 때 치러야 하는 대가보다 개인적인 만족감이라는 보상이 크다는 점을 이해한다. 그런 사람은 요람에서 무덤까지 자신을 누군가의 손에 맡기기를 원하지 않는다. 사회가 그에게 이로운 것을 제공할지는 몰라도 그의 개성을 완전히 짓누를 것이기 때문이다.

시스템을 거부하는 사람은 언제나 있다. 완전히 구조화된 사회는 유순한 순응자에게는 천국일 것이다. 상상력, 진취성, 자신감, 자존심이 부족한 사람도 그런 사회를 좋아할 것이다. 하지만 반대로 행동하려는 사람도 언제나 있을 것이다. 개인주의자는 아니라고 말하면서 자신의 존재를 알린다. 그런 사람들은 언제나 존재했고 앞으로도 존재할 것이다. 그들은 자신의 인생이 체계화되는 현실이 달갑지 않다. 어떤 세력에 대항해서든 자기 삶에서 스스로 목표를 달성할 것이다.

나는 전체적인 전망이 아주 밝다고 보지는 않는다. 규제, 표준화, 획일화가 점점 더 많이 나타나는 현상은 사실상 불가피하리라고 생각한다. 일단 인구 문제와 사회적·경제적 상황이 다른 방식으로는 대처할 수 없을 만큼 복잡해졌기 때문이다.

그래도 우리에게 희망은 있다. 자기주장을 분명하게 펼치고 순응하기를 거부하면 된다. 그러면 안정성을 즐길 수는 없고 어려운 일을 혼자 헤쳐 나가야 하겠지만, 할 수 있는 일에 한계는 없을 것이다.

대다수가 가는 길에 자신을 밀어 넣는 유혹을 뿌리치기는 어렵지 않다. 정해진 틀이 안전할지는 몰라도 그 안에 오랫동안 갇혀 있으면 답답해질 것이다. 그 틀이 나중에는 내 무덤이 될 수 있다는 사실을 기억해라.

J. PAUL GETTY

THE ART
OF INVESTMENT

PART IV

투자

투자의 기술에
대하여

HOW TO BE RICH

주식 투자와
월스트리트 이야기

The
WALL STREET
INVESTOR

1962년 5월 28일 월요일. 매도 주문이 눈사태처럼 몰아치자 뉴욕
증권거래소의 주가가 빠른 속도로 폭락했다. 다우존스 지수는 35포
인트나 떨어져서 32년 만에 하루 동안 가장 큰 낙폭을 기록했다.
1960년 이후로 처음으로 600선이 무너진 날이었다.

그날 장이 끝나갈 때쯤에는 뉴욕증권거래소의 여러 주식이
1962년의 최고가보다 무려 30~80%나 낮은 가격에 팔리고 있었다.
미국증권거래소와 장외 주식시장에서 거래되는 주식들도 뒤이어 폭
락했다. 신문 기자들은 증시표시기보다 상황에 더 빠르게 대응하며
기사를 작성했다.

- 월스트리트를 강타한 공포의 검은 월요일

- 주가 폭락으로 수십억 달러를 잃은 투자자들

- 1929년의 대공황이 반복될까 우려

그날 뉴욕증권거래소가 폐장하고 나서 이런 무시무시한 머리기사가 미국의 신문 1면을 도배했다. 그다음 판들이 줄줄이 나올 때쯤에는 전문가, 분석가, 경제학자, 권위자들이 부지런히 활동하고 있었다. 그들은 상황을 설명하고 뒤늦게 진단하고 앞으로 일어날 일을 곧장 예측하기 바빴다. 큰일이 생기면 자주 그렇듯이 한 발짝 늦는 비판자들과 점쟁이들이 주식시장의 붕괴가 무엇을 뜻하는지 해석하려고 애썼다. 다른 사람들은 상황이 더 나빠지리라고 예측하면서 거의 가학적인 기쁨을 느끼는 것 같았다.

이틀이 지나자 여러 신문사와 뉴스 특파원들이 나에게 몰려들었다. 그들은 내 의견을 알고 싶어 했다. 주가 폭락에 내가 어떻게 대처하고 있는지도 물었다. 나는 솔직한 대답을 들려주었다. 주식으로 돈을 잃은 분들의 고통을 진심으로 이해하며, 우리가 크게 걱정하거나 공포에 떨 이유는 없다고 덧붙였다.

그 당시 전체적인 비즈니스 상황은 나쁘지 않았다. 더 중요한 것은 상황이 나아지리라는 전망이었다. 미국 경제나 뉴욕 증권거래소에 주식을 상장한 대다수 회사에 근본적인 문제는 없었다. 문제는 가격이 너무 높게 책정된 주식들로 투자자들이 합리적으로 판단하지 못하고 그런 주식을 사들인 탓에 주가가 비현실적일 만큼 크게 올랐다. 따라서 5월 28일의 주가 대폭락 사태는 예정된 것이었다.

나는 기자들에게 주가 조정이 진작 이루어졌어야 했다고 말했다. 그리고 그 덕에 주식시장이 훨씬 건강해졌고 현실적으로 바뀌었다고 말했다. 내가 사태에 어떻게 대처하고 있느냐는 질문에는 간단하게 답했다. 나는 주식을 부지런히 사들이고 있다고.

"지금 안 사면 바보죠." 나는 젊은 특파원에게 설명했다. 그는 내가 제정신이 아니라고 생각하는 눈치였다. 모두가 팔고 있을 때 나는 사고 있었으니 말이다. "노련한 투자자들은 아마 저와 똑같은 행동을 하고 있을 겁니다." 나는 덧붙였다. 마치 '투자의 제1원칙'에 관해 특강을 하는 강사가 된 것 같았다. "그분들도 싸게 나온 좋은 주식을 정신없이 사들이고 있겠죠. 사람들이 불안감을 느끼고 주식을 대거 내놓고 있으니까요."

내가 가장 잘 아는 산업이 석유 산업이라서 나는 석유 주식을 샀다. 5월 29일에 뉴욕 증권거래소가 장을 마감할 때쯤에는 나를 위해 일하는 브로커들이 내 계좌에 주식을 수만 주나 사둔 상태였다. **내가 투자를 목적으로 주식을 샀다는 점을 분명하게 밝힌다. 나는 그때 산 주식을 오랫동안 갖고 있을 생각이다. 가치가 수년에 걸쳐서 계속 오르리라고 예측하기 때문이다.**

조급한 마음이 실패를 부른다

기자와 금융 전문가들은 주식시장에 '특이한' 일이 일어날 때마다 성공한 사업가와 투자자들을 찾는다. 그들이 수집한 의견, 정보, 조언은 곧 활자화된다. 경험이 부족한 투자자들이 참고하게 하는 것이 표면적인 목적이다. 내가 기억하는 한 나를 포함한 베테랑 사업가와 투자자들은 비이성적인 주식 투기의 위험성에 대해 여러 번 경고했다. 우리는 증권이 경마의 마권이 아니라 기업의 소유권에 대한 증서라는 점을 사람들에게 각인시키려고 애쓰기도 했다.

주식으로 금방 부자가 되려는 전략은 통하지 않는다. 가능했다면 지구상의 모든 사람이 백만장자가 되었을 것이다. 이 점은 다른 비즈니스 활동을 할 때나 주식시장에서 거래할 때나 명심해야 한다.

내 말을 오해하지 마라. 주식시장에서 돈을 버는 일은 가능하다. 돈을 많이 벌 수도 있다. 하지만 하룻밤 사이에 벼락부자가 될 수는 없으며, 주식을 별생각 없이 사고팔아서도 안 된다. 수익을 크게 내는 사람은 무모하고 의욕만 가득한 투기꾼이 아니라 똑똑하고 신중하고 인내심 있는 투자자다. 반대로, 주식시장이 폭락하면 손해를 보는 것은 투기꾼들이다. 경험이 많은 투자자들은 주가가 낮을 때 주식을 사서 오랫동안 갖고 있으면서 주가가 오르는 타이밍을 노린다. 중간중간 찾아오는 내림세에도 크게 동요하지 않는다.

"주가가 낮을 때 사면 됩니다. 낮으면 낮을수록 좋아요. 그리고는 잘 가지고 계세요." 몇 년 전에 대단히 성공한 한 금융업자가 나에게 이렇게 조언했다. 내가 주식을 처음 사던 시절이었다. "전체적인 흐름을 믿고 작은 변화에는 신경 쓰지 마세요. 장기적인 주기에 집중하고 가격이 가끔 오르내리는 건 무시하셔도 됩니다."

정말 많은 사람이 이런 간단한 원칙조차 이해하지 못하면서 주식을 사는 것 같다. 주가가 낮을 때 주식을 사야 하는데 그때는 가격이 더 내려갈까 봐 무서워서 못 산다. 그러다가 주가가 오르기 시작하면 뒤늦게 부랴부랴 사면서 가격이 확실하게 오를 주식을 잡았다고 생각한다. 하지만 매수 타이밍이 늦는 일이 많아서 문제다. 주가가 고점을 찍기 직전에야 주식을 사는 것이다. 그러다 보니 주가가 조금만 낮아져도 손해를 보게 된다.

내 지인 중에도 이런 사람들의 전형적인 예에 해당하는 사람이 있다. 나는 그와 1955년에 점심을 같이 먹었다. 우리는 다양한 주제로 이야기를 나눴는데, 그날 주식시장 이야기도 나왔다. 대화를 나누다가 나는 X회사의 주식이 4.5달러에 팔리고 있으며 가격이 오를 것으로 내다본다고 말했다.

1957년 말이 되자 그 주식은 11.25달러가 되었다. 나는 나중에 그 지인이 그 주식을 2년 동안 지켜보다가 그때에서야 주식을 샀다는 소식을 들었다. 그제야 그 주식이 안전하다고 생각해서 수백 주를 샀다는 것이다. 그는 그 후로 6개월 동안 주가가 13.5까지 오르는 모습을 흐뭇하게 바라보았다. 그러다가 주가가 조금 내려갔다. X주식은

10까지 떨어졌고 그 자리에 한동안 머물렀다. 주식 초보인 그 지인은 주식을 전부 팔아버렸고 돈을 잃었다. 하지만 나를 포함해서 그 주식을 일찍 산 사람들은 팔지 않고 계속 갖고 있었다. 낮은 가격에 산 덕택에 주가가 떨어졌어도 우리가 산 가격의 두 배가 넘는 가치가 있었기 때문이다.

결국, 그 주식은 조금 올랐고 그 가격을 제법 안정적으로 유지했다. 요즈음에는 15까지 오른 상태다. 그 주식을 일찍 산 사람들은 흔들리지 않고 주식을 잘 보유하고 있다. 우리는 몇 년 동안 만족할 만한 배당금을 받았다는 사실도 덧붙이고 싶다.

가격보다 잠재력에 주목하라

나는 대공황이 가장 극심할 때 보통주를 사기 시작했다. 주가가 최저치를 찍었고, 주식을 사려는 사람도 거의 없었다. 주식에 투자할 돈이 있는 사람들은 대체로 근거 없는 불안감 때문에 다양한 주식의 잠재적인 가치를 알아보지 못했다. 하지만 나는 미국 경제의 미래에 대한 확신이 있었다. 그리고 잠재력이 풍부한 여러 탄탄한 기업의 주식이 실제 가치보다 훨씬 낮은 가격에 팔리고 있다는 것을 알았다.

내가 타이드워터의 주식을 처음 산 것은 1932년이었다. 그때는 주가가 낮아서 가격이 주당 2.12달러밖에 되지 않았다. 그 주식의 주당 평균 시세는 다음과 같이 꾸준히 올랐다.

1933년	8.23달러
1934년	9.39달러
1935년	11.61달러
1936년	15.54달러
1937년	20.83달러

1938년에 주가가 폭락했을 때 타이드워터의 주가도 내려갔다. 하지만 그것은 가끔 나타나는 작은 변화에 불과했다. 나는 내가 갖고 있던 주식은 그대로 두고 주식을 추가로 매수했다.

그 후로 몇 년 동안 나는 자신감에 대한 보상을 받았다. 그 주식의 가치가 몇 배나 오른 것이다. 나는 다른 주주들과 함께 배당금을 두둑하게 챙기기도 했다.

1932년 5월에 나는 다른 석유회사의 주식도 사기 시작했다. 그달에 주당 3.45달러를 내고 1만 주를 사들였다. 나는 그 주식을 꾸준히 사서 1933년 9월 14일에는 무려 19만 주나 보유하게 되었다. 그달에 그 주식의 가격은 주당 15달러에 육박했지만 내가 갖고 있던 주식 19만 주의 평균 매수가격은 6.53달러밖에 되지 않았다.

주식시장 불변의 법칙

나는 내 경험을 예로 들려고 대공황까지 거슬러 올라갔다. 그 시대에 예로 들 만한 다른 일도 많았고, 그 이후에도 그런 일은 많았다. 내가 지금 보유한 주식 중에는 처음에 샀을 때보다 가치가 100배 이상 오른 것들도 있다. 물론 나보다 주식으로 더 큰 재미를 본 투자자도 많다. 어떤 사례에서든 근본적인 진리가 입증될 뿐이다. 이는 모든 투자자와 투자를 꿈꾸는 사람들이 명심해야 할 내용이다.

"탄탄한 주식을 가격이 낮을 때 투자 목적으로 매수해라. 그리고 오래 소유하면 배당금과 주가 상승으로 수익이 크게 날 확률이 높다."

이것은 성공적인 투자를 위한 명백한 '비법'인데도 무시하는 사람이 너무나 많다. 주식시장에서 투자자들이 불변의 법칙으로 여기면 좋을 것들이 더 있다.

그중에서 매우 중요한 원칙이 바로 이것이다. **"그 회사에 관해서 최대한 많이 알기 전에는 그 회사의 주식을 사지 말아야 한다."** 소위 투자자라는 사람들이 어떤 회사가 무슨 일을 하고 무엇을 생산하는지도 모르면서 주식을 다량으로 사들이는 일이 너무나 많다.

나는 주식을 직업으로 삼지 않는 보통 사람들이 주식을 살 때는 잉여 자본의 투자를 목적으로 해야 한다고 생각한다. 그 자본에 대한 이익을 매년 얻고, 궁극적으로는 자본을 최대한 늘리는 것을 목적으로 삼아야 한다.

보통 사람은 예금 계좌를 개설하거나 보험에 가입하면서 '투자' 활동을 시작한다. 그 뒤에 채권을 산다. 나중에 경험이 더 많아지고 자신감도 생기면 주식에 투자할 생각을 하기도 한다. 그때 자신을 보호하고 수익을 올리기 위해서는 몇 가지 규칙을 따라야 한다.

일반 투자자는 주요 증권거래소에 상장된 보통주만 사는 것이 좋다. 그 이유는 여러 가지다. 상장되지 않은 주식 중에는 가치가 없는 것도 있다. 쉽게 돈 벌려고 대충 차린 회사가 내놓은 종잇조각 수준의 주식들이다. 비상장 주식이 합법적이더라도 그런 주식은 사고 나면 돈이 '물리게' 된다. 비상장 주식은 매도하기 어려울 때가 많기 때문이다.

상장 주식을 사거나 파는 사람은 자신이 공정한 가격을 내거나 받는다는 것을 확실히 알 수 있다. 그 가격은 자유 시장에서 수요와 공급의 법칙에 따라서 매수자와 매도자들이 설정한 값이다. 비상장 주식은 그렇다고 말할 수 없다. 그런 주식은 가격이 인위적으로 높게 설정되었을 수도 있고 가치가 전혀 없을 때도 있다.

보통주는 가격이 낮을 때 사야 한다. 주식시장이 강세를 보이는 동안 주가가 많이 올랐을 때 사서는 안 된다. 모두가 매도할 때 매수해서 모두가 매수할 때까지 갖고 있어라. 이 말에 성공적인 투자의 정수가 담겨 있다.

역사를 살펴보면 생활비, 임금, 거의 모든 다른 비용과 마찬가지로 주가의 전반적인 추세도 오름세라는 것을 알 수 있다. 당연히 주가의 하락, 경기 후퇴, 불황 등이 찾아오지만, 그 뒤로 회복 기간이 이어진다. 그래서 거의 모든 주식의 가격이 신고가를 찍는다. 어떤 주식과 그 배후에 있는 회사가 탄탄하다고 가정하면, 투자자가 주가가 낮을 때 주식을 사서 상승 주기가 될 때까지 기다리면 손해를 볼 일이 거의 없다.

또한 현명한 투자자는 주식시장을 하나로 보는 일이 더는 가능하지 않다는 것을 이해한다. 오늘날의 주식시장은 너무 크고 복잡해져서 아무도 시장의 흐름을 일반화해서 예측할 수는 없다.

오늘날의 주식시장에서는 여러 주식을 묶어서 생각해야 한다. 단순히 산업주나 항공주로 크게 묶어서는 안 된다. **지금 시대에는 판도를 바꿀 과학적·기술적 변화와 발달이 끊임없이 일어난다. 개별적인 회사뿐 아니라 산업 전체를 판단할 때도 미래에 사람들이 필요로 할 것을 계속 공급할 능력이 있는지 따져봐야 한다.** 투자자는 투자하려는 회사의 상품이나 그 산업이 몇 년 뒤에도 쓸모가 있으리라는 확신이 있어야 한다.

20세기 초에 선견지명이 있는 사람들은 자동차가 사륜 짐마차보다 장래가 더 밝다는 것을 깨달았다. 그들은 마차 바퀴보다 자동차 타이어를 만드는 회사의 주식에 투자하는 편이 낫다고 생각했다.

시내 전차 산업은 좋은 투자처였다. 버스가 전차를 대체하기 시작하기 전까지는 그랬다. 금속으로 만든 비행기가 나오고 나서도 캔버스 천을 씌운 비행기만 고집한 항공기 제조업체는 장래가 어두울 수밖에 없었다. 마찬가지로, 오늘날 제트기나 터보프롭 엔진이 달린 수송기를 만드는 것이 한물간 엔진이 달린 수송기를 만드는 것보다 돈을 벌 확률이 훨씬 높다.

그렇게 많은 투자자가 이런 예시만큼은 아니더라도 제법 명백한 비즈니스 상황을 제대로 알아보지 못하는 것이 놀랍다. 투자자들은 흔들리거나 죽어가는 회사와 산업에 투자하고 시간이 지날수록 급성장할 수밖에 없는 회사와 산업은 무시한다.

투자자는 자신이 주식을 사는 회사에 관해서 최대한 많이 알아야 한다. 자기 돈을 투자하기 전에 회사에 대해 만족스러운 답을 할 수 있는지 물어보라.

1. 회사의 역사는 어떤가? 회사가 탄탄하고 평판이 좋은가? 경영진이 유능하고 경험이 풍부한가?

2. 취급하는 상품이나 서비스가 가까운 장래에도 수요가 계속 있을 것인가?

3. 회사가 속한 분야가 위험할 정도로 붐비지는 않는가? 경쟁력이 충분히 있는 회사인가?

4. 회사의 정책과 사업을 살펴봤을 때 경영진이 미래를 내다보는 힘이 있다고 생각하는가? 회사가 사업을 위험하지 않을 정도로만 확장하는가?

5. 공정한 회계 감사관이 그 회사의 대차대조표를 철저하게 검토하더라
   도 문제가 없겠는가?

6. 수익 기록은 만족스러운가?

7. 주주들에게 적당한 배당금을 정기적으로 지급했는가? 배당금 지급이
   이루어지지 않았다면 그 이유가 정당했는가?

8. 그 회사가 안전한 수준에서 장기 대출과 단기 대출을 받았는가?

9. 지난 몇 년 동안 주가의 변동성은 어떠한가? 설명할 수 없는 이유로
   오르내린 적은 없는가?

10. 회사가 보유한 순자산의 주당 가치PBR가 주식을 사려는 시점에서 보
    통주의 가치보다 높은가?

　

주식을 매수하는 투자자 중에 이런 질문을 던지는 사람은 많지 않
다. 한동안 수익을 올리지 못한 회사의 주식을 사는 사람도 있다. 그
들은 투기꾼들이 자주 하는 말처럼 '그런 주식도 핫hot해질 것'이라고
생각한다. 그래서 며칠, 몇 주 안에 가격이 발행가의 몇 배가 되리라
고 내다본다. 그러다 누군가가 그 주식을 둘러싼 열기가 순전히 비이
성적인 매수세 때문이며 가격이 곤두박질치리라는 것을 알아차린다.

시장을 보는 베테랑 투자자

다시 한번 강조하지만, 나는 '엄선된' 보통주가 아주 매력적인 투자처라고 생각한다. 오늘날 주식시장에는 살 만한 훌륭한 주식이 셀 수 없이 많다. 그중에는 실현 가능 자산이 발행한 주식의 증권거래소 시가보다 2~4배 많거나 그 이상인 회사의 주식도 많다.

이것이 투자자에게 어떤 의미가 있는가? 예를 들면, X라는 회사가 순가치가 2,000만 달러인 실현 가능 자산이 있다고 가정해보자. 그 회사가 발행한 보통주가 100만 주고, 주식이 주당 10달러에 팔린다고 생각해보자. 계산은 간단하다. 그 회사의 실현 가능 자산의 순가치 2,000만 달러는 그 회사가 발행한 보통주의 총액인 1,000만 달러(100만 주×주당 10달러)의 두 배다. 따라서 10달러를 내고 X회사의 보통주를 사는 사람은 실제로는 20달러의 자산을 얻게 된다.

이런 상황은 사람들이 생각하는 것만큼 드문 일은 아니다. 상황 판단이 빠르고 노련한 투자자는 시간과 노력을 들여서 그런 주식을 찾아 낸다. 특히 영리한 투자자는 발행된 보통주 시가의 상당 부분에 해당하는 흑자를 배당하지 않은 회사를 발견하기도 한다. 하지만 이런 일은 드물다. 그런 회사의 주식을 사는 사람은 실제로는 그 회사가 보유한 다른 자산의 지분뿐 아니라 투자금 중 상당 부분에 해당하는 액수의 현금도 사는 것이다.

하지만 정반대의 일이 일어나더라도 투자자는 안전할 수 있다. 탄탄한 회사의 주식을 살 때 꼭 금고에 현금이 넘쳐나는 회사를 고를 필요는 없다. 잘 돌아가는 회사도 현금이 크게 부족할 때가 많다.

중요한 투자 비법 또 한 가지는 탄탄한 증권을 갖고 있을 때 주가가 크게 떨어지더라도 당황하지 말고 계속 보유하는 것이다. 주가가 폭락하면 패닉 상태에 빠지는 사람이 너무나 많다. 자기가 보유한 주식이 몇 포인트만 떨어져도 다 팔아버리는 것이다. 그러면 얼마 지나지 않아서 주가가 다시 오르는 광경을 목격하게 된다.

투기꾼은 주가가 크게 오를 때 주식을 산다. 하지만 전문 투자자나 경험이 풍부하고 전문가에 가까운 투자자는 투기꾼과는 다르게 움직인다. 베테랑 투자자는 감정에 휘둘리지 않고 저렴한 성장주를 찾는다. 그런 주식을 사서 잘 갖고 있으면 몇 년에 걸쳐서 수익이 크게 난다. 베테랑 투자자는 주식시장에 어떤 종류의 폭풍이 닥치더라도 이겨낼 수 있도록 시장의 분위기를 잘 살핀다. 다양한 요소를 고려하고, 만반의 대비를 해두기도 한다.

패닉에 휩쓸리지 마라

사람들은 여전히 소액 투자자나 아마추어 투자자가 거액 투자자나 월스트리트 금융업자들의 손에 놀아난다고 오해한다. 아무도 그리워하지 않는 제이 굴드~Jay Gould~°시절에는 정말로 그랬을지도 모른다. 하지만 오늘날에는 인정사정없고 탐욕스러운 월스트리트의 거물이라도 시세를 조작하거나 특정 산업 전체의 주식을 사재기하지는 못한다. 효율적이고 강력한 감시 조직과 기관들이 주식시장에서 일어나는 모든 거래를 면밀하게 통제하기 때문이다. 미국증권거래위원회가 대표적이다. 또 다른 이유는 거의 모든 대기업의 보통주가 수만 명에서 수백만 명에 이르는 개인, 조직, 투자 신탁 그룹 등의 수중에 있다는 것이다. '큰손' 투자자가 대기업의 보통주를 상당 부분 보유하는 일은 거의 없다.

전문 투자자가 오히려 투기꾼과 아마추어 투자자의 손에 놀아나는 모양새다. 적어도 그런 사람들이 주식시장의 패턴을 결정한다는 의미에서는 그렇다.

전문 투자자는 과학적인 근거를 바탕으로 주식을 산다. 그는 사실과 수치를 객관적이고 꼼꼼하게 분석한다. 주식을 매수할 때도 장기적인 투자를 목적으로 삼는다. 전문 투자자는 자기가 산 주식이 여러 해에 걸쳐서 가치가 많이 오르리라고 믿는다.

한편, 감정에 휘둘리는 비전문 투자자는 정치인의 발표, 권위자의 선언, 신문 기사나 주위들은 소문에 의존한다. 그렇게 비과학적인 근

° (1941-2002) 19세기 미국의 경영자·금융업자·주식투자가, 악재를 흘려 주가를 낮춘 뒤 매입하는 금융 조작의 귀재로 불렸다.

거를 바탕으로 주식을 미친 듯이 사들이거나 패닉 상태에 빠져서 정신없이 팔아버린다. 그럴 때 전문 투자자는 투기꾼과 비전문가들의 감정이 누그러질 때까지 조용히 기다리는 수밖에 없다.

노련한 투자자는 주식시장의 일시적인 변화에 크게 동요하지 않는다. 주가가 자신이 매수하거나 매도하려고 하는 수준에 가까워질 때까지 기다리는 편이다. 경험이 풍부할수록 성급하게 움직이지도 않는다. 그는 도박꾼이나 투기꾼이 아니라 투자자이기 때문이다.

사람들은 나에게 다양한 금액을 말하며 주식 투자의 구체적인 조언을 묻는다. 내 대답은 언제나 똑같다. 투자금이 1,000달러든 1만 달러든 10만 달러든 마찬가지다. 우선, 주요 증권거래소에 상장된 보통주만 매수해라. 내가 열거한 규칙들을 적용해서 가장 탄탄하고 유망한 성장주를 고르면 된다. 이때 주식시장에서 큰돈을 벌 수 있다며 턱없는 이야기를 하는 사람들은 무시해라.

월스트리트 대폭락 이야기

최근 몇 년 동안 '하룻밤에 부자 되는 법'을 다룬 책이 쏟아져 나왔다. 노련한 금융업자와 투자자들은 그런 책을 비웃으며 그런 조언 같지도 않은 조언을 따르는 순진한 사람들을 동정한다. 1962년 5월에 일어난 월스트리트 대폭락 사태는 '시야가 좁은' 이런 투기꾼들을 대거 무너뜨렸다.

그 사태를 이해하려면 그 앞의 12년 동안 시장이 어떤 과정을 거쳤는지부터 짚어보는 것이 좋다. 가장 쉬운 방법은 다우존스 지수를 추적하는 것이다. 다우존스 지수는 1950년에 최저치를 기록했다. 그 해의 평균은 161.60이었다. 지수는 1952년 말에 293.79까지 올라갔다가 1953년 중반에 255.49로 떨어졌다. 그러다가 1956년에 무려 521.04까지 꾸준히 올라갔다. 그때부터는 지수가 1957년 말까지 서서히 떨어져서 420선에 머물렀다.

다우존스 지수는 다시 오름세를 보여 1959년에는 650을 한참 넘어서기도 했다. 그러다가 지그재그로 오르내리면서 1960년 말에 566.05까지 떨어지다가 1961년 12월 13일에는 그 당시의 최고치였던 734.91까지 치솟았다.

시장이 1961년까지 계속 오름세를 보이자 월스트리트 베테랑 중에는 1929년의 대폭락 사태를 언급하는 사람도 생겼다. 그들은 주식 시장이 머지않아 옛날처럼 크게 폭락할 것이라고 말했다.

수년 전에는 주당 가격 대비 주당 순이익(PER, 주가수익비율 - 편집자 주)이 비공식적으로나마 주가를 예측할 때 믿을 만한 지표로 통했다. '주당 수익의 10배'가 주식을 매수할 때 돈을 제법 내고서도 수익을 기대할 수 있는 최대 허용 가격으로 오랫동안 여겨졌다.

그러다가 1920년대 말에 GM-뒤퐁Dupont사의 존 J. 라스콥John J.

Raskob은 어떤 주식은 가치가 주당 수익의 15배나 될지도 모른다는 의견을 과감하게 내놓았다. 사람들은 그의 전망이 상당히 낙관적이라고 판단했다. 1929년의 대폭락 이후에 주가수익비율은 당연히 훨씬 낮아졌다. 1950년까지도 다우존스 지수에 포함된 주식들의 주가수익률이 평균적으로 6대 1 정도였다.

주가 수익률을 보는 시각은 최근 몇 년 동안 큰 변화를 겪었다. 똑똑한 투자자 중에는 급성장하는 경제의 특별히 탄탄한 회사의 주식이라면 주당 수익의 20배도 괜찮다는 사람도 생겼다. 전문 투자자들은 탄탄한 회사가 주당 가격을 초과하는 청산가치가 있는 유형 자산을 보유할 때는 주가 수익률의 중요성이 떨어진다는 설득력 있는 주장을 펼치기도 했다.

하지만 노련한 투자자 중에서 1960년~1962년에 벌어진 상황을 긍정적으로 보는 사람은 별로 없었다. 광란의 매수세 때문에 주가가 말도 안 되게 치솟았다. 주당 수익의 100배가 넘는 가격에 팔리는 주식들도 있었다. 그 기간에는 자산도 너무 적고 잠재력도 의심스러운 회사의 주식도 믿을 수 없을 만큼 높은 가격에 팔렸다. 한동안 수익을 별로 올리지도 못했는데도 말이다.

1960년대에 시작된 주식 붐이 인플레이션에 대비하려는 사람들에 의해서 시작됐다는 의견도 있다. 이것이 사실이라면 어떤 보통주들의 주가가 미친 듯이 오른 것은 매우 이상한 일이었다. 하지만 투자자들이 어떤 기준을 잡았든, 가격이 낮고 훌륭한 주식들을 계속 무시한 것을 생각하면 이런 대비책 이론은 설득력을 잃어버린다. 투자자들은 특정한 주식들만 집중적으로 사들였다. 주가가 하늘을 찌르고 나서도 말이다. 여러 증거를 살펴보면 많은 비전문 투자자가 집단 본능을 따른 것으로 보인다. 사실을 크게 고려하지 않은 채 다른 사람들이 담은 몇몇 인기 주식을 사들인 것이다. 그렇게 투자에 머리를 쓰지 않고 가슴으로 임하는 사람이 많았다. 그런 사람들은 주가가 현실적으로 성장할 수 있는 한계를 넘어선 주식도 가격이 오르리라고 생각하면서 마구 사들였다.

월스트리트에는 이런 오래된 말이 있다. "주식시장은 언제나 일어난 일에 대한 설명을 찾아낸다. 너무 늦게 찾아낼 뿐이다." 1962년 5월 28일에 증권시장이 폭락한 이유를 설명하는 이론이 쏟아져 나왔다. 외국인 투기꾼들의 대량 매도부터 철강 산업의 가격 인상 불발에 대한 케네디 행정부의 반발에 이르기까지 가장 명백한 이유를 제외한 모든 이유가 제기되었다.

금융 공황을 불러일으키는 요인은 다양하다. 예를 들면, 1869년에는 금을 사재기하려는 사람들 때문이었다. 1873년과 1907년에는 은행들의 파산이 문제의 시발점이 되었다. 1929년에는 주가가 너무 높게 책정된 것이 원인이었다. 미국 비즈니스의 전반적인 상태와 경제의 확장 속도가 과대 평가된 것이다. 열광적인 매수세 때문에 주가가 끝없이 치솟았지만, 그 현상을 받쳐줄 기반은 없었다. 결국 주가는 내려갈 수밖에 없었다.

1929년의 대폭락 사태와 1962년의 주가 폭락 사태를 비교하려는 사람이 많다. 하지만 두 사태 사이에 실질적인 공통점은 전혀 없다. 1960년~1962년에 주식시장 일부가 과대 평가된 것은 사실이다. 너무 많은 주식 가격이 너무 높게 매겨졌다. 하지만 1962년에 미국의 비즈니스 전망은 전반적으로 좋은 편이었고, 경제도 빠른 속도로 확장되고 있었다. 1929년과 달리 경제 깊은 곳에 숨겨진 구조적인 결함은 없었다.

다른 커다란 차이점들도 있었다. 1929년에는 사람들이 빌린 돈으로 주식 투기를 하는 일이 많았다. 투자자들은 이익 폭이 얼마 안 되더라도 주식을 샀다. 그래서 주가가 폭락하면 신용도 같이 폭락했다.

가장 중요한 차이점은 1962년 5월 28일에 일어난 일은 폭락이 아니었다는 것이다. 다소 과격하기는 했어도 조정으로 봐야 한다. 불길한 소리를 즐기는 사람들은 이 사실을 일부러 언급하지 않을 때가 많다.

앞에서 언급한 것처럼 1960년~1962년에 주식 붐이 절정에 달했을 때는 수익의 100배가 넘는 가격에 팔리는 주식도 있었다. 주당 수익의 100배가 넘는 주가를 정당화할 만큼 규모를 확장할 수 있는 회사는 별로 없을 것이다. 회사의 수익을 보통주 주주들에게 몽땅 배당금으로 지급하더라도 주주들은 여전히 투자금에 대한 수익을 1%만 챙기는 꼴이 된다. 하지만 수익을 전부 배당하면 회사의 확장에 쓸 돈이 한 푼도 남지 않는다. 그러면 자본 성장의 가능성도 당연히 사라져버린다. 이런 사실이 너무나 명백한데도 사람들은 가격이 너무 높게 매겨진 주식을 겁 없이 사들였다.

이런 어려운 상황 때문에 주식시장이 무너지고 말았다. 경험이 풍부한 투자자라면 5월 28일 폭락 사태가 일어나기 한참 전부터 여러 징후를 알아보고 사태를 예견했어야 했다.

앞에서 살펴봤듯이 다우존스 지수는 1961년 12월 13일에 역사상 최고치인 734.91까지 치솟았다. 그러다가 내림세가 곧바로 시작되어 1962년 1월까지 계속되었다. 1962년 3월까지는 회복세가 잠깐 나타나서 지수가 720선을 돌파하기도 했지만, 그래프를 살펴보면 반등이 불확실하고 힘도 미약했다는 것을 알 수 있다. 내림세는 3월에 이어졌고, 그래프는 가파르게 내리막길을 걸었다.

1962년 5월 28일에 일어던 주가 폭락 사태는 사실 1961년 12월에 시작되었다. 하향 조정은 피할 수 없는 일이었다. 5월 28일에 주가가 곤두박질친 것은 경험이 부족한 투자자들이 패닉 상태에 가까운 반응을 보이며 감정적으로 대응했기 때문이다. 그들은 일어날 일은 반드시 일어난다는 것을 깨닫지 못했다.

더 안타까운 일은 그들이 주위에서 어떤 일이 벌어지고 있는지도 이해하지 못했다는 것이다. **주가가 너무 빠른 속도로 치솟으면 그 안에 폭락의 씨앗이 숨어 있기 마련이다. 주가는 여러 탄탄한 요인이 추진력을 제공할 수 있는 수준까지만 올라야 한다. 이를 넘어서면 문제가 생길 수밖에 없다.**

감정적인 투자자들은 앞다투어 주가를 비합리적인 수준까지 끌어

올린다. 그러고는 당황해서 보유하고 있던 주식을 몽땅 팔아버린다. 안타깝게도 매도의 파도가 점점 커지면서 주가를 전부 끌어내린다. 파도가 오름세를 보여야 할 주가의 주식까지 덮치는 것이다.

나는 미국인이라면 다음의 사실을 반드시 기억해야 한다고 생각한다.

1. 1962년 5월 25일에 뉴욕 증권거래소가 주말을 앞두고 폐장할 때만 하더라도 미국 경제는 제법 탄탄한 상태였다.
2. 주식시장이 그다음 주 월요일에 다시 열렸을 때도 미국 경제는 여전히 탄탄한 상태였다.
3. 문제의 월요일에 장이 마감했을 때도 미국 경제는 똑같은 상태였다. 산업 주문 취소 건수도 몇 개 없었고, 일자리를 잃은 사람도 별로 없었다. 문을 닫아야 했던 회사도 별로 없었고, 투자금이 적든 많든 완전히 빈털터리가 된 사람도 거의 없었다. 1929년에는 전 재산을 날린 사람이 많았다.

5월 28일 폭락장에 돈을 잃은 사람들에게 이런 이야기가 별로 위로가 되지 않는다는 것을 알고 있다. 그저 이런 뼈아픈 교훈이 나중에라도 도움이 되길 바랄 뿐이다.

숨은 가치주 찾는 법

현명한 투자자라면 시장에 있는 여러 주식이 아직도 가격이 상당히 낮게 책정되었다는 사실을 알아차릴 것이다. 예를 들면, 아직도 한 주의 순자산가치(PBR, 주가순자산비율 - 편집자 주)의 3분의 1이나 4분의 1에 해당하는 가격에 주식을 살 수 있는 일이 많다. 이것이 주주에게 어떤 의미가 있는지 이해하려면 호놀룰루 석유회사Honolulu Oil Company의 사례를 살펴봐야 한다.

몇 년 전에 호놀룰루 석유회사의 이사와 주주들은 알려지지 않은 이유로 회사를 해산하기로 했다. 내가 상당한 지분을 보유하고 있었던 한 회사와 다른 석유회사가 이 소식을 듣고 호놀룰루 석유회사의 자산을 공동으로 사고 싶다는 의사를 밝혔다.

호놀룰루 석유회사의 주주들은 회사의 자산을 팔 방법이 두 가지 있었다. 그들이 보유한 주식을 두 회사에 팔거나, 주식은 계속 보유하면서 실제 자산을 파는 것이었다.

주주들은 두 번째 방법을 선택했다. 회사를 공식적으로 해산하기 전에 자기들끼리 판매 수익을 나눠 가질 수 있었기 때문이다. 그 회사의 주식은 주당 약 30달러에 팔리고 있었다. 한데 회사의 유형 자산은 가치가 매우 높아서 두 회사의 매입 금액을 따져보면 주당 거의 100달러에 육박했다. 이 금액은 물론 호놀룰루 석유회사가 해산될 때 주주가 자신이 갖고 있던 주식 한 주당 받은 가격이다. 다시 말해,

호놀룰루 석유회사가 보유한 자산의 현금 가치는 발행된 주식의 주가 총액의 3배가 넘었다는 뜻이다.

주주들은 회사가 해산될 때만 이런 뜻밖의 큰 수익을 올릴 수 있다. 하지만 이 사례를 보면 유형 자산의 순청산가치가 주식의 가치보다 훨씬 큰 회사에 투자하는 것이 얼마나 안전한지 알 수 있다. 어느 회사가 보유한 유형 자산의 순청산가치가 주식의 가치보다 3배 크다고 가정하면 주주의 투자금 1달러당 3달러어치의 실현 가능 자산이 보증된 것이다.

이런 회사는 사람들이 생각하는 것보다 많다. 다양한 산업에서 이런 회사를 찾아볼 수 있지만, 나에게는 아무래도 석유 산업에 있는 회사들이 익숙하다. 나는 그중에서도 석유를 생산하는 회사들을 가장 잘 안다.

번창하는 탄탄한 석유회사들이 발행한 여러 주식이 지금도 합리적인 주가 수익률의 범위 안의 가격에서 팔리고 있다. 그중에는 유형 자산이 주식의 주가 총액보다 3~4배 이상인 회사들도 있다. 왜 그런 일이 일어나는지 한 가지만 짚고 넘어가자.

석유를 생산하는 회사들은 주로 대차대조표에 석유와 천연가스 임차권의 원가를 적는다. 만일 어떤 회사가 2만 5,000달러를 내고 임차권을 샀다면 그 가격 그대로 대차대조표에 적는 것이다. 그 임차권이 있는 땅에 원유가 5,000만 배럴 묻혀 있는 것으로 밝혀지더라도 금액을 올려 적지 않으므로 장부상으로 그 임차권은 2만 5,000달러의 자산으로 기록된다. 물론 어떤 석유 생산 회사든 수백만 달러를 내고 그 자산을 넘겨받으려 하겠지만 말이다.

기민한 투자자라면 이런 회계 정보를 놓치지 않을 것이다. 다른 여러 산업에도 이것과 비슷한 상황이 있다. 영악한 투자자는 이런 기회를 찾아내서 수익을 올릴 것이다.

주가가 5월 28일과 그 이후에 폭락했다고 해서 미국 주식시장에 대한 나의 믿음이 흔들리지는 않는다. 나는 여전히 수백만 달러를 들여서 투자 활동을 하며 경제의 건강한 풍토와 비즈니스의 밝은 장래에 기대를 걸고 있다.

앞에서 이야기한 것들이 내가 경험 많고 성공한 투자자로서 해줄 수 있는 유일한 조언이다. 이 충고를 염두에 두면 주가가 폭등할 때는 수익을 올릴 것이며, 폭락할 때는 손해를 보지 않을 것이다.

부동산 투자로
부를 얻으려면

A REAL
APPROACH TO
REAL ESTATE

부동산으로 돈을 벌 환상적인 기회를 놓쳤다며 한탄하는 집이 많다.

"40년 전 할아버지께서 1에이커●당 10달러에 땅 1,000에이커를 사라는 제안을 거절하셨어요. 요즘 그 땅은 에이커당 3만 달러죠."

"1932년 메인가의 남쪽 끝 공터는 750달러였는데, 지난주에 보니까 2만 달러가 넘더라고요."

"제2차 세계대전이 시작되기 직전에 집을 5,000달러에 팔았어요. 이제는 그 집의 땅값만 10배가 올랐어요."

● 1에이커는 4,046㎡로 1,224평에 해당한다.

부동산에 관한 이야기가 나올 때마다 이런 경험담이 어김없이 등장한다. 물론 우리 집안에도 이와 관련해 들려줄 일화가 많다.

1880년대에 미시간주 디트로이트의 인구는 약 11만 6,000명이었다. 이모부인 트래버스 리치Travers Leach는 그 당시에 디트로이트시의 경계선 밖에 160에이커의 농장을 소유하고 있었다. 19세기가 끝나기 전에 이모부는 몇천 달러를 받고 농장을 팔았다. 그 정도면 수익이 꽤 짭짤하다고 생각하면서.

안타깝게도 이모부는 1920년이 되면 디트로이트의 인구가 100만 명에 달하리라는 점을 내다보지 못했다. 도시가 팽창하면 이모부의 농장이 도시에 포함되리라는 것도 예상하지 못했다. 만일 그 농장을 계속 갖고 있었더라면 이모부와 자손들은 억만장자가 되었을 것이다. 1920년에 그 농장의 땅 1에이커의 가격이 1890년대 농장 전체의 가격보다 몇 배나 비쌌다. 오늘날에는 그 땅이 디트로이트의 심장부가 되면서 땅값이 천문학적으로 올랐다.

1906년에 아버지는 캘리포니아 남부 해안에서 좀 떨어진 산타카탈리나섬Santa Catalina Island 전체를 25만 달러에 살 기회가 있었다. 섬의 면적은 76제곱마일(194㎢) 정도였는데, 아버지가 거절한 그 제안은 리글리그룹에 돌아갔다. 산타카탈리나섬은 지금 미국 서부에서 가장 유명하고 호화로운 리조트 지역 중 하나가 되었고, 그 가치는 수천만 달러에 이른다.

나는 대공황 시대에 캘리포니아 남부와 다른 지역에 에이커당 몇 달러로 미개발지를 잔뜩 살 수 있었다. 그 시절에는 다른 도시나 마을의 경계선에서 아주 멀리 떨어진 땅이었다. 그러다가 1945년부터 도시와 마을이 번개 같은 속도로 성장하며 사방으로 뻗어나갔다. 한때는 무가치했던 땅이 번성하는 주거지나 산업지로 변신했다. 대공황 시대에 1에이커당 500달러 이하이던 땅은 이제 1에이커당 5만 달러 이상에 팔리고 있다.

부동산을 제때 못 사서 좋은 기회를 날렸다는 이야기도 많지만, 반대로 기회를 알아보고 활용했다는 이야기도 많다. 생각해보면 이모부에게서 디트로이트 땅을 산 사람은 큰 수익을 올렸을 것이다. 리글리 그룹은 산타카탈리나섬의 잠재력을 알아보았고 그 섬을 사서 받아 마땅한 수익을 챙겼다. 내가 1930년대에 퇴짜를 놓은 땅도 다른 사람들이 사서 나누고 개발해서 어마어마한 수익을 올렸다.

아버지는 산타카탈리나섬을 살 기회는 놓쳤지만 다른 부동산은 성공적으로 투자하신 일이 많았다. 1907년에 아버지는 LA 윌셔 대로Wilshire Boulevard의 땅을 약 1만 달러에 사서 가족이 살 저택을 지으셨다. 당시에는 그 땅이 도시의 시가지에서 멀리 떨어져 있었다. 사방이 목초지였고, 가장 가까운 포장도로까지 1.6km도 넘게 가야 했다. 1920년대에 아버지는 그 땅을 30만 달러에 사겠다는 사람을 만났지만 팔지 않으셨다. 그 땅은 여전히 게티그룹이 소유하고 있으며, 지금은 약 200만 달러의 가치가 있다.

나 역시 헐값에 산 부동산의 가격이 쭉쭉 올라가는 황홀한 경험을 해봤다. 가격이 폭등한 일도 있었다. 예를 들면, 몇 년 전에 나는 약 15만 달러를 주고 말리부 해안에 땅을 몇십 에이커 샀다. 오늘날 부동산 중개인들이 나에게 알려주기를, 내가 그 땅을 나눠서 팔면 400만 달러의 이익을 볼 것이라고 한다.

하지만 나는 수익을 빨리 회수하려고 땅을 파는 일은 거의 없다. 앞서 8,000달러를 주고 임차권을 샀던 이야기를 했다. 나에게 임차권을 판 친구는 하룻밤 만에 돈을 2배로 불린 셈이었다. 그러나 나는 그 땅에 유정 4개를 뚫었고, 그 후로 12년에 걸쳐서 80만 달러의 순이익을 올렸다. 투자금을 100배 불린 것이다.

내가 독자들에게 이런 경험을 들려주는 것은 자랑하려는 목적이 아니다. 부동산 투자로도 큰 수익을 올릴 수 있음을 보여주고 싶어서이다.

언뜻 보기에는 내가 부동산으로 돈을 쉽게 벌 수 있다고 말하는 것처럼 보일지도 모른다. 도시 경계에서 멀리 떨어진 땅을 저렴하게 사서 도시가 확장되기를 기다리면 된다고 생각할 수도 있다. 그 땅을 오랫동안 갖고 있으면 무조건 돈을 번다고 결론을 내릴 수도 있겠다.

안타깝게도 일이 그렇게 간단한 경우는 잘 없다. 어떤 도시가 특정한 방향으로 확장될지 확실하게 알 수 없기 때문이다. 수익성 부동산이라고 부르는, 도시 안에 있는 부동산을 사더라도 가치가 오를 것이라는 보장이 없다. 그 동네가 더는 인기가 없어지면 땅값은 오히려 떨어질지도 모른다.

미개발지가 얼마나 저렴하든 자본을 들여야 하는 것은 동일하다. 따라서 부동산 가치가 오르기 전까지 오랫동안 수익은커녕 돈만 묶이게 될 가능성도 생각해봐야 한다. 게다가, 재산세 같은 비용도 내야 하는데, 이런 금액이 몇 년 쌓이면 제법 부담스러운 액수가 될 수 있다.

내 친구는 얼마 전에 미국 중서부의 한 도시의 북쪽 끄트머리에 아직 개발되지 않은 땅 200에이커를 샀다. 땅값으로는 10만 달러를 냈다. 그 도시가 확장하고 성장하리라는 그의 예측은 옳았다. 하지만 그는 사람들이 도시의 남부와 동부 지역만 선호하리라고는 예상하지 못했다.

내 친구는 그 땅을 여전히 갖고 있다. 땅값은 요즈음에도 친구가 샀을 때와 별반 다르지 않다. 친구가 투자한 10만 달러는 10년이 넘도록 그에게 소득을 전혀 안겨주지 못했고, 재산세는 매년 내야 했다. 친구는 그 땅을 매도하기 위해 돈을 제법 쓰기도 했는데 별 소용이 없었다. 친구는 이미 금전적인 손해를 많이 봤지만, 그 땅을 팔지 않는 이상 돈을 계속 잃을 수밖에 없다. 그 도시의 북부 외곽 지역이 주택 소유자나 회사들의 마음에 드는 날이 올지는 알 수 없기 때문이다.

간단히 말해서, 투기꾼에 가까운 투자자라면 부동산은 고수익, 고위험 상품이라는 점을 항상 명심해야 한다. **땅값에 영향을 미치는 요인은 다양하다.** 경험이 풍부한 투자자가 아니면 이런 요인들이 잘 보이지 않을 수도 있다. 땅의 가치를 정확하게 평가하기 어려울 때도 있는데, 그런 실수는 큰 대가를 부른다. 부동산에 자본을 많이 들이는 것의 잠재적인 문제는 또 한 가지 있는데, 큰돈이 묶여 있을 때 급전이 필요해지면 그 땅을 바로 현금화하기가 어렵다는 것이다.

주식시장과 마찬가지로 부동산에서도 똑똑하고 인내심 있는 투자자가 장기적으로 돈을 벌 확률이 가장 높다. 부동산 투기꾼은 주식 투기꾼보다 훨씬 큰 위험 부담을 감수해야 한다.

부동산은 장기투자다

부동산 투자자에는 두 가지 유형이 있다. 첫 번째는 상승세가 시작되기 전에 아주 낮은 가격에 부동산을 사는 유형이다. 그런 사람들은 부동산을 수년 동안 보유하면서 가치가 많이 오르기를 차분하게 기다린다. 나중에 분할해 팔 것을 염두에 두고 개발되지 않은 땅을 살 때도 있다. 아니면 수익성 부동산을 사서 정기적으로 수익을 올리면서 가치가 오르기를 기대하기도 한다. 두 번째는 부동산 붐이 시작된 직후에 부동산을 사는 유형이다. 이런 사람들은 첫 번째 유형의 투자자보다 더 비싼 값을 주고 부동산을 산다. 시장에 진입했을 때 부동산 가격이 이미 올라가고 있었기 때문이다. 그 대신 돈이 부동산에 묶여 있는 기간이 훨씬 짧다.

당연한 말이지만, 누구나 첫 번째 유형의 부동산 투자자가 되기를 꿈꾼다. 문제는 큰돈을 들이고 나서 오랫동안 묵혀둘 여유가 있는 사람이 많지 않다는 것이다. 게다가, 부동산 붐이 일어날 것을 일찍 예측할 수 있는 사람도, 붐이 언제까지 이어질지 정확하게 따져 그 기회를 활용할 수 있는 사람도 드물다.

내가 아는 사람 중에는 전쟁이 끝나면 주택이 부족해지리라는 것을 정확하게 예측한 사람이 있었다. 그래서 그는 1943년에 비교적 낮은 가격에 커다란 아파트 몇 채를 샀다. 1950년이 되자 그 아파트를 사려는 사람이 그에게 구매가보다 80%나 많은 금액을 제시했다.

"아파트를 전부 팔아버리려고요." 그는 부동산 중개인에게 이렇게 선언했다. "지난 7년 동안 수입이 상당히 짭짤했다고 생각합니다. 하지만 이제는 다 팔고 수익을 챙기는 것이 좋겠어요. 부동산 가격이 지금보다 더 올라가기는 어렵다고 보거든요."

"큰 실수를 하신다는 생각이 드는데요." 부동산 중개인이 조심스럽게 말했다. "제가 고객님이라면 아파트를 더 갖고 있을 겁니다. 앞으로 몇 년 동안 가치가 상당히 많이 오를 거예요. 지금 팔아버리시면 황금 같은 기회를 놓치시는 겁니다."

하지만 그는 중개인의 예언 같은 조언을 무시했다. 그러고는 1950년에 아파트를 몽땅 팔아버렸다. 그 사람은 그 이후로 결정을 계속 후회하고 있다. 오늘날 아파트들은 그가 1943년에 샀을 때보다 가격이 3배 이상 올랐다.

실질 가치가 있는 부동산에 주목하라

지금 일어나고 있는 부동산 상승장에서도 내가 알던 사람과 똑같은 실수를 저지르고 있는 투자자가 많다. 부동산 가격이 이미 최고치를 찍었다고 생각하거나 곧 찍을 것으로 예상하고 부동산을 일찍 팔아버린 것이다. 많은 사람이 부동산 가격이 곧 폭락하리라고 확신했고, 그 영향을 두려워했다. 그들은 과거의 경험을 바탕으로 그런 논리를 펼쳤다. 게다가, 1920년대에 캘리포니아주 플로리다의 부동산 가격이 끝없이 치솟았던 기억 때문에 사람들의 걱정이 클 수밖에 없었다.

나는 개인적으로 그 당시의 부동산 상승장과 제2차 세계대전이 끝나갈 때 시작해서 지금까지 이어지고 있는 상승장은 공통점이 없다고 생각한다. 1920년대에 부동산 시장이 풍선처럼 크게 부풀었다가 그토록 끔찍하게 터져버린 것은 단순히 투기꾼들이 부동산을 정신없이 사고팔았기 때문이다. 부동산 매매가 그렇게나 활발하게 일어났지만, 땅을 소유하길 원했던 사람은 별로 없었다. 그 시절에는 땅 주인이 수십 번씩 바뀔 수 있었고 실제로 그러기도 했다. 하지만 실제로 땅을 소유하고 거기에 집을 짓거나 수익성 부동산을 운영하려는 사람은 거의 없었다. 땅의 일시적인 주인에게는 오직 한 가지 목표만 있었다. 단타 매매로 수익을 최대한 많이 올리는 것이었다.

예를 들면, 1925년만 하더라도 플로리다주 마이애미에 부동산 중개소가 2,000개나 있었고 부동산 판매원은 2만 5,000명이나 있었던 것으로 추정된다. 사실 그들이 부동산을 팔기는 했다. 작은 집터부터 거대한 토지에 이르기까지 다양한 부동산을 팔았지만, 실제로는 대부분 가假계약서를 팔았다. 구매자가 미리 합의한 땅값 중 일부만 내면 가계약서로 통하는 영수증을 받을 수 있었고, 30일이나 60일 후에 그다음 납부금을 내야 할 때까지 땅의 소유자로 인정받았다. 구매자 대다수는 수익이 나기가 무섭게 가계약서를 팔아치웠다. 부동산 가격이 워낙 정신없이 치솟던 때라 며칠이나 기껏해야 몇 주만 기다리면 될 일이었다. 그러면 의욕이 과한 다른 투기꾼이 나타나 그들이 샀던 것보다 더 비싼 가격에 부동산을 사겠다고 제안했다.

1920년대에 플로리다에 부동산 붐이 한창일 때 유행하던 이야기가 있다. 웃긴 이야기지만 진실이 많이 담겨 있다. 마이애미에 있는 한 부동산 중개업자가 투기꾼을 데리고 아무 쓸모도 없는 늪지대를 보여줬다고 한다. 그 고객은 실망한 표정으로 그 으스스한 풍경을 바라보았다.

"이 땅에는 아무것도 지을 수 없을 겁니다!" 그는 이렇게 말했다.

"그럼 뭐 어때요?" 부동산 중개업자가 어깨를 으쓱이면서 말했다. "어차피 지금 땅 사시는 분들은 다 거래가 목적이지 소유하시려는 건 아니잖아요!"

그 당시와는 달리 요즈음에는 건축용 대지, 주택, 상업용·공업용 대지와 건물, 수익성 부동산에 대한 수요가 탄탄하다. 이런 땅을 사려고 시장에 진입하는 개인과 회사들은 진지한 구매자들이다. 그들은 실제 사용을 목적으로 주택, 상점, 공장 등을 짓거나 사려고 한다. 아니면 다른 사람들에게 땅을 임대하고 수입을 얻으려고 한다. 한마디로, 본인이 사는 땅을 실제로 소유하길 원하는 것이다. 오늘날에는 노골적인 부동산 투기꾼의 수는 무시할 수 있을 만큼 적다고 생각한다.

현재 부동산 가격이 높은 것은 옛날처럼 책임감 없는 투기꾼들이 가격을 무작정 올렸기 때문이 아니다. 투자할 돈이 있는 사람이 점점 많아지고 있고, 그들이 미국의 거의 모든 지역에서 온갖 종류의 땅을 사길 원하기 때문이다.

나는 가까운 장래에 부동산의 가치가 크게 떨어질 것으로 생각하지 않는다. 시장 곳곳에 허술한 곳이 생길 수 있고, 어떤 지역에서는 사람들이 부동산을 지나치게 비싼 값에 팔지도 모른다. 건물이 너무 많이 지어지는 지역이 생길 수도 있다. 하지만 나는 부동산 시장의 전반적인 추세가 한동안 계속 오름세를 보이리라고 생각한다.

최근에 내가 상당한 지분을 보유한 회사들이 부동산에 큰돈을 투자했다. 윌셔 대로에 있는 타이드워터 석유회사의 건물은 약 1,000만 달러나 들여서 얼마 전에 완공했다. 이 건물은 현재 시행 중인 토지 규제가 풀리면 건물을 확장할 목적으로 설계되었다. 오클라호마주 털사에 새로 지은 15층짜리 스켈리 석유회사 건물에도 1,000만 달러가 들어갔다. 뉴욕시에 있는 게티 석유회사의 22층 빌딩은 더 최근에 지었는데, 투자금은 1,400만 달러다. 이렇게 나와 회사들이 최근에 부동산에 투자한 액수를 살펴보면 부동산의 실질적인 가치를 얼마나 확신하는지 알 수 있을 것이다.

부동산 투자의 기본 규칙

오늘날 투자자들은 잠재적으로 수익을 올릴 기회를 많이 찾아낼 수 있다. 하지만 수익을 내고 싶으면 투자 전후로 판단을 잘 내려야 한다. 경험이 부족한 사람에게는 부동산이 가장 안전한 투자 수단은 아니라는 것을 앞에서 이미 언급했다. 이런 점은 부동산 투자자의 가장 흔한 유형에 속하는, 주택을 사거나 건물을 지으려는 사람에게도 똑같이 적용된다.

주택을 짓거나 사려는 사람은 땅이나 주택을 잘 선택해야 한다. 예를 들면, 사고 싶은 땅이나 집이 속한 지역의 토지 규제에 관해서 자세히 알아봐야 한다. 부동산 판매원이나 이웃들에게 물어보는 것만으로는 부족하다. 덩굴 식물로 뒤덮인 환상적인 집을 덥석 샀다가 어느 날 일어나보니 바로 옆에 하수처리 공장이 생긴다는 것을 알게 된 사람도 많다.

주택을 짓거나 사려는 사람은 건축에 관해서도 알아야 한다. 관련 지식이 많을수록 좋으며, 최소한 집이 제대로 지어졌는지 판단할 수 있을 만큼은 되어야 한다. 건축 지식이 부족하면 집을 사기 전에 건축에 관해서 잘 아는 사람을 불러서 집을 꼼꼼하게 봐 달라고 부탁하는 것이 좋다. 집을 사는 게 아니라 짓는 경우라면 건축 과정을 감독해줄 사람을 불러야 한다.

전문 부동산 투자자라면 성공적인 투자를 위해 다양한 주제에 관한 지식을 갖춰야 한다. 건축부터 토지 제한 법규에 이르기까지 폭넓은 지식이 필요하며, 우수한 변호사도 선임해야 한다. '가진 사람이 임자'라는 말이 사실이라면 부동산 소유권을 둘러싼 90%의 문제는 법적인 문제라는 말도 사실이다.

부동산 투자자에게 소개할 만한 구체적이고 보편적으로 적용되는 규칙을 나열하기는 어렵다. 부동산의 종류가 너무 다양하기 때문이다. 사람이 살지 않는 지역의 작은 대지부터 주거용·공업용·산업용 건물 단지에 이르기까지 종류가 매우 많다. 그러다 보니 부동산의 종류에 따라서 투자자들이 따라야 하는 규칙도 저마다 다르다. 게다가, 땅의 용도와 지역적·개인적 고려사항도 따져봐야 한다. 그렇더라도 일반적으로 제시할 수 있는 규칙과 팁은 몇 가지 있다. 어떤 종류의 부동산이든 투자자가 참고하면 좋을 규칙을 소개해본다.

1. 부동산을 사기 전에 해당 지역의 부동산 시장과 전망을 철저하게 조사해라. 당연히 가격이 낮고 가치가 오를 조짐이 보일 때 사는 것이 좋다. 그 지역의 인구 증가율이나 전반적인 비즈니스 전망도 고려해야 한다.

쇠퇴하는 지역의 부동산에 투자했다가는 순식간에 손해를 볼 것이다.

2. 사려는 부동산의 용도에 관한 정보를 최대한 많이 얻어야 한다. 집을 사려면 가족에게 필요한 요건을 갖췄고 제대로 지어졌는지 확인해야 한다는 뜻이다. 건축에 관해서 알지 않는 한 함부로 집을 짓지 마라. 아니면 완전히 신뢰할 수 있는 건축가와 건설업자를 구해라.

모텔 운영에 관해 충분히 알지 않는 이상 모텔을 살 생각을 해서는 안 된다. 함부로 샀다가는 흑자를 내기 어려울 것이다. 아니면 모텔을 대신 운영해줄 사람을 찾되 그 사람을 효율적으로 감독할 지식을 갖춰라.

3. 면허가 있고 평판이 좋은 부동산 중개업자를 통해서만 거래해라. 말로만 모든 것을 약속하면서 빨리 거래하라고 압력을 넣는 중개사는 피해야 한다. 그런 사람은 누구에게 무엇을 팔든 신경 쓰지 않고 그저 한몫 빨리 잡을 생각만 할지도 모른다.

4. 만일 부동산을 사서 공간을 개조하거나 건물을 지을 계획이라면 충분한 자기자본을 갖추거나, 프로젝트를 완성하는 데 필요한 자금을 확보할 방안이 있어야 한다.

5. 가능하다면 부동산을 사기 전 이해관계가 없는 제삼자의 평가를 받아라.

6. 건물의 종류와 상관없이 사기 전에 점검할 것들이 있다. 자격이 있고 이해관계가 없는 건축가나 건설업자들이 건물을 꼼꼼하게 조사하는 일이다. 케이프 코드의 작은 집이든 객실이 1,000개인 호텔이든 대형 공장이든 마찬가지다. 수익성 부동산을 살 때는 이해관계가 없는 회계사가 소유자의 장부를 확인해야 한다. 건물주가 장부 확인에 선뜻 동의하지 않으면 조심해라.

7. 오두막을 사든 빌딩을 사든 신중한 태도로 널리 둘러봐라. 당장 사야

할 물건이 나타나지 않는 이상 심사숙고하는 것이 좋다. 원하는 물건을 찾았다는 확신이 들기 전에는 누군가에게 등 떠밀려서 보증금이나 계약금을 내서는 안 된다. 부동산을 사면 부가적으로도 큰돈이 든다는 것을 명심해라. 소중한 돈으로 불필요한 위험 부담을 감수하지 마라.

8. 서류에 서명하기 전 가능한 최고의 법률 조언을 구해라. 서류에 쓰인 복잡한 법률 용어를 이해할 수 있는 사람은 별로 없으므로, 오해가 없도록 이를 쉬운 말로 바꿔서 설명해줄 변호사가 필요하다. 노련한 부동산 투자자들도 이 작업을 건너뛰는 경우가 있지만, 잘못하면 구매자와 판매자가 법정 다툼을 벌이게 될 가능성이 있다.

9. 사려는 부동산에 대한 소유권에 대해서는 반드시 보험을 들어야 한다. 소유권을 꼼꼼하게 조사하더라도 그 부동산의 내력에 관해서 놓치는 정보가 생길지도 모른다. 보험료는 무시해라. 애매한 소유권을 둘러싸고 소송을 벌이면 그 비용이 훨씬 크다. 나를 포함한 여러 부동산 투자자가 이런 사실을 너무 늦게 깨닫는다.

10. 부동산을 산 뒤에는 장기 투자 상품으로 취급해라. 그러면 거의 모든 경우 수익을 훨씬 많이 올릴 수 있다. 부동산으로 돈을 벌고 싶다면 항상 투기가 아닌 투자의 측면에서 생각해야 한다.

이 규칙 10가지가 성공적인 부동산 투자를 위한 가이드는 아니다. 하지만 이를 잘 따른다면 부동산 거래에 숨어 있는 흔한 위험 요소들을 많이 피할 수 있으리라고 생각한다. 그것만으로도 유리한 위치에서 부동산 투자를 시작할 수 있을 것이다.

미술 투자로 즐기는
미적 가치

FINE ART:
THE FINEST
INVESTMENT

신문 데스크가 미술 기사를 신문 1면에 싣는 일은 거의 없다. 참으로 안타까운 일이다. 하지만 얼마 전에 미술 이야기가 전 세계적으로 신문 머리기사를 장식한 적이 있었다. 고인이 된 광고계의 거물 알프레드 W. 에릭슨Alfred W. Erickson의 컬렉션이 경매에 올랐기 때문이다. 옛날 거장들의 작품으로 가득한 그 컬렉션 중에서 미망인의 유언에 따라 내놓은 그림은 24점이었다. 그중에는 렘브란트Rembrandt의 중요 작품 한 점과 그보다는 가치가 조금 덜한 작품 두 점이 있었다. 프라고나르Fragonard와 크리벨리Crivelli의 작품도 한 점씩 있었다.

렘브란트의 중요 작품은 〈호메로스의 흉상을 응시하는 아리스토텔레스〉였고, 프라고나르의 작품은 〈책 읽는 소녀〉였다. 둘 다 모든 수집가와 박물관이 탐낼 만한 걸작이다. 두 작품이 기록적인 가격에 팔리리라는 의견이 지배적이었다. 경매가 열리기 몇 주 전부터 미술계는 걸작들의 경매가가 얼마나 될지를 두고 시끌시끌했다. 어떤 응찰자가 가장 비싼 값을 부를지도 관심사였다. 본 경매를 앞두고 열린 선경매의 최고 금액은 렘브란트의 그림이 180만 달러, 프라고나르의 그림이 35만 달러였다.

실제 경매에서 나온 입찰가와 구매자가 낸 금액은 가장 뛰어난 전문가들이 예측한 것보다도 훨씬 컸다. 〈호메로스의 흉상을 응시하는 아리스토텔레스〉는 그 당시 렘브란트의 작품 중에서 유일하게 박물관에서 소장하고 있지 않은 것이었다. 그 작품은 뉴욕메트로폴리탄박물관으로 가게 됐는데, 박물관이 무려 230만 달러나 부른 덕택이었다. 당시 그림 한 점의 가격으로는 역사상 최고가였다. 그 전까지의 최고가는 앤드루 멜론이 1931년 라파엘로의 〈알바 마돈나〉를 구소련에서 워싱턴 국립미술관으로 옮기기 위해서 소련 정부에 낸 116만 6,400달러였다. 렘브란트의 작품은 역대 최고가의 두 배나 되는 가격에 팔린 셈이다.

프라고나르의 〈책 읽는 소녀〉는 87만 5,000달러에 미국국립미술관에 낙찰되었다. 이 작품은 1959년 이후로 미술 경매를 통해서 두 번째로 비싸게 팔린 그림이었다. 그전에는 77만 달러에 팔린 루벤스의 〈동방박사의 경배〉가 기록을 보유했다. 나는 그 경매에 참여해서 56만 달러까지 부르고는 입찰에서 빠졌다.

내가 이런 이야기를 늘어놓은 것은 미술 시장이 급성장하고 있으며 미술품이 가장 멋진 투자 상품일 수 있다는 것을 보여주기 위해서다. 사실 미술은 오래전부터 훌륭한 투자 대상이었다.

알프레드 에릭슨은 〈호메로스의 흉상을 응시하는 아리스토텔레스〉를 1928년에 듀빈Duveen 형제에게서 샀다. 구매액은 75만 달러였다. 대공황이 극심하던 시기에 에릭슨은 그 작품을 50만 달러에 듀빈 형제에게 되팔았다가 1936년에 59만 달러를 내고 다시 사들였다. 계산해보면 에릭슨은 그 그림에 총 84만 달러를 썼으며, 이 금액과 최근 경매가의 차액은 146만 달러나 된다.

얼핏 보면 에릭슨이 그 그림을 처음 샀다가 듀빈 형제에게 되팔았을 때 금전적인 손해를 3분의 1이나 본 것 같다. 하지만 그 당시의 전반적인 경제 상황을 이해할 필요가 있다. 알프레드 에릭슨은 그 그림을 경기가 호황이었던 1928년에 처음 매입했다가 대공황 때문에 경기가 최저점을 향해 갈 때 매도했다.

상황을 제대로 파악하려면 에릭슨이 그림을 매매한 각 시기에 어떤 일이 일어났는지 알아봐야 한다. 우선, 주가가 폭락했다. 그 어떤 주식보다도 잘나가던 US철강의 주식도 261.75에서 21.25까지 곤두박질쳤으며, 1932년에 미국의 산업은 1929년 대폭락 직전에 도달했던 최고 수준의 절반에도 못 미치는 수준이었다. 1932년에 노동자의 임금은 1929년보다 60% 적었다. 배당금을 지급할 수 있었던 소수의 회사는 그전보다 57%나 줄어든 금액을 주주들의 손에 쥐여 주었다. 이런 상황을 고려하면 에릭슨이 일시적으로 본 33.3%의 손해는 큰 손실이 아니라는 것을 알 수 있다. 그렇다. 미술품은 아주 훌륭한 투자 대상이다.

그렇다고 해서 내 말을 오해하지는 않았으면 좋겠다. 나 역시 미술품을 수집하지만, 알프레드 W. 에릭슨과 마찬가지로 금전적인 수익을 바라고 작품을 사는 것은 아니기 때문이다. 미술품 수집가는 말 그대로 수집가이지 딜러가 아니다.

인생은 짧고 예술은 길다

미술 평론가인 얼라인 B. 사아리넨Aline B. Saarinen은 미국의 위대한 미술품 수집가들의 동기를 분석하면서 이렇게 적었다. "그들의 가장 큰 공통분모는 그들 각자에게 미술품 수집이 표현 수단이라는 점이다."

세상에서 가장 훌륭한 원시 미술 컬렉션을 소장한 조각가 자크 립시츠Jacques Lipchitz는 이렇게 말한다. "미술품 수집은 그 작품을 만든 사람에 관해 공부하는 일이다. 작가의 감정과 자신을 표현하는 방식을 배우며, 그가 어떤 재료를 활용해서 자신을 표현하는지도 알 수 있다."

이런 말에 이의를 제기할 생각은 없지만 내 의견은 이것보다 한두 걸음 더 나아간다. 대다수 진지한 수집가와 마찬가지로, 나도 내가 소장한 작품들을 값비싼 장식품으로 여기지 않는다. 나에게 미술 작품은 그 작가의 생명력 있는 분신과도 같다. 미술품에는 그것을 만든 사람의 희망과 좌절, 그리고 작품이 만들어진 시간과 장소가 반영되어 있다. 화가들이 세상을 떠난 지 오래더라도, 그들이 작업했던 문명 자체가 무너졌더라도 그들의 작품은 계속 살아간다.

개인이 수집품을 통해 느끼는 즐거움은 그 작품들의 금전적인 가치에서 비롯되지 않는다. 그것은 미술의 영구적인 아름다움과 미술이 나타내는 근본적인 가치의 타당성과 영속성에 대한 깨달음에서 비롯된다. 수집가는 미술 작품의 아름다움에 매료되어 작품을 보고 끊임없이 자극받는다.

16세기의 이탈리아 시인 페데리코 다 포르토Federico da Porto는 정치인이자 역사가인 마리노 사누도Marino Sanudo의 아름다운 컬렉션을 보고 '넋이 나가고 압도되었다'고 인정했다. 그 경험을 담은 다 포르토의 시를 읽어보면 1500년대의 수집가들도 오늘날과 비슷하다는 것을 알 수 있다. 그 시는 다음과 같다.

그러고 나서 계단 위로 그대가 우리를 안내하고
우리는 눈앞에 넓은 복도가 펼쳐진 것을 발견한다
그곳이 마치 희귀한 물건들로 가득 찬 또 다른 바다인 것처럼.
벽은 장엄한 그림들에 가려서 보이지 않는다

여백은 없다

다양한 인물, 겉모습이 저마다 다른 사람들만 있을 뿐이다.

우리는 낯선 풍경을 수없이 본다

여기에 스페인이, 저기에 그리스가, 여기에

프랑스의 아름다운 의상이 있다.

수집품과 수집가는 바로 이런 요인들로 이루어져 있다. 수집가는 자기가 소유한 미술품의 아름다움에 감탄한다. 또한 수집품을 자랑스럽게 선보이며 그 아름다움을 다른 사람들과 공유한다. 수집가의 주된 관심사가 소장품의 금전적인 가치가 아니기는 하지만, 수집가가 원하는 작품을 얻으려고 통장을 거덜 내는 일이 많기는 하다.

성공적인 미술 투자

어쨌든 미술품이 훌륭한 투자 상품이라는 사실은 변하지 않는다. 회화, 조각, 테피스트리, 고가구를 비롯하여 사실상 모든 예술 작품의 가치가 지난 몇 년 동안 두드러지게 오름세를 보였다. 이런 추세가 나타나는 가장 큰 원인은 미술품이 오래 이어지고 시간이 흐를수록 더 근본적인 가치를 나타낸다고 인식하는 사람이 늘어났기 때문이다. 그런 사람들은 지금도 계속 늘고 있어서 미술 작품을 사려면 다른 사람들과 경쟁해야 한다. 작품의 가치, 즉 사람들이 미술품에 쓸 의향이 있는 돈의 액수도 올라간다.

1885년에 런던에 있는 빅토리아 앤드 앨버트 박물관Victoria and Albert Museum은 18세기의 이탈리아 거장 조반니 바티스타 티에폴로Giovanni Battista Tiepolo의 그림을 1,000점 넘게 사들였다. 숨 막히게 아름다운 티에폴로의 프레스코 작품들은 베네치아의 라비아 궁전Palazzo Labia, 독일 뷔르츠부르크 레지덴츠 궁전Würzburg residenz의 '황제의 방', 스페인 국왕 찰스 3세의 알현실을 포함한 여러 저택, 교회, 공공건물 등을 장식했다. 그 당시에는 인기가 없는 작품들로 빅토리아 앤드 앨버트 박물관은 그림 한 점당 약 10센트를 지불했다. 박물관이 그 작품들을 팔 생각은 없겠지만 시장에 나온다면 오늘날에는 그림 한 점당 최소 1,500달러는 받을 수 있을 것이다.

19세기의 영국 거장 화가 조지프 터너Joseph M. W. Turner는 오랜 기간 성공적인 작품 활동을 하며 훌륭한 수채화를 많이 그렸다. 1940년대에 터너의 작품들은 한 점당 500~1,000달러에 팔렸다. 현재는 터너의 대형 수채화를 팔면 2만 5,000달러까지 받을 수 있을 것이다.

브라크Braque의 초기작 한 점은 한때 경매에서 15달러에 낙찰되었지만 1959년에 퀸즐랜드 미술관은 15만 5,000달러를 내고 그 작품을 기쁜 마음으로 사들였다. 비슷한 1,250년대 세인트 알반스 수도원에서 만들어진 채색 필사본은 19만 달러에 팔렸다.

이런 사례는 셀 수 없이 많다. 표현 수단, 시대, 화파와 관계없이 사실상 모든 미술품의 가치가 오르는 추세다. 선사 시대의 작은 입상부터 추상적인 표현주의 화가, 행위 미술가, 용접 토치를 사용하는 현대 조각에 이르기까지 다양한 미술 작품이 예전보다 더 사랑받는다. 테피스트리, 양탄자, 고가구도 마찬가지다.

아르다빌 양탄자와 렘브란트의 작품 이야기

나는 내가 산 미술 작품들의 금전적인 가치가 몇 년 동안 꾸준히 오르는 것을 보았다. 가치가 몇 배씩 뛴 작품들도 있다. 나는 1938년에 역사적인 의미가 있는 전설적인 아르다빌Ardabil 페르시아 양탄자를 샀다. 1535년에 타브리즈의 왕실 베틀로 짠 양탄자다. 페르시아의 이슬람교도들은 가로 3m, 세로 7m 정도인 이 양탄자가 너무 아름다운 나머지 '기독교인들이 보기에 과분한' 작품이라고 표현했지만, 기독교인들은 아르다빌 양탄자를 자주 보며 경이로움을 느꼈다.

"인간이 그린 그림을 모두 합친 것만큼 가치 있다." 미국의 화가 제임스 휘슬러James Whistler는 아르다빌 양탄자를 이렇게 평가했다. 이 양탄자는 가장 훌륭한 서양 양탄자 두 개 중 하나로 인정받는다. 타의 추종을 불허하는 예술적인 기교로 만들어진 이 작품은 여러 색으로 찬란하게 빛나는 교향곡과 같다. 세세한 부분까지 공을 들인 환상적인 예술품이다.

아르다빌 양탄자는 1910년에 2만 7,000달러에 팔렸다. 9년 뒤에 유명한 미술 전문가이자 딜러인 듀빈 경이 샀을 때는 가격이 5만 7,000달러로 올랐다. 나는 1938년에 듀빈 경에게서 그 양탄자를 사면서 6만 8,000달러를 지불했다. 나는 이 양탄자를 팔라는 제안을 많이 받았는데, 당시 이집트의 파루크Farouk 국왕은 무려 25만 달러를 제시하기도 했다. 하지만 나는 모든 제안을 정중하게 거절했고 LA 카운티 박물관에 양탄자를 기증했다. 박물관은 1958년에 그 양탄자의 가치를 100만 달러로 책정했다. 1910년에 처음 팔렸던 가격의 40배나 되며, 내가 산 가격보다도 15배나 높다.

나는 아르다빌 양탄자를 산 해에 렘브란트의 작품 〈마르텐 루텐의 초상화〉도 샀다. 렘브란트가 1632년에 그린 그 그림을 6만 5,000달러에 사면서 매우 저렴하다고 생각했다. 사실 10만 달러까지 낼 의향이 있었기 때문이다. 그 초상화의 시장 가치는 수년 동안 쭉쭉 올라갔다. 오늘날 판매가가 어느 정도 될지는 실제로 알 수 없다. 그 작품도 LA 카운티 박물관에 기증했기 때문이다. 하지만 렘브란트의 〈호메로스의 흉상을 응시하는 아리스토텔레스〉가 230만 달러에 팔린 기록을 생각해보면 〈마르텐 루텐의 초상화〉도 내가 산 가격보다 훨씬 비싼 값에 팔릴 것이다.

하지만 훌륭한 미술품을 소장하기 위해 꼭 거장의 작품을 살 필요는 없다. 예를 들면, 스페인의 화가 호아킨 소롤라 이 바스티다Joaquín Sorolla y Bastida는 1893년부터 1923년까지 살았다. 나는 1933년에 뉴욕의 미술품 경매에 참석했다가 그의 작품이 훌륭하다고 생각해 그림 10점을 총 1만 달러도 안 되는 가격에 샀다. 1938년이 되자 그의 재능이 본격적으로 인정받기 시작했고, 내가 산 그림 10점은 가치가 4만 달러까지 올라갔다. 오늘날 호아킨 소롤라 이 바스티다는 스페인 역사상 최고의 화가 20인에 포함된다. 내가 1933년에 산 그의 그림들의 값이 얼마일지 짐작조차 하기 어렵다.

가치가 오를 미술품을 수집할 때 돈을 수백, 수천 달러 들일 필요도 없다. 잘 찾아보면 미술계에도 좋은 작품을 정말 저렴하게 살 기회가 많다.

수집가의 대발견

미술품 수집가들은 모두 엄청난 발견을 하는 일을 꿈꾼다. 헐값에 산 그림이 알고 보니 오래전에 잃어버린 거장의 작품이라고 밝혀지는 것이다. 이런 일은 실제로 가끔 일어난다. 나에게도 그런 일이 일어났기 때문이다.

나는 25년 전쯤에 런던에 있는 소더비 미술 경매에 참석했다. 그날 경매로 나온 물건 중에는 제법 낡은 이탈리아의 성모 마리아 그림이 있었다. 소더비의 전문가들은 그 그림이 작자 미상이라고 말했다. 성모 마리아는 보존이 제대로 되지 않아서 심하게 오염된 상태였다. 그래도 나는 그림이 마음에 들었다. 라파엘로가 떠올라 기분이 좋았으므로 200달러를 내고 그림을 샀다.

나는 1963년에 그 그림을 깨끗이 닦기로 했다. 작업은 복원으로 유명한 업체에 맡겼다. 그런데 그림을 맡긴 지 얼마 안 됐을 때 업체의 대표들이 흥분한 목소리로 나에게 전화를 걸었다. 그 그림이 실제로 라파엘로의 작품이라는 것이다. 뛰어난 미술 전문가들이 그림을 감정하고는 똑같은 결론을 내렸다. 내가 200달러에 산 그림은 라파엘로가 1508~1509년에 그린 〈로레토의 성모〉였다. 이 작품의 실제 가치는 100만 달러가 넘는다.

물론 보통 사람이 동네 고물상에서 푼돈을 주고 걸작을 얻을 가능성보다는 미술 비평가가 행운을 발견할 확률이 높다. 최근에 런던에 사는 한 미술 평론가는 더블린의 작은 헛간에서 검댕이 잔뜩 묻은 캔버스 다섯 개를 발견했다. 알고 보니 그 그림들은 과르디Guardi의 인물화인 것으로 밝혀졌다. 이런 일이 가끔 일어나기 때문에 미술품을 사는 사람들이 계속 희망을 품는다.

상대적으로 덜 유명한 화가들의 좋은 작품을 합리적인 가격에 살 기회도 온다. 특히 인적이 드문 곳의 미술품 가게, 골동품점, 중고 서점에서 그런 기회를 찾을 수 있다. 훌륭한 판화와 에칭 작품을 찾기 좋은 곳이다. 이름이 아직 알려지지 않은 재능 있는 젊은 화가들의 작품을 사는 방법도 있다. 장래가 유망한 화가들의 그림을 유리한 가격에 사는 것이다. 당연한 말이지만 미술계에 아직 자리 잡지 못한

화가의 작품도 뛰어난 가치를 지닐 수 있다.

새로운 곳에서 찾은 미술품

적은 투자금으로도 아름답고, 즐겁고, 금전적으로 훌륭한 투자 상품이 될 미술품을 살 수 있다. 내가 아는 여러 사람이 미술 작품을 저렴하게 사고는 그 작품의 시장 가치가 올라가는 것을 지켜봤다.

내 기자 친구가 겪은 일을 살펴보면 약간의 상식과 안목만 있어도 놀라운 일이 일어난다는 것을 알 수 있다. 그 친구는 뉴욕, 런던, 파리, 베네치아로 출장을 자주 다닌다. 그는 미술을 잘 알지도 못하고 돈도 별로 없지만 미술품, 골동품, 중고책 구경을 좋아하고 가끔 사기도 한다. 취향이랄 것도 없이 정말 다양하게 좋아하고 작품이 오래됐든 최신작이든 가리지 않고 마음에 드는 것을 신중하게 구매한다. 그 친구가 지난 6년 동안 약 2,000달러를 주고 모은 수집품은 벌써 시장 가치가 8,000달러나 된다.

그 친구가 성공적으로 투자한 작품 네 가지는 그가 정기적으로 방문하는 네 도시에서 각각 하나씩 산 것이다. 그중에서도 작년에 베네치아에서 산 그림 이야기를 해 보자. 내 친구는 젊은 이탈리아 화가 세이베치Fioravante Seibezzi의 그림 두 점이 마음에 들어서 그림 한 점당 3만 리라, 즉 50달러를 주고 샀다고 한다. 그런데 얼마 안 있다가 세이베치가 개인전을 열었고, 평론가들이 극찬을 쏟아냈다. 그러자 곧바로 친구가 산 그림들의 가치가 300% 치솟았다. 지금도 가격이 계속 올라가고 있다고 한다.

내 친구는 수집품을 사겠다는 사람들에게 전부 퇴짜를 놓았다. 작품들의 가치가 계속 오르리라고 생각하지만, 그것이 판매를 거부하는 이유는 아니다. 그는 예술을 진정으로 사랑하는 수집가의 본성을 타고났다.

"나는 그것들을 갖고 싶어서 산 거야. 하나하나 너무 좋아하는 작품들이라 팔 생각이 없단 말이야." 그는 이렇게 설명했다.

내 친구의 경험을 보면 관광이나 출장으로 다른 지역을 방문할 때 훌륭한 미술품에 현명하게 투자할 기회가 많다는 것을 알 수 있다. 하지만 많은 사람이 그런 기회를 간과하고 습관적으로 가치가 거의 없는 싸구려 물건이나 비싼 기념품을 산다. 그들은 하찮은 물건에 들이는 돈과 노력으로 훨씬 아름답고 가치 있는 물건을 살 수 있다는 것을 깨닫지 못한다.

내 지인 중에는 미국 육군으로 일본과 한국에서 복무한 사람이 있다. 그는 동양 미술에 관심이 있어서 자유 시간에 집에 가져갈 멋진 작품을 찾았다. 관광객에게 바가지를 씌우는 대로변 상점 대신 시내에서 좀 떨어진 곳을 뒤지곤 했다. 그는 300달러도 안 되는 금액으로 작품을 여럿 샀는데, 나중에 샌프란시스코의 한 딜러는 작품들을 보고선 1,500달러를 주겠다고 팔 것을 제안했다고 한다.

나의 또 다른 지인은 1956년에 부인과 터키로 휴가를 갔다. 지중해로 여행을 가는 관광객들은 등 떠밀려서 싸구려 물건을 사는 일이 많지만, 이 현명한 부부는 시내에서 멀리 떨어진 곳에서 신중하게 쇼핑했다. 약 650달러를 들여서 오래된 조각품 등을 샀고, 미국으로 돌아와 작품들을 감정하자 전문가들은 그 가치를 1,400달러로 책정했다. 그 뒤로 5년 동안 다양한 요인 덕에 가격이 더 올라 1961년에는 작품들의 가치가 무려 2,000달러나 되었다.

내가 지금까지 소개한 사람 중에 예술 전문가는 없다. 그들이 보유한 예술 지식은 독서와 미술관, 전시회를 다니면서 얻은 것이다. 골동품을 파는 가게에서 물건을 살핀 경험도 있을 것이다. 그들에게 예술품 수집이란 큰 즐거움을 안겨주는 취미다. 이런 사람들은 아름답다고 생각하는 물건을 주변에 두길 좋아하며 그 덕에 삶이 더 즐거워진다고 생각한다.

미술품 수집은 이렇게

미술품 수집의 기본 원칙은 어렵지 않다. 예산이 몇백 달러밖에 안 되는 사람도 좋은 작품을 살 수 있다. 품질도 뛰어나고 가치가 그대로 유지되거나 오를 물건을 구하는 것이 가능하다.

미술품을 사는 가장 안전한 방법은 전문가를 통해서 사는 것이다.

평판이 좋은 미술관에서 사는 방법도 있다. 하지만 그런 방법을 이용하면 그 시점의 최고가를 내야 한다. 주머니 사정상 이렇게 큰 규모로 미술품을 살 수 있는 사람은 거의 없다. 게다가 많은 사람이 좋은 작품을 직접 찾으러 다니는 재미를 놓치지 않으려고 할 것이다.

어떤 방식을 택하든 미술 작품을 현명하게 사려면 자신이 어떤 표현 수단과 시대를 가장 좋아하는지부터 정해야 한다. 그 후에는 관련 정보를 자신의 것으로 만들어야 한다. 많이 알면 알수록 좋다. 수많은 복제품과 위조품 사이에서 진품을 알아볼 줄 알아야 한다. (물론 좋은 딜러들은 구매자가 작품을 감정받는 것을 허락하거나 권위자가 감정한 보증서를 제공한다.)

그렇다면 어떤 작품을 살 것인가? 두 가지 요인에 따라 답이 달라진다. 첫 번째 요인은 구매자의 취향이다. 미술품을 현명하게 사려면 작품을 보는 안목이 있어야 한다. 두 번째 요인은 구매자의 투자금이다. 미술품 수집가라면 쓸 수 있는 돈이 어느 정도든 그 범위 안에서 최대한 좋은 작품을 사려고 노력해야 한다. 잘 고른 작품 하나가 못 고른 작품 10개, 100개보다 낫다.

한편, 수집가는 예술적인 가치가 시장이 정한 가치를 반드시 따라가는 것은 아니라는 점을 항상 명심해야 한다. 그 반대도 마찬가지다. 수집가가 예술품을 즐겁게 감상하고 그 아름다움에 매료되면서도 돈을 현명하게 투자하고 싶을 수도 있다. 안 좋은 물건에 돈을 쓰는 행동이 바보 같듯이 별 볼 일 없는 미술품에 돈을 들이는 것도 바보 같은 짓이다.

내가 어떤 미술품을 꼭 사야 할 만큼 좋아하는지 확인하는 방법이 있다. "그 작품과 함께 살아갈 수 있는가?"라는 질문을 자신에게 던져 보면 된다. 미술품을 사고 나면 그것을 오랫동안 자주 봐야 한다. 그림, 대리석 흉상, 르네상스 시대의 접이식 책상 등 무엇이더라도 그 물건이 오랫동안 기쁨을 안겨줄 것 같다면 사면 된다. 그렇지 않다면 다른 물건을 찾아보는 것이 좋다. "저는 제가 좋아하는 물건을 삽니다. 제가 사는 것들을 좋아하고요." 이것이 진정한 수집가의 철칙이다.

일단 미술품을 사고 나면 그것으로 무엇을 할지는 구매자의 마음이다. 작품의 시장 가치가 올라갈 때까지 기다렸다 팔아서 수익을 챙길 수도 있고, 작품을 계속 소유하며 즐겁게 감상할 수도 있다. 예술적 가치가 있는 작품을 보며 꾸준히 즐거움을 느끼고, 금전적인 가치까지 상승하는 중이라면 현명한 투자를 했다고 자부해도 된다. 둘 중 어떤 길을 걷든 훌륭한 미술 작품을 사는 일은 가장 멋지고 만족스러운 일이 될 수 있다.

J. PAUL GETTY
PART FIVE:
OF MONEY
AND VALUES

PART V

부

돈과 가치에 대하여

HOW TO BE
RICH

돈의
도덕률

THE
MORALS
OF MONEY

'백만장자'나 '억만장자' 같은 단어에는 마법 같은 힘이 있다. 이렇게 강력한 느낌을 주는 말에 매혹되는 사람이 많다는 것을 충분히 이해한다. 그중에는 모든 부자가 돈을 현금으로 갖고 있으리라고 착각하는 사람들도 있다. 침대 밑이나 서재의 비밀 금고 안에 현금을 꽉 꽉 채워뒀다가 원할 때마다 물 쓰듯 한다고 상상한다. 돈만 있으면 무엇이든지 살 수 있고 어떤 문제든 해결되리라고 생각하기도 한다.

하지만 '일하는' 백만장자, 즉 비즈니스에 적극적으로 나서는 부자는 그렇게 살지 않는다. 우선, 사업가의 재산이 수백만 달러라도 당장 쓸 수 있는 유동 현금은 아주 적다. 재산이 토지, 건물, 기계, 장비, 원자재, 재고 등 그의 비즈니스를 구성하고 회사가 돌아가게 하는 모든 것에 묶여 있기 때문이다.

따라서 일하는 사업가의 재산 중 극히 일부만이 당장 쓸 수 있는 개인적인 현금이다. 사업을 그만두고 회사 주식을 팔아서 현금화하지 않는 한 말이다. 하지만 성공한 사업가는 일을 포기하는 경우가 극히 드물다. 건설적인 목적이 없는 부는 존재 가치가 없다는 사실을 알기 때문이다.

성공한 사업가는 비즈니스를 예술로 여기고 재산을 자본으로 활용한다. 그 돈을 투자하고 재투자해서 사업체를 세우고, 일자리를 만들고, 상품과 서비스를 생산한다. 자신이 부유하다고 1년 내내 멋대로 놀 수는 없다는 것을 알며, 돈이 사람들을 위해서 많은 일을 할 힘이 있다는 사실을 받아들인다. 돈이 사람들의 사생활, 성격, 도덕적·지적 가치관에 좋은 영향뿐 아니라 나쁜 영향도 끼칠 수 있다는 것을 이해한다.

부와 함께 살아가는 일은 저절로 되지 않는다. 그 방법을 스스로 터득해야 한다. 내 말을 믿어라. 부자가 되면 그 사실에 적응할 필요가 있다. 돈이 많아졌다고 사고의 균형을 잃어서는 안 되고 가치관이 달라져서도 안 된다.

부자가 살아가는 법

부자는 부 때문에 생기는 특수한 문제들에 대처하는 방법도 배워야 한다. 그가 부자라는 것만 보고 달려드는 사람들을 다룰 줄도 알아야 한다. 물론 월세나 식비를 걱정할 필요는 없다. 개인적으로 돈이 없어서 시달릴 일은 없지만, 그렇다고 돈 걱정으로부터 자유로운 것은 아니다. 사업가의 재산은 그가 일을 통해 얻은 결과이므로 사업체가 효율적으로 잘 굴러가야만 수익이 생긴다. 그러다 보니 돈 문제가 항상 있을 수밖에 없다.

사업가가 운영하는 회사 중 하나가 적자 상태가 되면 상황을 바로잡기 위해서 곧바로 조처해야 한다. 이런 일은 실제로 자주 일어난다. 사업을 확장하고 현대화하기 위해 자금을 구해야 하고, 자기가 운영하는 모든 사업체가 대출금을 제때 갚을 수 있는지도 확인해야 한다. 사업가는 수많은 돈 문제에 관해서 항상 생각하고 자주 걱정해야 한다. 사업가가 기한이 만료되는 500만 달러짜리 회사채를 어떻게 갚을지 걱정하는 것이나, 주급이 75달러인 점원이 곧 만기가 되는 500달러어치 어음을 어떻게 결제할지 걱정하는 것이나 마찬가지다. 둘 다 개인적이고 긴급하고 중요한 걱정거리다.

누군가가 경제적인 성공을 거둔 것이 알려지면 그 사람은 그때부터 표적이 된다. 재산이 많아질수록 상황은 더 나빠진다. 대부호가 레스토랑에서 다른 사업가들과 식사하는 장면이 포착되면 몇 시간 뒤에 그에게 전화가 빗발친다. 사람들은 그에게 기업 합병, 주식 분할, 배당금 추가 지급에 관해서 돌고 있는 소문이 사실인지 아닌지 묻기 바쁘다. 그가 사교 모임에 나가서 젊은 아가씨와 춤을 두 번 이상 췄다고 가정해보자. 그러면 '대부호의 열애'에 관한 소문이 무도회장에 돌다가 결국 신문의 가십난에 실릴 것이다. 그가 점심을 먹으면서 나눈 대화는 자신의 취미에 관한 것일 수도 있고, 함께 춤을 춘 상대는 조카딸이었을 수도 있지만, 그렇더라도 결과는 달라지지 않는다.

부자라서 누리는 혜택도 많지만, 그들의 삶에 맛있는 샴페인과 캐비아만 있는 것은 아니다. 부와 사회적 지위를 얻는다고 해도 부자로 사는 것에 단점도 있다는 사실을 받아들여야 한다. 성공을 이룩하고 부를 쌓았다는 이유로 사람들의 존경을 받을 수 있을지도 모른다. 하지만 바로 그런 이유로 많은 사람이 목소리를 높여 자신을 시기하고 미워할 수도 있다는 것을 예상해야 한다. 백만장자는 말이나 행동으로 찬사를 받을 때도 있지만 욕을 먹는 일도 그만큼이나 많을 것이다.

돈을 자유롭게 쓰면 과시한다고 비난한 사람들이, 조용하고 검소하게 살면 베풀 줄 모르는 구두쇠라고 손가락질한다. 파티나 나이트클럽에 가면 방탕한 생활을 한다고 의심하며, 이 때문에 사교 모임이나 술집을 멀리하면 사람을 싫어하는 은둔자라는 소리를 듣는다.

부자들을 감시하고 비난하는 사람들은 부자의 사소한 행동에도 큰 관심을 보인다. 팁을 예로 들어보자. 내가 레스토랑에서 팁을 넉넉하게 주고 나오면 돈 자랑을 한다고 비난하는 사람이 생긴다. 반대로,

행동하면 똑같은 사람이 '폴 게티는 쩨쩨하더군.'하고 말할 것이다. 내가 인터뷰에 응하지 않으면 '비협조적'이라거나 '언론에 적대적'이라는 소리를 듣는다. 어떤 가십 칼럼니스트는 '요즘 폴 게티는 이상할 정도로 언론을 피하고 있다. 곤란한 질문들을 막으려는 것일까?'라고 기사를 쓸지도 모른다.

내가 불평하는 것일까? 그런 것은 아니다. 나는 그저 부자로 살면서 좋은 마음으로 받아들여야 하는 몇 가지 일을 나열하고 있을 뿐이다. 부유한 사람은 인생을 살면서 물질적인 것을 풍족하게 살 수 있다. 옷이나 자동차도 원하는 만큼 사고, 좋은 집에서 가사 도우미도 많이 고용할 수 있다. 한마디로, 호화로운 생활의 물질적인 측면을 완전하게 누릴 수 있다. 이런 생활을 얼마나 즐길 수 있는지는 본인에게 달렸다. 활동적인 사업가라면 비즈니스에 빼앗기는 시간과 에너지가 어느 정도인지도 따져봐야 한다.

내가 겪은 일들에 대하여

나는 여전히 하루에 16~18시간씩 일해야 할 때가 많다. 가끔은 밤을 새워서 일하기도 한다. 여행을 가도 사업에 문제가 생기면 최대한 빨리 연락을 취해야 한다. 나는 지난 45년 동안 휴가를 가서 단 하루라도 전보를 안 치거나 전화를 걸지 않아도 되는 날은 없었다고 기억한다. 휴가지에서도 하루에 최소 몇 시간씩은 일에 신경 써야 했다. 나는 나의 시간 대부분을 사업을 일구고 확장하는 데 사용했다. 그러다 보니 사생활에서 큰 타격을 받았다.

나는 다섯 번 결혼하고 다섯 번 이혼했다. 결혼 생활이 실패로 끝났다는 것이 너무나 유감스럽지만, 왜 실패하게 됐는지는 이해한다. 나의 전처들은 모두 성공적인 결혼 생활을 위해 최선을 다한 아름다운 여성들이다. 하지만 여자는 남편이 일을 1순위로 두고 자기를 2순위로 둘 때 만족감과 행복을 느끼지 못한다. 자기가 누군가의 아내이며, 자기에게 실제로 남편이 있다고 못 느끼는 것이다. 내가 이혼을 다섯 번이나 하면서 배운 점은 돈이 얼마나 많든 행복한 결혼 생활을 살 수는 없다는 것이다.

우정도 돈 주고 살 수 없는 것 중 하나다. 가짜 우정을 팔아먹으려는 사람이 많긴 하지만 말이다. 나는 '부유한 사람에게 우정을 평가할 수 있는 척도는 시간이다'라고 자주 말한다. 다행히 나에게는 진짜 친구가 여러 명 있다. 그런 점에서 나는 운이 매우 좋다. 내 친구들은 나와 수년, 수십 년씩 함께해주었다. 그들은 한 번도 우정을 이용해서 금전적인 이득을 보려고 하지 않았다. 나에게 '부탁'하는 일들은 합리적인 수준이었고, 사이가 좋은 친구라면 충분히 이해할 수 있는 내용이었다.

하지만 내 친구들과 달리 부유한 사람과 친해지려고 지나치게 애쓰는 부류도 있다. 그런 사람들은 공짜로 무엇인가를 얻으려는 속셈이 있다. 그들이 원하는 것은 일자리나 주식시장의 내부 정보일 수도 있고, 사업을 시작하거나 망해가는 회사를 살리는 데 필요한 돈일 수도 있다. 대놓고 돈을 달라는 사람도 있고, 빌려 달라는 말로 돈을 뜯어내려는 사람들도 있다.

내가 겪은 일을 예를 들어보자. 나에게는 장성한 아들이 넷 있는데, 전부 집안 사업에 뛰어들기로 했다. 한 명씩 결정을 내릴 때마다 나는 아들이 일을 시작할 수 있게 해주었다. 대신 예외 없이 밑바닥에서부터 시작해야 했다. 내 아들들은 주유소에서 고객을 상대하면서 일을 배웠는데, 내가 큰돈을 투자한 회사가 소유한 곳이었다. 아들들은 휘발유와 윤활유를 팔고, 자동차 배터리를 충전하고, 타이어를 갈았다.

그런데 별로 친하지도 않은 지인들이 자기 아들이나 일이 없는 친척들에게 내가 운영하는 회사의 임원급 일자리를 달라고 '부탁'한다. 그런 사람들은 내가 부탁을 왜 거절하는지 이해하지 못하는 눈치다. 거절당하고 나면 화를 크게 내기도 한다.

그다음에는 자기를 하룻밤 만에 부자로 만들어줄 비법을 묻는 사람들이 있다. 아무리 늦어도 1~2주일 안에는 부자가 되어야 한다면서. 그런 비법은 없다고 아무리 이야기해도 소용이 없다. 벼락부자가 되기를 꿈꾸는 사람들은 내 말을 믿지 않는다.

"있는 놈들이 더하다더니!", "돈 버는 비법을 알면서 안 알려주다니 불공평해!", "다른 사람들도 부자가 되는 게 싫은 거지!" 대강 이런 이야기를 많이 듣는다.

그런 사람들은 현대 사회의 비즈니스가 달밤에 주문을 외우는 마법사들의 손에 달린 줄 아는 모양이다. 그들과 말다툼해봤자 아무런 소용이 없다. 그들은 열심히 일하는 것이 핵심이라는 것을 믿지 않는다. 그런 사실을 믿기 싫어한다. 성공과 부가 알아서 찾아오기만 바라고 일하기는 싫은 사람들이다.

부자의 돈이 다른 사람들에게 미치는 영향은 놀랍다. 영향력이 너무 커서 믿기 어려울 때도 있다. 돈이 많다고 해서 항상 남보다 유리하거나 고상하게 지낼 수 있는 것은 아니다. 앞에서 이미 언급한 것처럼 백만장자는 다른 사람들의 표적이 된다. 특별히 쉬운 표적으로 여기는 사람도 많다. 예를 들면, 나는 오랫동안 열렬하고 진지한 예술품 수집가의 길을 걸으며 보티첼리, 코로, 프라고나르의 위조품을 팔겠다는 제안을 수도 없이 받았다.

한번은 어떤 남자가 16세기에 만든 희귀한 테피스트리라며 그것을 '단돈 4만 5,000달러'에 팔겠다고 했다. 내가 관심이 없다고 말하자, 그는 분노를 터뜨렸다.

"꼭 사야 한다고!" 그가 테피스트리를 나에게 떠넘기면서 이렇게 소리쳤다. "마누라가 이거 만든다고 몇 달을 고생했는데!"

또 다른 남자는 자신의 미술 수집품을 처분한다며 나에게 그림 몇 점을 보여주었다. 캔버스의 품질도 좋지 않고 그림에 검댕이 잔뜩 묻어 있으며, 심지어 액자에는 금이 간 싸구려였다. 그가 그림을 수집한 것은 맞지만, 문제는 그림을 쓰레기장과 고물상에서 구했다는 것이다.

사람들이 얼마나 탐욕스럽고 경제 관념이 없는지는 부유한 사람이라면 시달릴 편지 공세를 보면 알 수 있다. 나는 전혀 모르는 사람들에게서 매달 편지를 많게는 3,000통씩 받는다. 그중에는 여자들이 보낸 편지도 있다. 연령대도 다양하고 직업도 다양하다. 그들은 내가 돈이 대단히 많고 현재 결혼하지 않은 상태라고 들었다고 한다.

"당신이 내가 항상 남편으로 삼길 바라던 사람이에요.", "아내가 필요하신 것은 당연하잖아요? 제가 그 빈자리에 딱 맞는 여자랍니다.", "남편과 기쁜 마음으로 이혼하고 당신과 결혼하겠어요! 변호사를 구할 돈만 보내주신다면…." 프러포즈 편지에는 이런 말들이 많이 나온다. 자기 사진을 같이 보내는 여자도 많다. 사진도 천차만별이다. 가볍게 찍은 사진부터 사진관에서 제대로 찍은 사진까지 다양하다. 어떤 여자들은 사진 앨범을 아예 통째로 보내기도 한다.

나에게 추파를 던지기 바쁜 여자들은 나를 만나기 '전에' 돈을 달라고 요구한다. 그 뒤에는 결혼처럼 형식적인 절차는 생략하고 나에게 사랑과 우정을 쏟아주겠다는 것이다. 대놓고 말하는 사람도 있고, 그런 내용을 은근하게 암시하는 사람도 있다.

하지만 내가 받는 대부분의 쓸데없는 편지는 단도직입적으로 돈을 달라는 내용이다. 내 비서의 말에 의하면 우편물의 70%가 그런 편지라고 한다. 그중에는 실제로 돈이 필요한 사람도 극소수 있겠지만, 안타깝게도 그런 사람들과 습관적으로 돈을 구걸하는 사람들을 구분하기가 불가능하다. 편지는 사실상 모든 나라에서 날아든다. 편지에 적힌 사연이 사실인지 일일이 확인할 수는 없으므로 그런 부탁은 전부 거절할 수밖에 없다.

나의 철학에 대하여

내가 알고 지내는 다른 부자들과 마찬가지로 나 역시 합법적인 자선 단체에만 돈을 기부한다. 나와 내가 운영하는 회사들은 매년 빠짐없이 수십만 달러를 자선 단체에 기부한다. 이것이 자격이 있는 사람들에게 돈을 보낼 수 있는 그나마 안전한 방법이다. 나는 이 이야기를 언론 인터뷰에서도 언급했고 아예 성명으로 발표하기도 했다. 하지만 아무 소용도 없었다. 여전히 수천 명이 돈을 달라며 나에게 편지를 보낸다.

"부자잖아요. 푼돈 좀 보내준다고 아쉽지 않잖아요." 그들은 나에게 주로 이런 말을 적어서 보낸다. 마치 그 말이 모든 것을 정당화하는 것처럼 말이다. 돈을 보내달라고 애원하는 사람들도 있고 당당하게 요구하는 사람들도 있다. 드물게는 협박을 서슴지 않는 사람들도 있다. 놀라울 만큼 많은 사람이 약삭빠르게 돈을 '수표 대신 현금'으로 보내달라는 소리를 한다. 조세 당국이 돈에 관해서 알아내지 못하게 해달라는 것이다. 심지어 '세금을 내고 나서' 돈을 보내라고 요구하는 사람들도 있다.

어느 주립의사협회 회장이 나에게 25만 달러를 달라고 부탁한 일이 있었다. 그 돈으로 요트를 사고 싶다며 편지에 이렇게 적었다. "재산이 어느 정도 인지 들었는데, 이 정도면 큰 금액도 아니죠." 그 사람은 지역사회에서 존경받을만한 의사였다. 한 공인회계사는 자기가 다니는 회사의 이름이 적힌 편지지에 50만 달러를 달라는 내용을 써 보냈다. 자신이 주식시장에서 돈을 버는 확실한 방법을 찾아냈다며 내 돈으로 투자하고 싶다는 것이었다. 그는 관대하게 "그 대신 수익의 10%를 드리겠습니다."라고 약속했다.

친척들을 돕게 100만 달러를 면세로 달라는 고등학교 교사도 있었고, 자기가 횡령한 10만 달러를 내가 메워주리라고 확신하는 은행원도 있었다. 이렇게 구걸하는 사람들이 요구하는 액수를 전부 합치면 매달 평균 300만 달러가 넘는다.

물론 이 모든 것은 부에 딸려오는 문제 중에서 짜증이 조금밖에 안 나는 것들이다. 부자의 삶이 여러 면에서 즐겁기는 하지만, 보다시피 많은 사람이 생각하는 것처럼 걱정 없는 생활은 아니다. 돈은 사람에게 많은 것을 안겨줄 수 있지만, 이상하게 만들 수도 있다. 돈이 누군가에게 미치는 영향은 그 사람의 도덕관, 지적 수준, 인생관, 삶을 대하는 태도에 따라 크게 달라진다.

앞에서도 말했지만, 사업가라면 그 돈을 회사에 투자하는 것이 최고의 방법이다. 그 회사가 사람들을 위해서 더 저렴한 가격에 더 나은 상품과 서비스를 더 많이 제공할 수 있다면 정말 좋을 것이다. 사업가는 회사를 세우고 운영해서 세계 경제의 지속적인 상승세에 보탬이 되어야 한다. 그것이 부의 존재를 정당화할 방법이며, 일하는 사업가라면 바로 그런 데서 가장 큰 만족감을 느낄 것이다.

나 역시 돈을 그렇게 쓰려고 노력한다. 내가 투자한 여러 회사의 목적과 목표도 바로 그런 것들이다. 나는 성공한 사업가의 돈을 세계 경제와 인류를 위해 쓰는 것이 윤리적이라고 생각한다.

개인주의자로
살아남기

THE
ART OF
INDIVIDUALITY

성공한 임원, 리더, 혁신가는 비범한 인물이다. 그런 사람은 체제에 고분고분하게 순응하지 않는다. 자신의 이상과 신념을 지켜야 할 때를 제외하면 말이다.

내가 만난 어느 젊은 임원은 세계에 순응하는 전형적인 '조직형 인간'이었다. 오늘날에는 그런 사람들이 점점 늘어나는 추세다. 그의 옷차림, 예의, 태도, 사고방식은 전부 인위적으로 느껴질 만큼 상투적이었다. 성공하려면 남이 시키는 대로 하는 것이 필수라고 생각하는 것 같았다. 하지만 그는 자기가 빨리 출세하지 못한다고 불평하고는 나에게 조언을 구했다.

"어떻게 해야 일에서 성공하고 돈도 많이 벌 수 있을까요?" 그는 눈을 초롱초롱 빛내면서 물었다. "어떻게 해야 100만 달러를 벌 수 있습니까?"

"확실한 공식 같은 것은 없습니다." 나는 대답했다. "하지만 한 가지는 분명하게 말씀드릴 수 있습니다. **길거리에 널린 사람들처럼 말하고 행동하고 생각하려는 노력은 그만 해요. 그러면 더 빨리 성공할 수 있을 겁니다. 남들의 말을 따르지 않는 사람이 되어보세요.** 개성 있는 개인주의자가 되세요. 이 방법이 얼마나 빠르고 효과적인지 알면 깜짝 놀랄 겁니다."

내 말이 그 젊은 임원에게 크게 와닿았을 것 같지는 않다. '역행하는' 조언을 듣기에는 너무 '헌신적인 순응'을 하고 있었기 때문이다. 그는 자신이 '옳고' 안전하다고 생각하는 다른 사람들의 말과 행동을 평생 앵무새처럼 따라 하면서 살 것이다. 자신이 안정되고 믿을 만한 사람이라는 것을 증명하려 애쓰면서 사소하고 임의적인 규칙과 관습에 순응할 것이다.

하지만 그 과정에서 자신이 얼마나 상상력과 진취력이 부족한지가 드러날 것이다. 사람들은 그가 비범한 인재가 아니라는 사실을 알아차릴 것이므로, 자신이 갈망하는 성공과 부는 절대로 찾아오지 않을 것이며, 별 볼 일 없는 임원으로 회사만 옮겨 다니다가 은퇴하게 될 것이다.

나는 특별히 현명하거나 똑똑한 사람은 아니다. 다른 사람들의 도덕관이나 신념을 심판할 생각도 없다. 하지만 비즈니스와 그 세계에 관해서는 어느 정도 안다고 생각한다. 나는 남을 따라 하는 사람은 실질적이고 꾸준한 성공을 거두거나 비즈니스로 큰돈을 벌지 못한다고 확신한다.

세상의 고정관념을 믿지 마라

성공하려는 사업가는 다른 사람을 흉내내고 있을 여유가 없다. 자기 생각과 행동을 낡은 틀에 밀어 넣을 시간도 없다. 그런 사업가는 독립적으로 생각하고 행동할 줄 아는 개인주의자가 되어야 한다. 독창적이고 상상력이 풍부한 지략가이자 자립할 수 있는 기업가여야 한다. 사업으로 성공하려면 단순히 비즈니스를 할 줄 아는 데서 그치지 않고 그것을 예술의 경지로 끌어올려야 한다.

성공한 사업가의 역행하는 기질은 그의 회사가 돌아가고 비즈니스 활동이 이루어지는 방식에서 잘 드러난다. 성공한 사업가와 보통의 경쟁자에게는 근본적인 차이가 있다. 형식적인 관습이나 다른 사람의 독단적인 주장을 견디지 못하며, 그런 성향은 특이한 행동으로 나타나기도 한다.

고인이 된 존 록펠러는 가는 곳마다 10센트짜리 새 동전을 나눠주는 습관이 있었고, 하워드 휴스는 테니스화를 즐겨 신고 목이 트인 셔츠를 입는 것으로 유명하다. 버나드 바루크 Bernard Baruch는 중요한 비즈니스 회의를 공원 벤치에서 열었다. 이 셋 외에도 여러 억만장자가 개성을 드러내며, 사람들이 자신을 별나다고 생각해도 개의치 않았다.

물론 독특한 옷을 입거나 특이한 행동을 한다고 일에서 성공할 수는 없으며, 하룻밤 사이에 부자가 될 수도 없다. **하지만 세상이 말하는 고정관념을 믿는 사람들은 성공하기 매우 어렵다고 강조하고 싶다.**

오늘날 젊은 사업가들은 사회로부터 인정받고 비즈니스에서 성공하기 위한 필수 조건으로 불특정 다수의 행동 양식을 맹목적으로 따른다. 그토록 많은 사람이 그런다는 사실이 실망스럽다. 다수의 의견이 언제나 무조건 옳다고 생각하는 일에는 근본적인 오류가 있다. 그것은 사실이 아니기 때문이다. 다수가 다수라는 이유만으로 모든 것을 알 수는 없다.

나는 경험을 통해 다수의 의견과 집단 히스테리의 경계선이 너무 가늘어서 보이지 않을 때가 많음을 안다. 인간 활동의 어디서든 그 경계선을 알아보기 어렵듯이 비즈니스에서도 그렇다. 무엇이든 다수라는 이유만으로 그들이 내세우는 의견의 타당성이 보장되지는 않는다.

대다수는 천천히 터벅터벅 걷거나 무력하게 서성거린다. 소수만이 다수의 외침을 무시한 채 자신의 의견을 고수하며 그 덕택에 큰 보상을 거둘 때가 많다. 이런 사례는 아주 쉽게 찾아볼 수 있지만, 가장 극적인 사례들은 대공황 시절에 일어난 것들이다.

록펠러 집안은 1931년에 록펠러센터를 짓기 시작했다. 대공황이 한창일 때 개인 소유로는 미국에서 가장 큰 상업·오락 시설을 지은 것이다. 미국인 사업가 대부분은 그 프로젝트를 미친 짓으로 여겼다. 그들은 미국 경제가 파멸을 맞았다는 지배적인 의견에 고개를 끄덕이고는 거대한 고층 건물이 수십 년 동안 빈 껍데기로 남을 것이라고 예언했다. "록펠러센터는 세계에서 가장 큰 무용지물이 될 것이다.", "록펠러는 밑 빠진 독에 돈을 들이붓고 있다."라고 끌어내렸지만 록펠러 집안은 계획을 접지 않았다. 결국, 그 프로젝트로 큰 수익을 올린 그들은 다수가 틀리고 자신들이 옳았다는 것을 증명했다.

콘래드 힐튼Conrad Hilton•의 사례도 마찬가지다. 힐튼은 다른 호텔 경영자들이 호텔을 팔아치우려고 혈안이 되었을 때 호텔을 오히려 사고 짓기 시작했다. 남들과 반대 길을 간 콘래드 힐튼이 얼마나 성공했는지는 설명하지 않아도 다들 알리라고 생각한다.

나 역시 대공황 시대에 주식을 사기 시작했다. 주가가 바닥을 치던 시기였다. '모두'가 주가가 그것보다도 떨어질 것으로 예상했다. 사람들은 주식을 정신없이 팔아치웠다. 그들의 머릿속에는 오직 '다수'가 예측한 궁극적인 경제 재앙이 닥치기 전에 뭐라도 건지겠다는 생각뿐이었다.

하지만 나는 아랑곳하지 않고 주식을 계속 샀다. 결과는 어떻게 됐

• 미국의 기업가이자 힐튼 호텔의 창업주

을까? 내가 1930년대에 사둔 여러 종목은 내가 샀을 때보다 지금 100배 이상 오른 상태다. 내가 집중적으로 매입한 어떤 주식은 수년에 걸쳐서 나에게 순이익을 4,500%나 안겨 주었다.

내가 투자를 잘 했다고 자랑하려는 것이 아니다. 다른 사업가와 투자자 중에도 나처럼 투자해서 수익을 챙긴 사람들이 있다. 하지만 우리는 극소수의 이방인이었다. 우리는 그 당시를 지배하던 다수의 음울하고 비관적인 생각을 거부한 자들이었다.

진정 성공한 사업가에게는 기본적으로 남들과 반대편에 서는 성향이 있다. 이들은 현 상태에 만족하지 않는 반항아다. 어떤 일을 하든지, 어떤 물건을 만들든지 새롭고 더 나은 방법을 끊임없이 찾는다. 그 덕에 성공하고 부를 쌓는다.

순응자를 찍어내는 사회

이때까지의 믿음에 따르기를 거부해 큰 성공을 거둔 사람은 많다. 미국의 200년 역사 속에서 찾아보자면 성이 A로 시작하는 존 제이컵 애스터 John Jacob Astor •부터 Z로 시작하는 아돌프 주커 Adolph Zukor ••까

●   (1763-1848) 미국 최초의 백만장자, 모피 무역과 부동산 사업으로 재산을 모았다.
●●   (1873-1976) 파라마운트 영화사의 대표.

지 다양하다. 그들은 이미 나열한 4가지 자질에 의존했다. 바로 창의력, 독창성, 개성, 진취성이다. 그들이 성공의 길을 가는 동안 완고한 순응자들은 실패의 길을 걸었다.

오직 가장 무능하고 일의 효율성이 제일 떨어지는 순응자만 순응주의의 축복을 조금은 누릴 수 있다. 하지만 순응하는 사람들은 이런 사실을 깨닫지 못한다. 가장 뛰어난 사람들도 어쩔 수 없이 별 볼 일 없는 사람들이 정한 느릿한 속도에 맞추어 걷는다. 융통성 없는 사람, 깐깐하게 구는 사람, 게으른 사람들과 같은 수준으로 가라앉는 것이다. 이는 우리의 문명 전체에 영향을 끼치는데, 나는 그것이 좋지 않다고 생각한다.

순응주의 사회에서 구조화된 사회까지 가는 길은 그리 멀지 않다. 구성원들이 개성, 즉 독립성을 자발적으로 포기하는 사회가 전체주의 사회보다는 낫지만, 결국에는 둘 다 오웰이 떠오르는 악몽 같은 사회가 될 것이다. 어떤 면에서는 구성원들이 자진해서 아무 특색도 없이 살아가는 사회가 그들이 그렇게 살도록 강요당하는 사회보다 끔찍할지도 모른다. 자신의 개성과 정체성을 자발적으로 포기하면 인간임을 포기하는 것이나 마찬가지이므로.

자기답게 역동적으로 사는 일은 가장 중요한 자질임에도 불구하고, 순응주의의 신비로운 힘 때문에 약해지고 있다. 순응주의는 다 똑같이 생긴 활기 없는 조직형 인간을 양산했다. 조직형 인간들은 자신의 두려움과 자신감 부족, 무능함을 순응주의 뒤에 감추려고 헛되이 노력한다.

순응자도 처음부터 그렇게 태어난 것은 아니다. 후천적으로 그렇게 만들어진 것뿐이다. 나는 세뇌 작업이 학교와 대학에서 시작된다고 생각한다. 여러 교사와 교수가 학생들에게 무엇보다도 '안정성'을 확보해야 한다고 강조하는 것 같다.

게다가, 고등학교와 대학교의 교육 과정도 '한 분야'만 알도록 고안된 경우가 많다. 문제는 지식과 관심사가 그만큼 좁아진다는 것이다. 이에 따르면 회계사는 숫자만 보아야 하고, 청소부는 청소만 해야 한다. 일이 어떻게 돌아가는지 큰 그림을 이해하는 사람이나 책임감 있는 리더를 키우려는 노력은 없어 보인다. 다른 면에서는 똑똑한 젊은이들이 지나치게 전문화된 교육을 받고 대학을 졸업해 지나치게 조직화된 회사의 토끼 사육장 같은 사무실로 사라져버린다.

오늘날 젊은 사람들이 순응자가 되도록 강요하는 다른 요인도 많다. 젊은이들은 사람들이 좋아하는 이미지를 갖추려면 어떻게 해야 한다는 소리를 쉴 새 없이 듣는다. 하지만 **그런 말은 실패한 사람들과 성공할 가능성이 없는 사람들이 남을 끌어내릴 때 하는 말이다. 자신의 좌절과 실패를 나눌 사람이 필요하기 때문이다.** 감히 생각이나 행동이 다르다니! 두고 볼 수는 없다! 일반적인 길에서 조금이라도 벗어나면 보헤미안이나 공산주의자로 찍히고 만다. 아니면 예측할 수 없고 신뢰할 수 없는 괴짜가 되어버린다.

물론 이것은 말도 안 되는 헛소리다. 자신의 개성을 건설적으로 드러내는 사람은 금방 정상에 오를 것이다. 그런 사람이 성공할 확률이 가장 높다. 하지만 학교를 졸업하고 사회에 나와도 세뇌가 이어진다.

남자 사업가는 주변 여자들의 영향도 많이 받는다. 사업가가 계속 순응하며 사는 데 일조하는 여자들은 매우 보수적인 성향의 어머니, 약혼녀, 부인들이다. 그들은 월급을 손안의 새처럼 소중히 보호해야 한다고 생각한다. 근처에 더 가치 있고 보기 드문 새가 있어도 거들 떠보지 않는다.

남편 중에는 안정된 직업을 포기해서라도 창의적인 모험을 통해 성취감을 느끼고 부자가 되고 싶은 사람이 있다. 하지만 부인은 이렇게 말한다. "지금 다니는 회사에서 좋은 평가를 받고 있잖아요.", "성급하게 굴었다가 일자리를 잃으면 안 돼요. 그 많은 고지서와 납부금을 생각해봐요! 올해는 꼭 새 차를 사야 한다고요!"

그래서 순응적인 조직형 인간은 평일 아침마다 8시 36분 열차를 타고 출근한다. 그의 장래는 썩 밝지 않다. 그가 파고 들어간 순응주의의 틀은 점점 더 깊어져서 결국에는 부와 성공을 거머쥐겠다는 그의 야망과 기회를 파묻는 무덤이 될 것이다.

만성적인 조직형 인간은 은퇴할 때까지 절차, 규칙, 서류, 끝없이 이어지는 회의의 늪에서 시간을 보낼 것이다. 자신과 판박이인 다른 직원들과 문제를 해결하려고 뻔한 대답을 내놓을 것이다. 그런 사람은 사소하고 피상적인 일을 걱정한다. 누군가가 그 정도의 급여를 받는 사람이라면 어떤 옷을 입는 것이 '적절한지' 알려줄 때 그 옷을 입는다. 약삭빠른 부동산 중개업자가 '임원분들의 동네'라며 어느 지역에 있는 집을 권하면 그 집을 산다.

그런 사람은 스스로 실패를 초래한다. 그는 자신이 '우리 팀'이라고 부르는 집단에서 주전이 되지 못하고 주로 벤치에 앉아 있는 2군 선수로 지낸다. 그는 상상력이 풍부한 개인주의자가 누리는 무한한 기회를 놓쳐도 신경 쓰지 않는다.

"저는 안정성을 원합니다." 그는 말한다. "저는 제 자리가 안전하고 월급이 정기적으로 인상된다는 보장을 받고 싶습니다. 유급 휴가를 즐기고, 퇴직할 때 노후 자금이 넉넉하면 좋겠어요." 안타깝게도 이런 야망 같지도 않은 야망을 품은 젊은이가 너무나 많다. 전부 나약한 겁쟁이들이다.

능력과 성과만이 진실이다

젊은 임원 중에 자기가 최선이라고 생각하는 일을 위해서 투쟁하는 사람은 별로 없다. 자기 생각을 입증하려고 위험을 감수하는 사람은 극소수이다.

상사와 충돌하는 직원은 그 과정에서 일자리를 잃을 위험에 시달린다. 하지만 자신의 신념을 용감하게 밝혔다는 이유만으로 불이익을 주는 회사는 훌륭한 직원을 데리고 있을 자격이 없다. 그에게 정말 뛰어난 능력이 있다면 설령 해고당하더라도 더 나은 일자리를 금방 찾을 것이다. 분명 그렇게 될 것이다. 또 한 가지 분명한 것은 표준에서 벗어나지 않는 순응자는 어느 회사에서 일하든 고위직을 맡기 어려우며, 기껏해야 중간급 책임자 이상은 될 수 없다는 점이다.

상사의 생각을 추측하는 것만으로는 정상에 오르거나 부자가 될 수 없다. **주변 사람들과 구별되는 말과 행동을 하는 사람만이 성공을 쟁취한다. 그런 사람이 새로운 아이디어가 있고 문제를 해결하는 신선한 접근법을 떠올릴 수 있다. 그에게는 스스로 생각하고 행동할 능력과 의지가 있다.** 다수가 자신의 생각과 행동을 저주하거나 조롱하더라도 개의치 않는다. 그런 사람들은 외모에 신경쓰지 않으며 골프보다 체스를 좋아할지도 모르지만, 주변의 기회를 놓치지 않고 거머쥔다. 그들은 조직형 인간과 달리 정신적으로 자유로워서 생산량과 판매량을 높일 새로운 방식을 고안한다. 신상품을 개발하고, 비용을 절감해서 수익을 늘리고, 개인적인 부를 쌓기도 한다.

이런 경제적인 자유사상가들은 오래된 회사에 활기를 불어넣거나 창업을 하거나 사업을 확장하는 사람들이다. 그들은 설문 조사, 연구, 회의보다는 자신의 판단력에 의지한다. 지침이 적힌 매뉴얼도 참고하지 않는다. 비즈니스 상황이 저마다 다르다는 사실을 알기 때문이다. 설령 매뉴얼이 수천 개 있더라도 모든 비상사태에 도움이 될 수는 없다.

성공한 사업가는 한 분야만의 전문가가 아니다. 그는 자기 비즈니스의 모든 측면을 알고 이해한다. 그는 회계상의 실수만큼이나 생산을 방해하는 요인을 금방 알아볼 수 있다. 인력 충원 방식의 결함만큼이나 판매 전략의 약점도 손쉽게 보완할 수 있다. 훌륭한 리더인 그는 부하 직원들의 의견과 조언을 구하지만, 최종 판단은 본인의 몫으로 둔다. 그 판단을 바탕으로 지시를 내리고, 어떤 일이 벌어지든 자기가 고스란히 책임진다. 앞에서도 말했지만, 오늘날 비즈니스의 세계에 이런 인재가 간절하다는 것을 다시 한번 강조하고 싶다. **비즈니스의 모든 영역에 이런 사람들을 위한 자리가 마련되어 있다.**

수완이 좋고 공격적인 사람이 부자가 되고 싶다면 길은 활짝 열려 있다. 상상력을 발휘해서 주의깊게 행동하면 된다. 다른 사람들이 믿는 행동 양식과 관습에 따르지 말고 오로지 자기 능력과 판단력을 믿어라.

좋은 아이디어를 먼저 내는 리더는 비즈니스에서 큰돈을 벌 확률이 높다. 그가 어떤 옷을 입고 어떤 음료를 마시고 어떤 자동차를 타고 어떤 음식을 먹든 상관없다. **능력과 성과야말로 아무도 감히 의심하지 않을 진실이다.**

자기 안의
목소리를 따라서

A Sense
of
Values

진정한 부자가 되기 위해서는 재산이 많고 적음이 중요한 것이 아니다. 중요한 것은 자신의 가치관대로 사는 것이다. 그런 가치가 본인에게 의미가 없으면 돈을 아무리 많이 벌어도 삶의 공허함을 감추지 못할 것이다.

나는 다른 사람들이 원하는 대로 살려고 애쓰는 사람들을 너무 많이 봤다. 그들은 남들이 원하는 사람이 되려고 애쓰고 남들이 하기 원하는 일을 하려고 애쓴다. 그들은 자신과 성격이 전혀 다른 사람들이 만든, 그리고 그런 사람들을 위한 행동의 틀에 자신을 억지로 밀어 넣는다. 그렇게 다른 사람들을 모방하려고 개성을 죽이다 결국에는 기괴하고 흐릿한 복사판으로 변해버린다. 뿌리를 내리지 못하고

313

불만스러운 삶을 살면선 자기 본성과 욕구와 동떨어진 제한된 범위 안에서 정체성을 찾으려 필사적으로 노력한다. 하지만 아무런 소용이 없을 때가 많다.

"저는 작가가 되고 싶었습니다. 하지만 아버지가 심하게 반대하셨어요. 대신 변호사가 되길 바라셨지요. 이제 잘 먹고 살기는 하지만, 일이 지루해서 몸이 근질근질합니다."

"회사를 팔고 목장을 사서 일하고 싶어요. 그런데 아내가 싫어합니다. 수입도 줄고 체면도 깎일까 봐 불안해하더라고요."

"갇혀 있는 느낌이 듭니다. 의미 없는 경쟁만 반복하고 있어요. 저는 이 일을 정말 싫어합니다. 하지만 다른 일을 하면서 지금처럼 돈을 벌 수 있을지는 모르겠어요."

최근 몇 년 동안 이런 이야기가 점점 더 많이 들리는 것 같다. 이런 말들은 개인적인 표현이기는 하지만, 우리 시대에 사회적인 질병이 늘어나고 있다는 것을 보여주기도 한다.

제1차 세계대전이 끝나자 '잃어버린 세대'가 탄생했다. 혼란스럽고 불안하고 환멸을 느낀 세대였다. 비극적인 일이지만, 제2차 세계대전 후에도 목적의식을 잃어버린 세대가 나타났다는 증거가 수두룩하다. 그 세대는 근본적인 가치를 싸구려 취급하는 경향이 있다. 자신의 개성도 인간으로서의 고결함도 순순히 포기해버린다. 이런 면이 가장 잘 드러나는 사회 현상이 바로 출세주의다. 출세주의는 너무나 광범하게 퍼져 지배적인 현상으로 자리 잡았다. 현대의 사회적 행동 양식을 뒤에서 조종하는 힘이 된 것이다.

다른 사람들보다 높은 자리에 올라 존경받고 싶은 것은 인간의 기본적인 욕구다. 당연한 조건들이 지켜진다면 이런 욕구는 건설적이고 유익한 동기가 될 수 있다. 수많은 사람이 남보다 뛰어난 존재가 되고 싶다고 생각하며 문명의 진보에 중요한 공을 세웠다. 하지만 여러 사람이 지적하듯이 오늘날 출세주의가 판치는 근거와 나아가는 방향은 건설적이지도 건강하지도 않다.

사회적 지위란 사회에 공헌한 사람에게 동료들이 주는 표창장 같은 것이다. 지위는 노력을 들여서 얻어져야 하는, 한 일의 가치와 중요도에 따라서 부여되는 일종의 보상이다. 하지만 요즈음에는 높은 사회적 지위가 경제적인 성공과 거의 같은 취급을 받는 듯하다. 자신의 사회적 지위를 높이는 일을 최종 목적으로 삼는 사람이 많아졌다. 많은 사람이 그것이 동기를 부여하는 유일한 요인이자 가치 있는 단하나의 목표라고 생각한다.

너무 많은 사람이 부를 축적하는 것이 곧 성공을 뜻한다고 착각하고 있다. 돈만 잘 벌면 사회적 지위는 당연하게 딸려오는 줄 안다. 그래서 사람들은 돈과 물건을 마구 모으면서 그것이 자신의 능력과 성취를 증명하는 수단이라고 생각한다. 주변 사람들보다 돈을 더 많이 벌고 물건을 더 많이 사면 사람들의 존경을 받으리라 상상한다. 그런 사람들은 자신의 통장 말고 다른 것을 불리는 데는 관심이 없다. 가치에 대해서도 신경 쓰지 않는다. 그저 자기가 사는 물건이 얼마나 비싼지만 신경 쓸 뿐이다.

나는 이런 왜곡된 시각으로 세상을 사는 사람들을 아주 많이 봤다. 최근에 런던에서 만난 사업가도 그중 하나였다. 그는 지인의 소개장을 들고 나를 찾아와서는 2시간도 넘게 최근 돈을 얼마나 많이 벌었는지 자랑하더니 곧 프랑스로 간다고 말했다. 거기서 그림을 좀 사고 싶다는 뜻도 밝혔다.

"미술품을 많이 수집하신다고 들었습니다." 그는 이렇게 말했다. "저도 작품을 좀 사려고 하는데, 혹시 믿을 만한 미술 갤러리나 딜러의 이름을 알려줄 수 있으십니까?"

"어떤 시기나 화파의 그림을 좋아하십니까? 아니면 마음속에 정한 화가의 작품이 있나요?" 나는 물었다.

"어떤 그림이든 상관없습니다." 그가 어깨를 으쓱이면서 이렇게 대답했다. "어차피 그림을 볼 줄도 몰라요. 그냥 몇 개 사기만 하면 돼요. 대신 적어도 10만 달러는 써야 합니다."

"그것보다 덜 쓰시면 안 되는 겁니까?" 내가 놀라서 물었다. 수집에 쓸 최고 액수를 정하는 것도 아니고 최소 액수를 정한다는 것이 이상했기 때문이다.

"아, 어쩔 수 없습니다." 그가 웃음기 없는 표정으로 대답했다. "제 동료가 두 달 전에 여기서 7만 5,000달러를 주고 그림을 샀거든요. 미국으로 돌아가서 사람들을 놀라게 하려면 그 사람보다 최소 2만 5,000달러는 더 써야겠죠."

이 사람이 가치를 어떻게 판단하는지 쉽게 알 수 있을 것이다. 나는 그가 남들을 의식해 그림을 사려는 것처럼 살면서 무엇을 했든 항상 가볍고 시시한 것을 원동력으로 삼았으리라고 장담한다. 안타깝게도 이 사업가와 비슷한 사람이 너무나 많다. 그런 사람들이 쌓은 부는 존재 이유를 정당화하기 어렵다. 그들이 받는 돈만큼 일을 잘하리라고 생각하지 않는다. 애초에 그 정도의 돈을 받을 자격이 있는지도 의심스럽다.

나는 돈을 이렇게 쓴다

나는 올바른 자유 기업 자본주의를 확고하게 지지한다. 다른 사람들이 경제적인 성공을 쟁취할 기본적인 권리에 이의를 제기할 생각도 없다. 나는 '부자가 될' 능력과 상상력이 있고 돈을 합법적으로 버는 사람에게는 기회를 최대한 줘야 한다고 생각한다. 하지만 경제적인 성공을 추구하는 사람은 개인적으로 돈을 많이 모으는 것보다 훨씬 큰 목표가 있어야 한다고 생각하기도 한다.

앞에서 말한 것처럼 나의 아버지는 어린 시절에 찢어지게 가난하셨다. 생전에 돈을 많이 버셨지만, 혼자서만 즐길 생각으로 벌지는 않으셨다. 아버지는 돈의 가치를 알고 계셨기에 어떻게 쓸 것인지에 관한 생각도 명확하셨다. 아버지는 당신의 돈을 자본으로 여기셨다. 따라서 직원, 동료, 주주, 고객, 고객의 가족이 직접 혜택을 누릴 수 있게 그 돈을 투자해야 한다고 생각하셨다.

부를 대하는 아버지의 태도는 프랜시스 베이컨의 명언 "누구의 재산도 그 사람에게 어울리는 목적이 되지 못한다."에 바탕을 두고 있었다. 아버지는 도전적인 사업들을 즐기셨지만, 일하는 목적은 돈을 쌓아두는 것이 아니라 가치가 오래가는 일을 성취하는 데 두셨다. 아버지가 가족과 함께 1년에 3만 달러 이상 쓰셨는지 모르겠다. 하지만 아버지는 처음으로 직원들을 위해 수영장을 만들고 오락 시설을 제공한 사업가 중 한 분이었다.

나는 아버지에게서 진정한 사업가는 일할 때 수익을 최우선으로 생각하지 않는다고 배웠다. 나는 여러 회사를 소유하거나 운영하고 있으며, 보유한 주식은 가치가 수억 달러가 될 것이다. 하지만 이것은 서류상의 재산일 뿐이며 최종목적이 아니라 수단에 불과하다. 나는 재산 중 아주 적은 양만 현금으로 갖고 있다.

나의 부는 현금의 액수가 아니라 내가 자본을 투자한 회사의 수많은 자산을 통해서 드러난다. 기계, 유정, 송유관, 유조선, 정유 시설, 공장, 사무실 건물 같은 것들이다. 회사는 여전히 상품을 생산하고 서비스를 제공한다. 꾸준히 성장하고 사업을 확장하기도 한다. 따라서 내 부는 여전히 유용하고 창의적인 일에 쓰이고 있다. 이것이 바로 부를 이용해서 가치 있는 목표를 달성하는 방법이다. 돈은 이렇게 써야 한다.

나는 내가 모은 돈의 액수를 성공의 척도로 여기지 않는다. 대신 내가 노력하고 투자를 거듭해 만들어내는 일자리와 회사의 높은 생산성을 척도로 여긴다. 만일 내가 다른 척도를 이용했더라면 절대로 지금만큼 성장하지 못했을 것이다.

인생에 만족하려면

자신의 정체성을 확립하려면 목적의식이 있어야 한다. 개인적인 관심사를 넘어서는 가치 있는 일을 해야 한다. 본인이 그 일의 가치를 느끼고 자기가 사회에 참여하는 구성원이라는 것도 느껴야 한다. **인생에 만족하려면 자기 일에서 진정한 만족감과 성취감을 얻을 수 있어야 한다.** 이런 것이야말로 직장, 직업, 비즈니스를 통해 얻는 수입의 액수 못지않게 중요한 요인이다.

그렇다고 가난한 생활이 행복으로 가는 지름길이라는 말은 아니다. 우리 문명에 정처 없이 헤매는 거지와 그의 동냥 그릇을 위한 자리는 희소하다. 인간이 검은 빵과 끓인 양배추에 만족하던 시절은 오래전에 끝났다. 이제 인간에게는 어느 정도의 생활 수준이 보장되어야 한다. 현대인이라면 필수품은 갖춰야 하며 사치품도 좀 있어야 삶에 적당히 만족할 수 있다. 이런 것들을 얻으려면 돈을 벌어야 한다.

그렇다고 해도 금전적인 측면 외에도 가치를 판단하는 방법이 다양하다는 사실은 변하지 않는다. 잘 쓰지도 못한 시시한 현대 소설은 5달러에 팔리고, 훌륭한 문학 고전 작품은 50센트에 팔릴지도 모른다. 하지만 가격 차이뿐만 아니라 고전 작품이 실질적인 가치가 훨씬 높다는 것은 분명하다. **마찬가지로, 경제적인 성공 말고도 여러 유형의 성공이 있다.** 나는 개인의 삶을 판단할 때는 수입, 재산, 물질적인 소유물뿐 아니라 다른 기준이 있다고 생각한다.

예나 지금이나 문명에 지대하게 공헌하면서도 금전적 보상은 거의 또는 아예 받지 못한 사람이 셀 수 없이 많다. 위대한 철학자, 과학자, 화가, 음악가가 평생 가난하게 살았다. 모차르트, 베토벤, 모딜리아니, 고갱 등 무수한 위인이 죽을 때까지 빈곤을 면치 못했다. 앨버트 슈바이처 박사●나 토머스 둘리Thomas Dooley 박사 같은 사람들이 인류에 세운 공의 가치는 그 누구도 감히 평가할 수 없다. 그러나 둘 중 누구라도 백화점을 찾는 중산층이 버는 것만큼을 수입으로 받아본 적이 있는지 의문이다.

숨 막히게 아름다운 건물을 설계하는 건축가는 그 건물의 주인과 비교하면 가난할 때가 많다. 댐을 고생스럽게 건설하는 엔지니어는 그 댐에서 방류하는 물을 땅에 대는 땅 주인보다 돈을 훨씬 적게 벌지도 모른다. 그러나 건축가와 엔지니어는 엄연히 무엇을 창조하고 건설했다. 큰돈을 벌지 못했다고 해서 그들의 성공이 빛바래는 것은 아니다.

● (1927-1961) 미국의 의사. 국제의료구호조직을 결성하였다.

어떤 교환을 할 것인가

돈과 지위를 얻으려고 사람들이 정신없이 뛰어다니는 세상에서 간과되는 일은 또 한 가지 있다. 경제적인 부 말고도 부의 형태가 다양하다는 사실이다. 내가 아는 사람 중에서 인생에 대한 만족도가 아주 높은 사람은 바로 사촌인 핼 세이무어다. 나는 핼과 함께 자랐다. 우리는 항상 가깝게 지냈고 오랫동안 시간을 함께 보냈다.

핼은 돈에 큰 관심이 없었다. 자기가 필요한 만큼 버는 것에 만족해서 내가 돈을 벌 기회를 제시해도 번번이 퇴짜를 놓았다. 그는 여기저기서 일했다. 뛰어난 석유 굴착 인부이자 사진가였고, 광부이기도 했다. 다양한 일을 모두 잘 해냈지만, 금전적으로 부유한 적은 없었다. 대신 여러 곳을 가보고 여러 일을 해 보고 싶다는 욕구는 충족했다. 핼은 어디를 가든 친구를 많이 사귀었고 그들과 함께하는 즐거움을 만끽했다. 그의 인생 목표는 시도하는 일이 무엇이든 그것을 잘 해내는 것이었다. 핼은 목표를 달성했으며, 항상 주변 사람들에게 받는 것보다 주는 것이 많은 삶을 살았다.

핼은 개인적인 자유의 측면에서 자기가 매우 부유하다고 생각했다. 그는 언제나 자기가 하고 싶은 일을 할 수 있었고 그럴만한 시간을 소유했다. 핼은 종종 나에게 이런 면에서는 내가 자기보다 훨씬 가난하다는 것을 상기시키기도 했다.

핼은 안타깝게도 몇 년 전에 세상을 떠났다. 그가 생전에 나에게 보내준 편지는 재치 있으면서 의미심장한 말로 시작할 때가 많았다. "세상에서 가장 부유한 사람이 세상에서 돈이 가장 많은 사람에게…."

나는 핼이 시간을 풍족하게 쓰는 것을 부러워했다. 요즈음에는 그것이 부의 한 가지 형태라는 점을 사람들이 무시하는 경향이 있다. 나는 오랫동안 물질적인 관점에서는 부자가 맞지만, 시간에 관해서라면 너무나 가난한 처지라고 생각했다. 나는 수십 년 동안 비즈니스에 너무 많은 시간을 쏟아야 했다. 그러다 보니 자유 시간이 거의 없었다. 지금 나는 읽고 싶은 책도 많고 쓰고 싶은 책도 많다. 내 꿈은 내가 한 번도 본 적 없는 지구 끝으로 여행을 가는 것이다. 내가 아직 충족하지 못한 꿈 중 하나는 아프리카의 사파리로 오랜 시간을 들여 여유롭게 여행을 떠나는 것이다.

나의 이런 소망을 가로막는 것은 돈이 아니다. 돈만 필요한 일이었다면 수년 전에 손쉽게 이뤘을 것이다. 문제는 항상 시간이 없다는 것이었다. 한 산업을 이끌어가는 사람들이 자신을 위해서 일하는 평사원보다 개인 시간이 적다는 것은 역설적인 진실이다.

그렇다고 해서 내 운명에 불만이 있다는 뜻은 아니다. 내가 지금보다 덜 행복하다고 느꼈다면 그동안 누린 행운과 혜택을 감사하게 여길 줄 모르는 배은망덕한 사람이 되었을 것이다. 또한 나는 일을 시작할 때 세웠던 다양한 목표를 대부분 달성했다는 사실에 크게 만족한다.

내가 하려는 말은 누구나 자신만의 가치 기준을 정해야 한다는 것이다. 이런 기준은 주관적일 때가 많다. 자신이 무엇을 가장 중요하게 생각하는지, 목표를 이루기 위해서 어떤 일을 할 각오가 되어 있는지에 따라 달라진다.

뻔한 말이지만 모든 것을 다 가질 수는 없으며 거저 얻어지는 것은 아무것도 없다. 무엇인가를 얻으려면 무엇인가를 주거나 포기해야 한다. 그런 교환을 할 의향이 있는지는 순전히 그 사람과 가치관에 달렸다.

밀려난 가치

절대적이지는 않더라도 일반적으로 타당하다고 여겨지는 기본 가치는 있다고 생각한다. 나는 얼마나 많은 사람이 이런 근본적인 가치를 무시하는지를 볼 때마다 소름이 돋는다.

매년 12만 명도 넘는 미국인이 자살하는 것으로 추정된다. 이 수치는 공식적인 사인이 자살로 판명된 사건과 스스로 목숨을 끊기는 했지만 자살한 것으로 기록되지 않은 사건을 합친 것이다. 매년 12만 건에 달하는 이 비극적인 사건의 상당수는 '경제적 자살'로 분류된다.

토머스 말론Thomas P. Malone 박사는 조지아주 애틀랜타에 있는 정신과 클리닉의 원장이다. 그는 자살에 관해 널리 인정받는 권위자다.

"소위 경제적 자살이라고 불리는 사건의 적어도 30~40%는 사람이 실패할 때가 아니라 성공할 때 벌어집니다. 정상에 올라서고 나면 목표가 없어지는 겁니다."

알다시피 나는 정신과 전문의는 아니다. 하지만 기껏 성공하고 나서 남은 목표가 없어서 자살하는 사람이라면 애초에 그 목표에 큰 가치가 있었나 하는 생각이 든다. 그가 이런 사실을 느꼈을 때 자기가 거둔 성공이 사실은 한심한 실패라는 사실도 함께 깨달았을 것이다.

리처드 고든Richard E. Gordon 박사와 캐서린 고든Katherine K. Gordon 박사는 〈미국의학협회 저널〉에 현대의 전형적인 출세주의자들을 집중적으로 연구한 결과를 발표했다. 그들은 대부분 가족과 함께 교외에 살았으며, 가족들도 연구 대상이 되었다.

연구 결과, 그 지역에 사는 주민들이 출세주의를 덜 중시하는 지역에 사는 주민들보다 스트레스성 질병에 더 많이 걸렸다. 질병은 위궤양, 관상 동맥 혈전, 고혈압, 고혈압성 심혈관 질환이 많았다. 위궤양과 진정제를 달고 사는 출세주의적인 조직형 인간을 본 적이 있는가? 그런 사람의 아내도 대부분 히스테리가 심하며 목소리가 날카롭고 걱정이 많다. 그런 부부를 본 적이 있다면 이 연구 결과가 놀랍지 않을 것이다.

나는 사회적으로 성공하는 것이 사람의 목숨이나 자신 또는 가족의 건강과 맞바꿀 정도로 가치 있다고 생각하지 않는다. 사람이 자기 목숨과 건강을 그렇게 쉽게 내놓을 의향이 있다는 것 자체가 크게 잘못된 일이다. 나는 돈이나 지위라고 여겨지는 것에 따르는 수상쩍은 혜택 역시 개인의 개성이나 개인적인 고결함과 맞바꿀 가치는 없다고 생각한다. 나처럼 생각하는 사람은 많지 않다.

사람들이 더는 개성과 고결함을 지키는 일을 멋지게 여기지 않는다는 것이 갈수록 분명해지고 있다. 이런 가치들은 순응하기 위한 난장판 속에서 옆으로 밀려나 버렸다. 많은 사람이 돈과 물질을 모으고 사회에서 위로 올라가는 일을 인정할 만한 목표로 여긴다. 이런 목표를 달성하기 위해서라면 치르지 못할 대가가 없다고 생각하기도 한다.

자기답게 살아라

우리 문명의 가장 비극적인 일 중 하나는 사회적으로 받아들여지기 위해서 다른 사람을 모방해야 한다는 것이다. 이런 일이 계속되면 정말 뛰어난 사람마저 쓸모없고 하찮은 인간으로 전락하고 만다.

'아첨꾼'은 모욕적인 말이다. 이런 말을 들으면 화가 나는 사람이 많을 것이다. 하지만 고용주가 나비넥타이를 맨다는 이유로 똑같이 나비넥타이를 매는 사람이 수도 없이 많다. 사람들은 상사와 똑같은 헤어스타일을 고수하고 임원들과 같은 지역으로 이사한다. 그들은 잘 보이고 싶은 사람들의 생각, 관점, 행동을 따라 하기 바쁘다. 하지만 그런 행동은 그들이 굽실거리는 아첨꾼이라는 사실만 증명할 뿐이다. 모방은 아첨의 가장 진실한 형태라는 말도 있다. 그렇다 하더라도 모방은 모방일 뿐이며 그 아첨은 엉덩이를 걷어차 주어야 하는 상대임을 알면서도 머리를 쓰다듬어 주는 일에 불과하다.

내가 한때 운영했던 어느 회사에서는 임원의 대다수가 아첨을 너무 심하게 했다. 특별히 기억에 남을 정도였다. 대부분은 새로 온 사장을 기쁘게 해주려고 지나치게 애쓰는 예스맨이었다. 나에게 잘 보여서 자신들의 편협한 야망을 이루려는 속셈이었다. 나는 임원들이 어느 정도나 아첨할지 알고 싶어서 경영진 특별 회의를 소집했다. 회의가 시작되자 나는 일부러 파멸을 불러올 터무니없는 계획을 제안했다. 그 계획을 실제로 시행했다가는 회사가 금방 파산할 것이 뻔했다.

회의실에 있었던 임원 9명 중에서 6명이 곧바로 내 계획에 찬성했다. 그중 셋은 한 걸음 더 나아가서 자기들도 비슷한 생각을 했다는 사실을 넌지시 내비쳤다. 그 회사의 손익계산서를 살펴보니 그들의 말을 믿어도 될 것 같았다. 하급 임원 2명은 침울한 표정으로 불만스럽다는 듯이 입을 다물고 있었다. 단 1명만이 자리에서 일어나서 내 계획의 문제점을 지적할 용기가 있었다.

말할 필요도 없겠지만, 그 회사의 경영진은 금세 물갈이되었다. 내 계획에 반대했던 임원 3명은 자리를 지켰다. 그들은 여전히 내가 운영하는 회사와 관계된 일을 하고 있으며 수입도 늘어났다.

나는 자기답게 살고 자신에게 진실할 줄 아는 사람은 다

른 면에서도 신뢰할 수 있다고 생각한다. 그런 사람은 자신과 자기가 믿는 원칙에 값이 아니라 가치를 매긴다. 이야말로 사람의 가치관과 그 사람의 진정한 가치를 판단하는 척도다.

전지적 부자시점

초판 1쇄 인쇄 2023년 3월 3일
초판 1쇄 발행 2023년 3월 13일

지은이 폴 게티
옮긴이 황선영
펴낸이 오세인 | 펴낸곳 세종서적(주)

주간 정소연 | 편집 이승민
표지 디자인 섬세한곰 | 표지일러스트 미드저니 | 본문 디자인 김미령
마케팅 임종호 | 경영지원 홍성우
인쇄 탑프린팅 | 종이 화인페이퍼

출판등록   1992년 3월 4일 제4-172호
주소   서울시 광진구 천호대로132길 15, 세종 SMS 빌딩 3층
전화   경영지원 (02)778-4179, 마케팅 (02)775-7011
팩스   (02)776-4013
홈페이지   www.sejongbooks.co.kr
네이버 포스트 post.naver.com/sejongbooks
페이스북   www.facebook.com/sejongbooks
원고모집   sejong.edit@gmail.com

ISBN 978-89-8407-888-8   (13320)